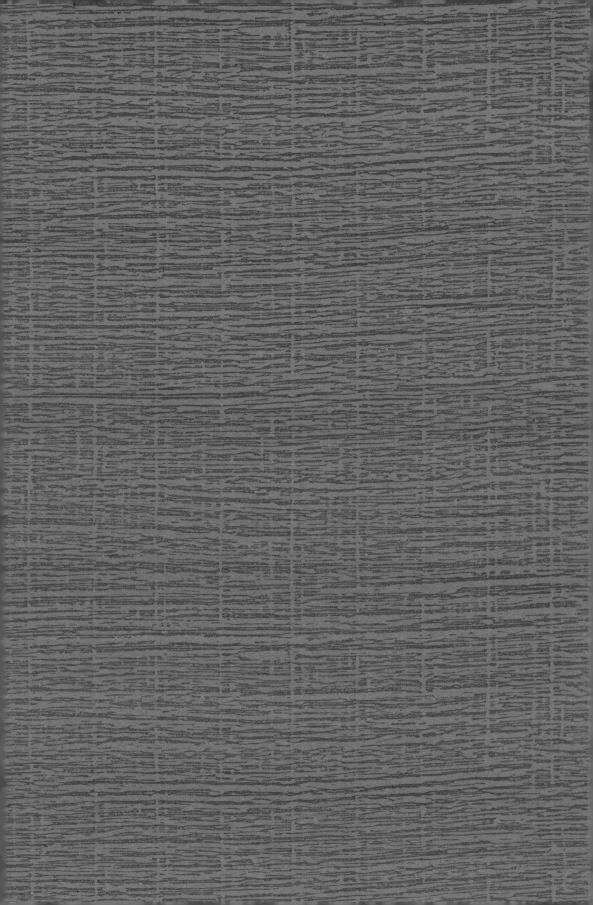

ZHONGGUO GAODUAN ZHUANGBEI
ZHIZAOYE FUWUHUA SHENGJI:
JIYU QUANQIU JIAZHILIAN SHIJIAO

中国高端装备制造业服务化升级：

基于全球价值链视角

王成东　蔡渊渊　著

中国财经出版传媒集团

经济科学出版社

Economic Science Press

图书在版编目（CIP）数据

中国高端装备制造业服务化升级：基于全球价值链视角/
王成东，蔡渊渊著 . —北京：经济科学出版社，2021. 4
ISBN 978 - 7 - 5218 - 2486 - 5

Ⅰ. ①中…　Ⅱ. ①王…②蔡…　Ⅲ. ①装备制造业 –
服务经济 – 研究 – 中国　Ⅳ. ①F426. 4

中国版本图书馆 CIP 数据核字（2021）第 065304 号

责任编辑：胡成洁
责任校对：蒋子明
责任印制：范　艳　张佳裕

中国高端装备制造业服务化升级：基于全球价值链视角
王成东　蔡渊渊　著
经济科学出版社出版、发行　新华书店经销
社址：北京市海淀区阜成路甲 28 号　邮编：100142
经管中心电话：010 - 88191335　发行部电话：010 - 88191522
网址：www. esp. com. cn
电子邮箱：expcxy@ 126. com
天猫网店：经济科学出版社旗舰店
网址：http：//jjkxcbs. tmall. com
北京季蜂印刷有限公司印装
710 × 1000　16 开　17. 75 印张　320000 字
2021 年 5 月第 1 版　2021 年 5 月第 1 次印刷
ISBN 978 - 7 - 5218 - 2486 - 5　定价：80. 00 元
（图书出现印装问题，本社负责调换. 电话：010 - 88191510）
（版权所有　侵权必究　打击盗版　举报热线：010 - 88191661
QQ：2242791300　营销中心电话：010 - 88191537
电子邮箱：dbts@ esp. com. cn）

本书由国家社会科学基金项目"全球价值链下中国高端装备制造业服务化升级机理、实现路径与保障政策研究"（项目编号：18BJY102）资助。

前　言

在国内外经济环境深刻复杂变化，增长、转型、改革高度融合的背景下，只有形成以服务要素为主体的产业结构，才能适应当前经济的发展趋势。从国际产业结构演进的历史看，高附加值的现代服务业逐步取代低附加值的传统工业，是一个国家在工业化中经济可持续发展的客观要求，也是发展中国家成功迈向高收入国家的必由之路。在物质型消费为主向服务型消费为主的消费结构转型升级背景下，包括高端装备制造业在内的产业服务化发展获得了充足的内在动力。显然，作为世界第一制造业大国，我国不应也无法走"去制造化"的外延式服务化发展路线。特别是对于高端装备制造业而言，必须立足于目前我国完善的高端装备制造业产业体系，才能够充分发挥我国既有高端装备制造优势的内涵式服务化发展路线。从中国高端装备制造业的发展实践来看，产业服务化发展过程中的突出问题是以研发、设计、金融、物流和营销等为代表的服务价值环节发展相对滞后，从而造成中国高端装备制造业被锁定在全球价值链低端，价值增值能力不强。

针对中国高端装备制造业发展问题，立足国家振兴高端装备制造业这一时代背景，本书基于全球价值链视角对其服务化机理、服务化模式与服务化保障策略等问题进行系统研究。首先，构建全球价值链下中国高端装备制造业服务化系统，分析服务化系统要素、系统结构和系统目标与功能；在此基础上揭示产业服务化系统的耗散结构特征。其次，揭示全球价值链下中国高端装备制造业服务化升级机理；构建涵盖服务化升级动因、过程、效应和影响因素的全球价值链下产业服务化升级机理研究框架，进而对全球价值链下中国高端装备制造业的服务化升级机理进行系统分析和揭示。再次，设计全球价值链下中国高端装备制造业服务化模式体系；揭示全球价值链下中国高端装备制造业服务化系统序参量，基于序参量状态的不同组合设计产业服务化模式体系，进而分析设计各产业服务化模式的特征、框架、实现机制、实现要点及实现策略，确定全球价值链下中国高端装备制造业服务化模式的选择策略。最后，提出全球价值链下中国高端装备制造业服务化保障策略体系；基于全球价值链下中国高端装备制造业服务化升级机理，结合服务化模式的特征与适用性，从服务化运行保障、组织保障、制度保障和政策保障等四个方面提出全球价值链下中国高端装备制造业服务化保障策略体系。

　　本书的研究基础、研究理论、研究方法和研究体系设计等从国内外相关研究成果中汲取了大量养分，在此表示衷心的感谢。由于各种不可控因素及笔者写作能力所限，本书不可避免地存在疏漏与不足之处，对此深表歉意并恳请各位读者批评指正，笔者将会在后续研究中予以纠正和完善。

CONTENTS 目录

第三部分　服务化模式篇

第四部分　服务化保障策略篇

第一部分

研究基础篇

第 1 章 引　言

1.1　研究背景

高端装备制造业的发展水平代表了一个国家的综合国力和核心竞争力，在国民经济体系中处于特殊重要的地位，肩负着中国制造业新旧动能转换的重任。从我国近年来高端装备制造企业数量的发展情况来看，2017 年我国高端装备制造企业数量为 101176 个、2018 年为 102736 个，企业数量增长了 1.54%，2019 年发展到 108087 个，比上年增加了 5351 个，企业数量较上年增长了 5.21%，可以看出中国高端装备制造业的规模在逐年增大。从总体上看，中国高端装备制造业在某些领域上已经赶上其至超越发达国家，但整体上与发达国家仍然存在一定的差距。发展高端装备制造业既是深化供给侧结构性改革、推动经济高质量发展的重要内容，也是全面建设社会主义现代化强国的客观需要。在经济全球化和一体化的深入发展过程中，中国高端装备制造业基于全球价值链体系的带动作用和溢出效应获得了长足发展，并深度嵌入全球价值链体系之中。然而与发达国家相比，中国高端装备制造业仍然存在自主创新能力薄弱、制造能力供求失衡和创新产品推广应用困难等现实问题，在全球价值链体系中处于"微笑曲线"的低端，价值增值能力低下，因此实现高端装备制造业的全球价值链升级势在必行（熊彬和范亚亚，2020）。特别是在逆全球化思潮涌现的时代背景下，全球价值链重构提速，使得中国高端装备制造业发展所面临的问题进一步凸显，探寻如何实现中国高端装备制造业的全球价值链升级已成为当前相关研究领域的重要课题之一。

在全球经济由工业型经济向服务型经济深度转型的时代背景下，《中国制造2025》提出的"发展现代制造服务业"等八大对策，以及党的十八届三中全会所提出的"以市场需求为导向，以科技创新为动力，从产品的前期调研、设计、制造到宣传推广、销售服务等全方位打造高附加值品牌形象"的制造业发展思路，为经济新常态下中国高端制造业的发展指明了"服务化"这一符合时代需求、顺应时代潮流的产业升级方向。当一个国家的服务收入在国民总收入中占比大于60%时，可认为该国进入服务经济社会。美国率先在20世纪70年代进入服务经济社会，德国、日本、法国等部分发达国家紧随其后开启了服务经济，相关调查显示，21世纪初，全球服务业的增加值约占全球 GDP 的63%，标志着全球经济已经迈入了服务经济时代。与之相比，2019年我国服务业的收入与国民收入之比尚未达到55%，服务业就业占比仅为47%，均不足60%。通过《2019年国民经济和社会发展统计公报》可以看出，我国国内生产总值在2019年超过98万亿元，较上一年增加了8个百分点。其中，工业增加值超过38万亿元，约占国内生产总值的39%，较上一年约增加了3个百分点；服务业增加值超过52万亿元，约占国内生产总值的54%，较上年约增加11个百分点。虽然我国服务经济总体获得了长足发展，但与发达国家相比，我国服务业及产业服务化等服务经济的发展仍相对滞后。以服务化促进高端装备制造业升级，不仅是解决全球价值链下中国高端制造业的现实发展困局的需求，而且是发展服务经济的客观需要，这已在学术界和产业界达成广泛共识。

基于服务化视角对中国高端制造业全球价值链升级问题进行系统研究，分析服务化与中国高端制造业全球价值链升级的内在逻辑，揭示基于服务化的中国高端制造业全球价值链升级机理，设计产业全球价值链升级模式，构建产业全球价值链升级的保障策略体系，对实现中国高端制造业的全球价值链攀升和产业升级，促进中国制造业新旧动能转换，进而实现中国从制造业大国向制造业强国的转变具有重要的学术研究价值和现实指导意义。

1.2 研究的目的与意义

1.2.1 研究的目的

本书针对中国高端装备制造业被锁定在全球价值链低端位置、价值增值能力不强的发展问题，对全球价值链下中国高端装备制造业服务化升级的机理及模式进行系统研究，主要研究目的如下。

一是构建全球价值链下中国高端装备制造业服务化系统，分析服务化系统要素、系统结构和系统目标与功能；在此基础上揭示产业服务化系统的耗散结构特征。

二是设计全球价值链下中国高端装备制造业服务化机理研究框架，并从产业服务化动因、服务化过程与影响因素、服务化效应等方面系统揭示产业服务化机理。

三是基于产业服务化机理，以服务化系统序参量的状态为依据，系统设计全球价值链下中国高端装备制造业服务化模式体系，并对各服务化模式进行详细设计，构建服务化模式的选择体系。

四是建立涵盖产业服务化运行保障、组织保障、制度保障和政策保障四个方面内容的全球价值链下中国高端装备制造业服务化保障策略体系。

1.2.2　研究的意义

1. 理论意义

本书基于自组织理论，在构建"服务化基础—服务化机理—服务化模式—服务化保障策略"整体研究框架的基础上，揭示全球价值链下中国高端装备制造业服务化机理，设计产业服务化模式体系，构建产业服务化保障策略体系，形成了涵盖"服务化机理—服务化模式—服务化保障策略体系"的全球价值链下的中国高端装备制造业服务化理论框架，具有一定的理论价值。

目前关于高端装备制造业服务化的研究内容亟待丰富，本书基于服务化的价值逻辑剖析其对高端装备制造业价值链的整合作用，揭示实现产业全球价值链升级的机理。依据全球价值链下高端装备制造业服务化升级机理，构建基于全球价值链的中国高端装备制造业服务化升级模式体系，研究成果对丰富和完善服务化理论体系具有重要意义。

本书以全球价值链理论为基础，从全球价值链的角度揭示中国高端装备制造业的服务化升级机理，构建中国高端装备制造业服务化升级模式体系，拓展了全球价值链理论研究视角，丰富和完善了全球价值链理论体系。

2. 现实意义

本书充分分析并客观把握了中国高端装备制造业服务化发展现状和存在的问题，并提出基于全球价值链的中国高端装备制造业服务化升级模式体系及保障策略，以期为以服务化推进中国高端装备制造业发展的战略部署、充分发挥服务化的价值创造潜力提供理论依据。

本书设计了基于全球价值链的中国高端装备制造业服务化升级模式体系及其保障策略，以期为中国高端装备制造业与全球价值链之间的动态链接提供理论依据，从而打破中国与发达国家在全球价值链上的技术、产业和贸易不均衡的格局，对于培育具有世界领先地位的中国高端装备制造业体系具有现实指导意义。

高端装备制造业肩负着中国制造业新旧动能转换的重任，应在我国制造业升级中充分发挥带动作用。本书构建的基于全球价值链的中国高端装备制造业服务化升级模式及其保障策略体系能够加快我国制造业动态比较优势的形成，为我国装备制造业嵌入全球价值链中高端体系，促进我国由制造大国向制造强国转变战略目标的实现，并为相关政策制定提供理论依据。

1.3　研究内容与方法

1.3.1　研究内容

本书基于全球价值链视角对中国高端装备制造业服务化升级机理及模式进行系统研究，主要研究内容如下。

一是构建全球价值链下中国高端装备制造业服务化系统，分析服务化系统要素、系统结构和系统目标与功能；在此基础上揭示产业服务化系统的耗散结构特征。

二是揭示全球价值链下中国高端装备制造业服务化升级机理。构建涵盖服务化升级动因、过程、效应和影响因素的全球价值链下产业服务化升级机理的研究框架，进而对全球价值链下中国高端装备制造业的服务化升级机理进行系统分析和揭示。

三是设计全球价值链下中国高端装备制造业服务化模式体系。揭示全球价值链下中国高端装备制造业服务化系统序参量，基于序参量状态的不同组合设计产业服务化模式体系，进而分析设计各产业服务化模式的特征、框架、实现机制、实现要点及实现策略。

四是提出全球价值链下中国高端装备制造业服务化保障策略体系。基于全球价值链下中国高端装备制造业服务化升级机理，结合服务化模式的特征与适用性，从服务化运行保障、组织保障、制度保障和政策保障四个方面设计全球价值链下中国高端装备制造业服务化保障策略体系。

1.3.2　研究方法

本书综合运用理论分析、案例研究和实地调研等多种研究方法，具体研究方法及其研究内容如下。

（1）理论分析方法：综合运用全球价值链理论、服务化理论、系统理论、产业经济学、发展经济学和扎根理论等理论及其方法，对全球价值链下中国高端装备制造业的服务化升级机理进行揭示。

（2）案例研究方法：选取典型的高端装备制造基地和企业作为样本，研究其服务化机理与模式。

（3）实地调查方法：对已经嵌入全球价值链的装备制造企业进行实地调查，通过访谈和问卷调查等方法获取其全球价值链下服务化发展的历史数据，使本书的研究更具灵活性和真实性。

（4）比较研究方法：针对国内不同区域的研究对象，以不同国家高端装备制造业的服务化理论与实践进行对比分析，揭示其差异性，为本书的研究奠定理论和实践基础。

（5）系统研究方法：基于系统研究方法，构建全球价值链下高端装备制造业服务化系统，并对其服务化实现路径进行系统设计。

（6）计量模型研究方法：利用投入产出模型、DEA 模型和 TiVA 统计方法，对高端装备制造业的全球价值链地位等关键研究对象进行测度研究，为全球价值链下高端装备制造业服务化升级机理揭示和模式设计提供定量化的依据。

1.4　研究特色与创新之处

1.4.1　研究特色

1. 研究视角的新颖性

本书基于服务化与全球价值链交叉视角对中国高端装备制造业升级问题进行研究，突破了单一视角的局限性；本书所构建的全球价值链下产业服务化研究体系，为产业服务化升级研究提供了新的研究视角。

2. 研究对象与研究思路的时代性

在经济全球化和服务经济时代的双重背景下，基于全球价值链下中国高端装备制造业所面临的全球价值链低端锁定等，对中国高端装备制造业服务化进行系统的研究，研究对象具有鲜明的时代特征，研究思路也符合时代的要求。

1.4.2 研究的创新之处

本书在学术思想、学术观点和研究方法等方面的特色及创新之处主要体现在以下几个方面。

1. 基于服务化和全球价值链交叉视角对中国高端装备制造业升级问题进行系统研究

在全球经济一体化和"一带一路"双重背景下，基于传统视角的中国高端装备制造业服务化研究已经不能满足理论与实践需求，转变研究视角成为必然。本书基于中国高端装备制造业的现实发展困境及经济发展趋势，结合产业发展规划的高层设计，基于服务化和全球价值链交叉视角对中国高端装备制造业升级问题进行系统研究，不仅研究视角更为新颖，且研究成果也更具理论和实践价值。

2. 设计全球价值链下中国高端装备制造业服务化升级机理研究框架

基于全球价值链下中国高端装备制造业服务化系统的复杂性和外部导向性，设计涵盖产业服务化升级动因、条件、过程、效应和影响因素等的机理要素体系，并对动因和条件等机理要素的具体研究视角、内容、理论和方法进行详细设计，进而构建系统的全球价值链下中国高端装备制造业服务化升级机理研究框架。

3. 建立全球价值链下中国高端装备制造业服务化模式体系

本书结合装备制造业服务化的关键影响因素，从全球价值链视角对中国高端装备制造业的服务化模式体系进行设计。针对当前产业服务化研究多集中于价值链前向、后向延伸两个领域的局限，分别从全球价值链点式嵌入、纵向延伸、横向拓展和价值网络重构四个维度设计全球价值链下中国高端装备制造业服务化模式。在此基础上分析不同模式的适用性及其相互间的逻辑演进关系。

4. 构建基于"云制造"的全球价值链下中国高端装备制造业服务化模式

基于全球价值链横向拓展视角，从全球价值链下中国高端装备制造业的云制造资源、云制造组织、云制造服务、云制造资源平台等方面入手，设计基于"云制造"的服务化模式实现策略体系。

第2章 国内外研究现状

通过对国内外相关研究成果的分析可以看出，当前学术界关于先进制造业升级及其服务化的针对性研究成果相对较少。为更好地为本书研究提供理论基础与成果借鉴，本章将课题研究对象由"先进制造业"拓展至"制造业"范畴，进而进行国内外相关研究成果的梳理，以期在更广泛的时空范围内把握研究前沿，汲取有价值的相关研究成果。

2.1 制造业全球价值链升级研究

2.1.1 全球价值链治理体系研究

1. 全球价值链治理理论研究

全球价值链治理旨在建构全球价值链的组织结构以解决链条中的权力分配以及协调价值链中各经济主体的关系。哈维和坎普林（Havice and Campling，2017）指出，全球价值链这一组织形式塑造了全球经济体系。国内外对全球价值链治理问题的研究主要集中于全球价值链主体关系协调和治理等方面。

全球价值链主体关系协调方面。德马万和霍斯佩斯（Dermawan and Hospes，2018）以印尼棕榈油协定（Indonesian Palm Oil Pledge，IPOP）的兴衰为案例分析了一国政府与全球价值链非国家驱动者间的关系，其研究表明当一个国家意识到非国家驱动的全球价值链治理体系威胁到国家对生产者、规则制定者和经济组织的主权时，国家将与非国家行为者进行话语权斗争。鲍德温和奥库博（Baldwin and Okubo，2019）的研究表明发达经济体和新兴经济体在全球价值链内具有不同的定位，发达经济体的去工业化和新兴经济体的快速工业化有助于协同全球价值链中各主体间的关系。珍妮弗和菲尔帕奎尔（Jennifer and Florence，2015）探讨了全球价值链下跨组织边界和地理边界的企业社会责任与全球价值链治理之间的关系，引入有争议的治理（contested governance）概念，并揭示出企业社会责任已成为协调全球价值链主体关系的关键因素。列那（Liena，2018）从全球价值链治理主体关系视角指出，全球价值链网络的主体间存在非对称性，并通过总结六个社交机制来指导各主体改善全球价值链的治理。

全球价值链治理方面。埃丝特和安德烈亚斯等（Esther and Andreas et al.，2015）指出当前的全球价值链治理机制有利于发展中国家扩大市场规模，形成规模经济效应，从而促进企业边际利润率增加，使企业有能力针对技术改进和产品创新进行研发投入，从而进一步提升全球价值链治理效率。丹加韦卢和乌姆等（Thangavelu and Oum et al.，2018）的研究发现，政府治理是全球价值链下实现国内产业发展的主要障碍之一，对全球价值链治理效率具有负向影响。穆恩（Moon，2019）分析了采用全球价值链综合解决方案的决定因素及其对出口企业全球价值链改善和出口绩效的影响，其研究表明全球价值链集成解决方案的实施水平对政府供应链管理（GSCM）绩效有正向影响。克桑（Kersan，2019）研究了欧盟国家参与全球价值链的主要驱动力，其研究表明 GDP 增长、全球价值链参与滞后、外国直接投资（FDI）、金融部门发展、服务业在 GDP 中的份额、高科技产品在出口中的份额、工资水平是驱动欧盟国家参与全球价值链的主要驱动力。

2. 全球价值链的价值产生与分配研究

在全球价值链的价值产生与分配研究方面，学者们主要对相关指标评价方法与模型、价值产生与分配等问题进行了研究。

全球价值链参与水平与位置评价方面。张会清和翟孝强（2018）在一个统一的核算框架下，采用新近发展的生产分解模型，从前向联系和后向联系两个视角对中国参与全球价值链的特征进行了系统评价。孙闯王和李志等（Chuangwang Sun and Zhi Li et al.，2019）通过全球价值链中心位置指数对全球价值链体系进行评价，并根据 2000～2011 年全球 60 个国家的面板数据进行研究，揭示出相对落后的发展中国家通过提升自身以及技术密集型产业的全球价值链嵌入程度可以有效优化价值配置。

全球价值链价值产生与分配方面。蒋雪梅和刘轶芳（2018）指出旗舰型跨国公司与国际高端品牌厂商往往是全球价值链的"链主"或领导企业，控制着价值链的价值分配，并直接决定或影响价值链内其他企业的嵌入位置与攀升路径。吕越和陈帅等（2018）的研究表明，全球价值链体系下，发展中国家主要以劳动成本优势的技术成熟型或劳动密集型产品获得微利，发达国家通过价值链进行技术和知识输出获得收益。针对全球价值链体系内价值分配不均问题，罗琳（Rawling，2015）提出应通过立法方式保护全球价值链体系中各方权力，即使在一个很小的范围内实施仍然具有重要意义。为了明确全球价值链价值分配不均问题产生的根源，纳基永（Nakgyoon，2015）对全球价值链下地区贸易中价值增值的决定因素进行研究，指出价值增值与资本劳动率和高技能劳动生产率密切正向相关。彭支伟和张伯伟（2018）通过一个两国模型，推演出不同贸易方式下的国际分工收益决定机制，发现一国所得实际产出份额在加工贸易中等于该国中间品数量渗透比与其全球价值链嵌入度之积，在一般贸易中等于中间品数量渗透比与其再使用过的生产网络关联度之积，并在此基础上提出了获取更多价值分配的策略。葛佳莉和付洋等（Ge Jiali and Fu Yang et al.，2018）的研究表明全球价值链嵌入对制造业企业的生产率有显著的提高作用。李欧图姆和赫尔荣（Lee and Hur，2019）的研究指出参与全球价值链与投资间存在互补性，参与全球价值链能够创造更多价值并获得更多的价值分配。

2.1.2　制造业全球价值链升级研究

1. 制造业全球价值链地位研究

全球价值链体系下产业地位评价方法方面。经济合作与发展组织（OECD）、世界贸易组织（WTO，2012）和联合国贸易和发展会议（UNCTAD，2013）等国际组织，以及库博尼瓦（Kuboniwa，2015）等众多学者均提出或采用以世界投入产出表（WIOTs）为基础，利用全球贸易增加值数据库 TiVA 的统计指标进行产业全球价值链地位的衡量。蒂默（Timmer，2014）基于 WIOD 数据库研究了全球价值链理论，认为资本和高技术劳动在全球价值链中的比例呈现持续上升现象，并揭示了中国处于全球价值链中低端的原因。娜塔莎克和里斯蒂娜（Natasha and Christina，2016）以政策为解释变量构建一种基于全球价值链的产业价值链和全球生产网络分析体系对产业的全球价值链地位进行衡量。在此基础上，学者们对不同国家、不同产业的全球价值链地位进行了实证研究，如杨勇（2019）构建了全球价值链收入及其要素分解方法，建立了基于全球价值链要素收入的显性比较优势指数来评价国际竞争力。李焱等（2018）运用全球价值链地位和长度指数对我国汽车产业的全球价值链地位进行分析，发现汽车产业参与垂直专业化分工的程度有所加深，其全球价值链地位指数有所提升，但与发达国家的差距依然较大。

可以看出，中国产业的全球价值链地位在近些年虽有大幅提升，但仍有较大上升空间，如何促进中国产业的全球价值链升级仍是当前学术界和产业界的重要课题之一。

2. 中国制造业全球价值链升级研究

国内外学者对中国制造业全球价值链升级的研究主要集中于制造业全球价值链升级机理、升级效应、升级模式与路径等方面。

制造业全球价值链升级机理方面。余东华和水冰（2017）的研究表明，在新一代信息技术的推动下，全球价值链正在发生解构和重构，从而为中国制造业嵌入全球价值链高端环节提供了战略机遇。孙天阳等（2018）将制造业出口贸易网络重新解构为被国外吸收的国内增加值、返回并被本国吸收的国内增加值、国外增加值、纯重复计算部分4种网络，揭示了网络可加性、网络间相关性、网络拓扑结构和社团演化等特征。高运胜等（2018）的研究表明融资约束成为制造业全球价值链地位升级的重要制约因素。

制造业全球价值链升级效应方面。谢会强等（2018）的研究表明全球价值链嵌入程度对中国制造业碳生产率具有正向影响，与发展中国家的全球价值链关联以及深度参与型的全球价值链嵌入方式对中国制造业生产率的提升具有作用。戴翔等（2019）的研究从实证研究层面证明服务化对制造业价值链攀升具有重要意义。

制造业全球价值链升级模式与路径方面。熊彬和范亚亚（2020）的研究表明中国价值链分工地位提升路径呈现出有效和低效提升路径协同演进的特征。罗军（2019）的研究发现生产性服务进口促进了中国制造企业在全球价值链中的产品升级，但抑制了我国制造业企业在全球价值链中的功能升级。

综上所述，可以看出国内外学者在全球价值链治理体系研究方面的研究主要集中于全球价值链治理理论、价值产生与分配及全球价值链地位评价等方面。相关研究表明全球价值链体系已经成为构建全球经济秩序的主要工具之一；在当前全球价值链体系下存在严重的价值分配不合理现象，通过对中国（高端）制造业全球价值链地位的评价和分析可以看出，中国等发展中国家的（高端）制造业在既有的全球价值链体系下处于弱势地位，实现中国（高端）制造业的全球价值链升级和全球价值链重构势在必行。

2.2　制造业服务化的相关研究

国内外学者对制造业服务化的研究始于桑德拉和胡安（Sandra and Juan，1988）提出的制造业服务化（servitization）概念。瑞丝琳和怀特等（Reiskin and White et al.，2000）从服务过程的视角对服务化内涵进行了界定，指出制造业服务化是"制造企业角色的转变"；一些学者则从服务创新视角对服务化内涵进行界定，强调服务化是一种组织能力和流程的革新以及一种商业模式创新（Neely et al.，2012；Baines et al.，2008）。相应地，中国学者也提出了"制造业服务化""制造业服务增强""服务型制造"等概念，认为服务化是从以产品为中心向以服务为中心转变的一种重大变革。在内涵界定的基础上，国内外学者分别从制造业服务化水平、服务化影响因素、服务化悖论、服务化模式与路径等多个方面对制造业服务化问题进行了系统研究。需要指出的是，除了对制造业服务化进行直接研究外，相关学者还从制造业与服务化融合的视角对产业服务化问题进行了研究（王成东，2015；綦良群，2015）。

2.2.1　制造业服务化水平的测度

随着制造企业服务化理论研究的深入和企业实践的展开，对制造企业服务化发展程度的衡量与测度开始成为研究焦点。制造业服务化是服务投入逐渐增加，服务产出也逐渐增加，因此通常认为制造业服务化包括投入服务化和产出服务化两方面（周大鹏，2013）。由于制造企业（微观）角度的服务投入数据难以获得，现有研究多是从产出服务化角度来衡量制造企业服务化程度，投入服务化程度则从制造行业（中观）角度，通过投入产出表来进行衡量。

投入服务化是制造业服务化的重要内容之一，突出表现为制造企业生产经营中的服务投入越来越多。从理论上讲，测算制造企业投入的服务化程度实质上是计算制造企业生产经营过程中的产业融合度，受制于缺乏制造企业投入端的服务投入数据，从制造企业微观角度难以核算企业投入服务化程度。因此，学者们主要从制造业行业层面，采用投入产出分析方法，通过计算制造行业的制造业服务化系数（服务投入量或结构）来测算制造业的投入服务化程度。如黄玉霞（2019）等从中国制造业的细分行业视角，同样利用投入产出表测算比较了不同行业的投入服务化程度。

产出服务化是指在制造业全部产出中，服务产品的比重不断增加的现象。从已有研究成果看，测算制造企业的产出服务化程度主要采用两种方法。一是经营范围分析法，即剖析公开上市制造企业的经营范围，以其为客户提供服务业务的种类和数量来衡量企业的产出服务化程度。以尼利（Neely，2009）的研究为代表，认为可以从制造企业提供的与产品相关的服务活动数量和类型、服务活动质量和产品战略对服务定位两个方面来衡量。克里斯蒂娜和韦恩等（Christian and Wayne et al.，2002）首次提出服务化战略导向的概念，并将其定义为提供服务的数量、强度和宽度三个维度。国内学者蔺雷和吴贵生（2007）也提出从服务产出的数量和质量来测度其程度问题。黄群慧和霍景东（2014）提出用制造企业提供的服务产品数量所占产品产出比例衡量服务化程度。陈雯和李碧珍（2018）等学者通过经营范围服务化程度的测算均得出中国制造业（细分行业）的服务化水平处于中低端。另一种是收入比重法。即以上市制造企业报表中的服务业务收入占营业总收入的比重来衡量制造企业的产出服务化程度。学者们根据公开上市的制造企业年报信息和财务数据，查阅营业收入构成，收集每家制造企业的服务业务收入数据，以服务业务收入占总收入的比重来衡量企业产出服务化程度（Fang and Palmatier et al.，2008；陈漫和张新国，2016）。由于目前我国制造企业几乎没有按产品、服务结构来披露收入数据的，数据获取受到很大制约，因此采用收入比重法的研究成果相对较少。

2.2.2 制造业服务化的影响因素

基于不同的研究对象及研究视角，学者们围绕服务化影响因素进行了大量研究。一些学者（吴永亮和王恕立，2018；刁莉和朱琦，2018）基于全球化的角度，提出服务业相对生产率、经济自由度、生产性服务进口贸易、来自国外的服务化投入等对制造业服务化产出具有明显的推动作用，而制造业附加值率、制造业投入服务化强度等因素对制造业服务化有一定的抑制作用。肖挺等（2014）则从服务创新视角出发，实证分析了人力资本投资、信息技术引入、良好的客户关系对服务创新的促进作用及相应的作用机制，并提出与知识密集型服务业协同发展对制造业服务化有显著的推动作用。从组织环境和组织战略视角，一些学者的研究指出组织环境（人口密度、资源依赖、机构关联性等）、组织结构和组织战略对制造业服务化有重要的影响（Taija and Max et al.，2014；胡查、汪涛和王辉，2014；Bustinza et al.，2015；肖挺，2019）。从企业能力视角，一些学者（Fulvio，2007；杨永利和梁永康，2016）认为制造企业的技术创新能力、技术服务能力、资源整合能力、领导者能力、产业链竞争力等是影响企业服务化的重要因素。

2.2.3　制造业服务化悖论

海科和埃尔加等（Heiko and Elgar et al.，2005）最早提出了"制造企业服务悖论"（service paradox in manufacturing companies）概念，将其界定为由于成本上升、缺乏相应回报，服务收入增长未能达到预期目标的现象。这一现象使制造企业无法实现产品向服务的转型，导致离开过渡线，产生服务化悖论。

国内外学者通过对制造企业服务化与财务绩效间的关系研究检验是否存在服务化悖论现象。但由于研究对象不同，实证研究结果差异较大，有显著正相关、显著负相关、先降后升的 U 型、先升后降的倒 U 型和上升—下降—再上升的马鞍型关系。归纳起来主要有以下几种观点：一是正相关关系。李京华和林莉等（Li and Lin et al.，2015）对浙江省 12 个行业的 134 家上市制造企业进行回归分析，发现制造企业服务化和业务绩效存在显著正相关关系，而且服务化战略更适合大型企业，一旦服务化超过某一阈值，服务化在提高业务绩效方面的效果就变得更加突出。陈丽娴和沈鸿（2017）对我国 2003～2015 年制造业上市公司数据分析发现，制造企业通过服务化转型显著提高了绩效。二是负相关关系。安迪（2008）以 25 个国家 1 万多家公司为研究对象，发现服务化程度（提供服务的数量）对净利润产生负面影响，小公司可以获得比大公司更高的服务效益。一些学者在其对制造企业服务化悖论研究述评中指出制造企业服务化与财务绩效间存在负相关关系（赵艳萍等，2020；Lexutt，2020）。敏连兴和王建琼等（Lianxing Min and Jianqiong Wang et al.，2015）基于 2013 年中国沪 A 股上市制造企业数据，发现服务化决策与市场表现正相关，服务水平与财务绩效负相关。王丹和郭美娜（2016）对上海制造业中上市公司服务化情况进行了实证研究，发现制造企业服务化程度与企业盈利能力呈负相关关系。三是 U 型关系。Fang 等（2008）通过研究 1990～2005 年美国 177 家上市公司数据，证明了服务化困境的存在，发现只有 20%～30% 的公司其服务转型战略对企业价值提升产生了积极影响，服务化战略与企业市场价值间是 U 型关系（Fang and Palmatier et al.，2008）。四是倒 U 型关系。陈杰雄（Jiexiong Chen，2010）对比研究了中美制造企业，认为中国制造商的服务化和业务绩效之间存在倒 U 型关系，美国制造商服务化与业务绩效之间存在显著正相关关系。五是马鞍型关系。一些学者则从服务化进程角度，分别研究了 2001～2007 年大型跨国设备制造商阿特拉斯·科普柯的 44 家子公司和中国 5 个制造行业 518 家上市公司，指出它们的服务销售和总体盈利能力之间呈马鞍型关系（Kastalli et al.，2013；李靖华等，2015）。

从研究结果看，大多数学者并不否认服务化会对制造业长期价值的提升产生积极影响，虽然对财务绩效影响的结论并不一致，但大多指出在服务化进程中制造企业会出现财务绩效阶段性下降的情况，即存在短期或阶段性的制造业服务化悖论。

2.2.4　制造业服务化的发展模式与实现路径

多数学者从价值创造和价值增值的角度探讨制造业服务化的发展模式，并从微观视角剖析制造业企业内部在服务化过程中进行的业务变革和模式改进，通过现象归纳和案例研究探讨了制造业服务化发展模式。现有的服务化模式大多以产品为基础，逐步向服务环节延伸。制造企业和服务企业围绕以产品为核心的服务活动进行协作，共同创造价值，形成了制造业服务化的四种典型模式：产品延伸服务化、产品增强服务化、核心技术服务化、业务单元服务化（李天柱、刘小琴和李潇潇，2018）。除了围绕产品增值的服务化模式，学术界也探讨了服务增值的服务化发展模式，即针对产品特性和顾客需求，提供有偿服务，降低顾客在使用产品中产生的成本，提高顾客感知价值，使顾客对制造企业产生长期信赖。韩霞和吴玥乐（2018）从价值重构的角度分别阐释了航空制造业基于服务增值和服务整合的制造业服务化发展模式，基于服务增值的服务化案例选取了劳斯莱斯公司的绩效基础合约模式和GE公司的按时计费租赁模式，基于服务整合的发展模式案例则选择了波音公司的 Boeing Edge 服务品牌研究了全过程服务整合模式。

对于制造业服务化的实现路径，部分学者基于微笑曲线，认为制造业可根据上下游产业关联，将业务范围分别延伸至产业链上游或下游，进入研发和营销领域，最终实现完全去制造化（简兆权和伍卓深，2011）。然而，杨蕙馨和高新焱（2019）的研究发现完全去制造化并不适用于所有制造业企业，尤其是先进制造业，企业需要掌握核心零部件的生产制造技术，不能抛弃代表核心竞争力的产品，中国制造业应积极引导和支持研发创新和技术进步，掌握产品盈利的核心要素。罗建强等（2013）认为如果制造企业不顾产品质量，一味追求服务化，无异于舍本逐末，最终会被市场抛弃，所以，既要保证核心研发能力与生产技术领先，又要将增值性服务与产品融合的服务型制造更加符合制造业服务化的本义。总之，从微观企业内部服务化变革角度，制造业企业大多以客户需求为导向，以增强企业盈利能力和综合竞争力为目的，以大数据、云计算和移动互联网等现代先进科技为支持，构建符合自身资源条件的，供应商、制造商、分销商、零售商以及顾客等利益相关者协同的产品服务系统。

从产业融合和产业政策层面考察制造业服务化的实现路径。产业融合是指产业间相互渗透，逐渐突破产业间技术边界、业务边界、市场边界和运作边界，直至这些产业间传统边界趋于模糊甚至消失，并逐步形成新产业的过程（周振华，2003；汪芳和潘毛毛，2015）。产业融合具体反映到生产性服务业和制造业上，则表现为生产性服务业为制造业服务化提供所需服务要素，通过提供金融、大数据处理、信息咨询等服务业务融入制造业价值链之中，形成制造业服务化离不开生产性服务业的服务要素供给、生产性服务业离不开制造业服务化对服务要素的需求的产业融合状态。苏向坤（2017）提出了先转变制造业发展理念，再由政府引导打造以制造业服务化为特征的产业聚集区并投入高级服务要素，继而学习国外制造业服务化转型成功经验的发展路径。

2.2.5　高端装备制造业服务化

通过对现有国内外相关研究的梳理可以看出，国内外学者在高端装备制造业与服务业融合发展领域取得了一定的研究成果，对本书有重要的借鉴意义，因此本书对高端装备制造业与服务业融合发展的相关研究进行梳理。刘卓聪和刘蕲冈（2012）定性分析了湖北省高端制造业和现代服务业融合发展的现状和存在的问题，从双向互动的角度提出融合发展对策。刘佳等（2014）利用定性分析方法研究了高端制造业和现代服务业融合的生成逻辑和价值创造机制，提出价值链上游技术增强型、价值链下游服务增强型、产业链一体化发展三种融合路径。凌永辉等（2017）从地区和行业层面对生产性服务业发展与高端制造业效率提升之间的产业互动关系进行实证研究，发现二者之间存在显著但非对称的双向互动关系，且呈现从东部向中部再到西部的阶梯形衰减趋势。王如忠和郭澄澄（2018）从产业部门内在联系与产出效率的政策激励视角实证研究了上海高端制造业与生产性服务业主要部门之间发展的协同性，发现以高端制造业为引领形成产业协同正向溢出效应，有利于构造高端制造业与生产性服务业协同综合体，加快促进我国嵌入全球产业链分工体系。

本书从制造业服务化程度测度、影响因素、服务化悖论、发展模式与实现路径以及高端制造业服务化五个方面梳理了制造业服务化的相关研究，发现对服务化程度的测度经逐步发展已相对完善，从影响因素视角提出服务化动力机制的研究也较成体系。虽然部分学者研究识别出中国制造业有一定的

"服务化悖论"现象，但也发现这种现象有阶段性特征，从长期看服务化对制造业升级有显著积极影响。在制造业服务化发展模式和实现路径方面，模式研究多集中于现象归纳和案例研究，实现路径主要从微观企业和产业融合两个角度展开。然而，对高端制造业服务化的研究成果较少，成果主要集中于高端制造业和现代服务业的融合发展方面。

2.3　基于服务化视角的制造业全球价值链升级研究

2.3.1　基于服务化视角的（高端）制造业升级研究

在服务化与制造业升级关系研究中，洛德法尔克（Lodefalk，2014）认为制造业服务化需考虑制造业企业内部在生产过程中提供的研发、设计、销售等服务活动，即服务内部化，且服务内部化有利于制造业的结构调整和转型升级。奥斯卡和阿里等（Oscar and Ali et al.，2015）指出服务化能够实现制造企业商业模式的变革和组织结构的转型与优化。哈卡宁和赫兰德等（Hakanen and Helander et al.，2017）得出服务制造商可以根据客户特征定制产品，建立全球运营模式；可以通过调整本地服务流程来确保全球品牌一致性，进而创建全球价值主张，实现制造企业的服务化升级。文德雷尔和戈麦斯等（Vendrell and Gomes et al.，2018）考察指出制造业跨国企业（MMNEs）通过与知识密集型商业服务（KIBS）公司合作实现国际服务化，对于跨国制造企业的升级有重要的推动作用。然而，服务化对于制造业升级并非完全具有操作性，约翰斯通和威尔金森等（Johnstone and Wilkinson et al.，2014）指出制造业服务化有潜在的性能下降的实施障碍。维穆等（Wim et al.，2016）也指出目前研究结果并未能提供具体且有效的管理新服务开发（new service development，NSD）的方法。基于此，什洛莫和卡里等（Shlomo and Sircary et al.，2016）通过案例研究表明跨境制造企业可以通过跨境收购的方式提高企业的服务能力，进而实现企业价值和竞争力的提升。一些学者也提出了制造企业服务化面临的重要挑战，指出传统制造和工程服务之间的差异将导致服务化对制造业企业升级影响的不确定性（Kreye et al.，2014；Nullmeier et al.，2016；Wolfgang et al.，2017）。

国内早期研究更加关注制造业服务化的产业升级效应，胡昭玲等（2017）就制造业服务化对产业结构转型升级的影响进行计量检验发现，制造业服务化有助于产业结构转型升级，制造业服务化可通过技术创新推动产业结构转型升级，高端服务化对产业结构转型升级的促进作用远大于低端服务化。张志醒和刘东升（2018）建立动态面板模型并采用 GMM 回归方法，估计生产服务化在制造业转型升级进程中的作用以及不同服务类型作用的差异性，结果表明单一类别的服务投入对转型升级的作用不显著。事实上，制造业服务化已经成为我国制造业升级的一个现实性选择，徐振鑫等（2016）对制造业服务化的定义、动因、效应及升级路径等一系列问题进行了系统性阐述。张辽和王俊杰（2018）基于"四链"协同升级的视角诠释了服务化促进制造业转型升级的机理，并实证检验了服务化影响"四链"协同升级的效应，证明了服务化转型是我国制造业"四链"协同升级的一个现实途径。在明确机理之后，近几年很多研究聚焦在路径方面，胡查平和汪涛（2015）对 3 家本土服务化战略转型制造企业转型升级的演进路径进行了探索性研究，总结归纳了制造业企业服务化战略转型升级路径的理论模型；令狐克睿和简兆权（2018）认为制造企业通过社会资源整合和服务化程度升级而呈现三种服务化升级路径；杨蕙馨等（2020）对中国制造业服务化转型升级路径研究进行了梳理，明确服务化不是制造业转型升级的"万能钥匙"，制造业的不同产业需要考虑服务化战略与产业的适配性。

基于服务化的高端制造企业的升级在制造业升级的基础上具有其特殊性。韩霞和吴玥乐等（2018）以航空制造业为例，指出服务化发展是高端制造业升级的重要途径，在服务化过程中，可以通过服务创造和服务增强实现价值链的重构及价值实现方式的优化。孙灵希和曹琳琳（2016）基于成本发现模型的研究表明，要素禀赋、技术水平、外商直接投资、制度因素、服务化程度成为中国装备制造业价值链地位的影响因素。实证分析结果表明，物质资本密度、人力资本、技术水平、服务化程度均对中国装备制造业价值链地位具有显著正向影响。范妮和西蒙等（Fanny and Sinsel R et al.，2018）通过对全球最大的 25 家电力公司的研究表明，对服务化功能的重视与开发是其中具有竞争力的企业的共性特征。王娟和蓝海林（2020）选择优势制造企业服务化战略对技术进步的影响研究发现，优势企业面向客户的战略和面向产品的战略对技术进步均有促进作用，优势企业服务化战略成为产业转型升级的主要发动机。

在基于服务化视角的制造业与高端制造业升级研究方面，学者们的研究主要集中于服务化与制造业和高端制造业升级关系、基于服务化的制造业和高端制造业升级机理和路径等。相关研究结果表明服务化对当前高端制造业的产业升级具有突出的正向作用；服务化是制造业升级发展的重要战略方向之一；制造业可通过不同环节的服务化实现产业在不同层面的升级。当然，服务化不是制造业转型升级的"万能钥匙"，对于制造业不同产业需要考虑服务化战略与产业的适配性。

2.3.2 基于服务化的（高端）制造业全球价值链升级研究

在基于服务化的制造业全球价值链升级研究中，很多结论均明确了服务化可以对推进制造业全球价值链地位提升产生正向作用，2000～2014 年制造业服务化整体上能够显著推动全球价值链参与度与全球价值链地位的提升（杜新建，2019）。部分学者认为制造业服务化可以用制造业参与全球价值链生产过程中服务业创造价值的比重衡量，制造业服务化程度的提高意味着制造业在全球价值链位置和产业结构的升级（Richard and Rikard et al.，2015；Lanz and Maurer et al.，2015）。高洛伊基和唐海伟（Hiah Looi Kee and Hai Wei Tang，2016）从增加值的视角实证检验了制造业出口服务化对制造业企业国际竞争力的提升有重要作用，塞巴斯蒂安和查尔斯（Miroudot and Charles，2017）研究也发现制造业出口服务化是实现制造业全球价值链升级的关键。李靖华（2017）和罗林斯等（Rawlins et al.，2018）分别基于价值网络和价值链视角分析制造服务生态系统的价值共创机制。刘洪勋和李江龙（Hongxun Liu and Jianglong Li et al.，2018）通过中国产业在全球价值链中的地位及其能源和环境效率的测量，结果表明，全球价值链地位与能源和环境效果之间存在着正反馈关系。陈秀英（2016）认为制造业投入服务化对我国制造业全球价值链地位的影响存在行业异质性：制造业投入服务化对零部件贸易价值链攀升的促进作用较半成品贸易更为显著，对低技术型行业价值链攀升的边际效应较中高技术行业更为明显。

一些学者开始关注基于服务化实现制造业全球价值链升级的关键影响因素与路径。杨玲（2015）研究了贸易自由化下服务化在全球价值链地位中的调节效应，发现生产性服务进口贸易对制造业全球价值链地位的影响包括前向影响效应和后向影响效应。布拉克斯和萨拉等（Braxs and Saara et al.，2017）对服务价值网络进行了八个层面的概括，即支持产品的服务、安装产品的服务、补充服务、面向产品的解决方案、系统租赁、经营服务、托管服务解决方案和整体解决方案，认为服务价值网络的构建有利于制造业的全球价值链升级。墨菲和安德森（Murphree and Anderson，2018）从全球价值链的角度研究了制造企业规模与转型升级的具体战略选择之间的关系，发现企业规模不同，企业转型升级所选择的战略布局有较大的区别。一些学者还试图从服务异质性的角度加以解释。例如萨宾和莫妮等（Sabine and Monika et al.，2013）都指出不同制造业中服务创新的成功因素相关性较低，导致服务化对价值链升级的影响具有异质性。刘斌等（2016）进一步从服务投入异质性的视角分析发现，运输服务化、金融服务化、分销服务化的价值链提升效应作用明显，而电信服务化的价值链升级效应并不显著。郝凤霞和黄含（2019）的研究表明金融保险服务化、技术研发服务化以及批发零售服务化对我国制造业全球价值链参与程度有显著的促进作用。黄玉霞和谢建国（2020）研究发现，电信和信息服务投入、金融和保险服务投入对制造业增值能力的提升作用更大，而分销和运输服务投入作用较小。

尽管并未有针对全球价值链下高端装备制造业服务化升级的研究，但很多以制造业为对象的研究仍具借鉴意义。刘玉荣和刘芳（2018）曾指出，在高技术制造业部门中，制造业服务化与全球价值链提升之间存在显著为正的交互效应；中低技术制造业部门参与全球价值链体系对制造业服务化的影响不显著。可见，以先进制造业为样本开展此类研究更具针对性。胡昭玲等（2017）测算并分析了价值链分工三大区块的国家、金砖国家和其他典型国家制造业服务化的事实特征，结果表明：发达国家以信息通信、专业科技、金融保险服务化为主，发展中国家以批发零售、运输仓储服务化为主；高端服务倾向于融入高技术制造，低端服务融入低技术制造业。韩霞和吴玥乐（2018）从航空制造业服务化转型视角，指出服务创造和服务增强是航空制造业培育新的价值增长点及竞争优势的重要途径。綦良群和周凌玥（2018）基于装备制造业价值链整合过程模型，提出产业连接密度、知识吸收能力以及服务要素投入端和产出端嵌入的位置差异均对装备制造业价值增值能力存在影响。

在基于服务化的先进制造业全球价值链升级领域，相关研究成果相对较少，尚未形成完整的理论体系。已有相关研究主要揭示了全球价值链视角下先进制造业升级与服务化之间的关系。相关研究表明，先进制造业的服务化有助于其培育新的价值增值点，实现其全球价值链攀升。

本章小结

通过对国内外相关研究成果的梳理可以发现，已有研究在制造业全球价值链升级和制造业服务化领域取得了大量极具参考借鉴价值的研究成果。一方面，相关研究成果揭示了全球价值链下中国高端装备制造业服务化升级的必然性和迫切性，为后续全球价值链下高端装备制造业服务化升级研究奠定了必要的研究前提和理论基础；另一方面，相关研究在研究理论与研究方法等方面所形成的成果积累，以及实证研究中对案例和实证研究对象的选择，为后续相关研究的开展提供了有益借鉴。

进一步分析可以发现，国内外学者对服务化与全球价值链升级交叉视域下中国高端装备制造业发展问题的研究成果尚没有形成完整的理论体系。因此，综合考虑全球价值链下高端装备制造业服务化升级领域的科学研究演进趋势，以及中国高端装备制造业发展方向和发展过程中所面临的现实问题，对全球价值链下高端装备制造业服务化升级问题进行系统研究已成为当前亟待研究的问题。

综上所述，对全球价值链下高端装备制造业服务化升级机理、升级模式及其保障策略进行深入的系统研究，既符合当前国内外相关领域科学研究的发展动态，又有助于解决中国高端装备制造业发展中迫切需要解决的关键问题，因此具有重要的学术研究价值和现实指导意义。

第3章 全球价值链下中国高端装备制造业发展现状分析

3.1 相关概念的界定

3.1.1 全球价值链

1. 全球价值链的内涵

全球价值链是指在全球范围内为实现某种商品或服务的价值而连接原材料、生产、销售、售后服务等全过程的跨企业网络组织（刘志彪和张少军，2008）。在全球价值链背景下的装备制造企业往往分布于全球各地，通过国际分工进行着从研发、设计、生产、加工到品牌塑造、营销服务等系统性的价值增值活动，为世界各国特别是广大发展中国家带来了参与全球化进程的机遇和挑战。微笑曲线近年来被广泛应用到全球价值链各环节的附加价值分析中，由曲线底部的加工制造环节向曲线两端的研发设计和品牌营销环节拓展，成为装备制造企业价值链攀升的主要方向，如图 3-1 所示。

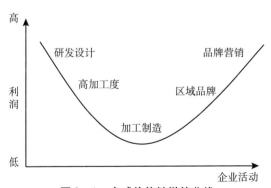

图 3-1 全球价值链微笑曲线

资料来源：笔者自绘。

23

我国从 20 世纪 90 年代开始，通过"三来一补"的加工贸易方式嵌入了全球价值链。基于生产要素分工的全球价值链竞争与基于产品分工的单个企业间竞争所产生的竞争效应有很多不同。根据杰里菲等人在波特研究基础上发展起来的全球价值链理论，一个国家的制造业处于价值链的哪个环节，不但决定了其利益分配，更决定了其升级的机会（Gibbom P，2008）。全球价值链的嵌入一方面给我国带来了巨大的发展机遇，另一方面也把如何向全球价值链的高端攀升的问题摆在面前。融入全球价值链意味着我国装备制造企业需要从全球的视角看待装备制造企业的发展机遇、市场，并从全球范围内寻找合作伙伴，通过人力资源、知识与专利技术资源、财力资源、市场资源等的有效整合，不断提升自身的研发设计能力与品牌营销能力，占据微笑曲线的价值高端，实现自我发展。

2. 全球价值链的特征

全球价值链具有分工、合作、增值和机遇与风险并存等特征。在分工特征方面，跨国装备制造企业将产品内不同的制造工序、生产任务在空间内进行分割，专注研发设计、品牌营销等高附加值环节，将加工制造、运输等低附加值环节转移到其他国家或地区，形成全球化的产品分工体系。分工导致了全球价值链的片段化和空间重组，使装备制造企业之间的竞争从最终产品转向中间产品和服务。

在合作特征方面，全球价值链背景下生产的最终产品通过生产区域的跨国家、跨地区生产，把不同国家、不同地区、不同企业联系在一起，呈现合作的特征。最终产品中凝聚了不同国家和地区的生产和服务，将供应商、制造商、零售商通过信息平台紧密联系在一起，形成全球性的生产网络。全球价值链呈现的合作特征体现了全球价值链与周边经济体和市场的紧密联系，全球价值链的扩张是基于区域合作的有序扩张。

在增值特征方面，跨国公司基于比较优势在全球范围内进行区域聚集性生产，使全球价值链的各个环节的价值增值比重不同。微笑曲线显示，全球价值链的研发设计环节和品牌营销环节的价值增值比重较高，生产制造环节的价值增值比重较低。总体来说，基于服务实现的增值要远远高于基于最终产品的增值。在全球价值链中，生产性服务贸易物化为中间投入，成为全球价值链中增值较大的部分。因此，大力发展生产性服务业，能够提高全球价值链在国内的增值比重。

在机遇与风险方面，全球价值链是未来全球经济格局变化的主要影响因素。全球价值链能够扩大贸易、增加就业、实现 GDP 增长、促使发展中国家实现产业结构调整和升级，但同时，全球价值链也存在着一定的风险。全球价值链的主导企业多为大型跨国公司，发展中国家在参与全球价值链分工时，被锁定在全球价值链的低端，容易形成技术依赖，并影响结构升级。此外，跨国公司受所在国家的经济周期影响，可以通过全球价值链传导到其他国家和地区，引起其他国家和地区的经济波动和衰退，从而使供应链产生波动甚至中断。

3.1.2　高端装备制造业

1. 装备制造业

装备制造企业是指为社会生产或消费领域提供生产或技术平台，产品具有技术密集和资本密集特征的一类企业。作为整个制造行业的基础和核心，装备制造企业不但是为下游提供技术和装备支持的基础性、战略性企业，更是一国实现技术升级和企业转型的主导力量。

国际上对装备制造企业没有统一的定义，我国的此行业分类标准又与其他国家的分类标准不同，与 ICIS 分类标准和 SITC 分类标准也不尽相同，但所包含的各细分行业大致范围相同（Dedrick and Ponte，2008）。根据装备制造企业在国民经济中的作用，可以将装备制造企业分为五种类型：一是通用类装备，即一般性装备；二是基础类装备，是装备制造企业的核心，以被称为"工业母机"的机床工具装备为代表；三是成套类装备，是评价一个国家装备工业总体实力的最重要依据；四是安全保障类装备；五是高技术关键装备，即前沿性的核心装备（李随成和姜银浩，2009）。

装备制造企业处在国民经济产业链的中游，为普通制造业生产"工作母机"。在全球价值链中，装备制造企业的这一特性决定了其具有三个特点。一是技术密集。装备制造企业的产品特点是技术的复杂性和可分解性。装备制造企业的每一单台（套）产品都是由大量的零件组成，要同时提高成百上千个零件的加工工艺和质量标准、实现多环节的同步提高是一项非常复杂的工作。与此同时，装备制造企业的最终产品是成百上千零件的系统组合，这也决定了装备制造企业的技术可分解性。装备制造企业的生产过程在统一的系统下具有相对独立的特性，技术工艺可以分解成多个环节或者模块。这一特性也促进了装备制造企业的专业化和分工。二是资本密集。装备制造企业是为行业发展提供物质装备的生产制造部门的总称，属于投资品制造业。与全球其他行业相比，装备制造企业所涉及的钢铁行业、一般电子与通信设备制造行业、运输设备制造行业、石油化工、重型机械工业、电力工业等都属于资本密集型行业。三是与全球资源关联密切。装备制造企业的生产过程非常复杂，多为按单、按项目制造，在全球价值链背景下，更需要大量人力、财力、物力等资源的配合和投入。装备制造企业的产品链条长、带动能力强，在全球价值链背景下装备制造企业的关键技术、关键材料和基础工艺的创新更容易影响和带动上下游企业和全球相关企业的发展。

2. 高端装备制造业

高端装备制造业又称为先进装备制造业，是资金密集型、技术密集型产业。其区别于传统的装备制造业的特点是处在价值链顶端与产业链核心环节，并对产业竞争力产生决定性影响。高端装备制造业涉及的具体产业领域如下。

一是关键基础零部件和基础制造装备。关键基础零部件主要包括液气密元件及系统、轴承、齿轮及传动系统、自动控制系统等；基础制造装备主要包括数控机床及冲压、锻造、铸造、焊接、热处理等"工业母机"。《工业转型升级规划（2011～2015年）》。对基础工艺、基础材料、基础零部件和基础制造装备发展予以高度重视，提出了三项主要任务：一是加强锻铸焊等基础工艺研究，加强装备及检测能力建设，提升关键零部件质量水平；二是推进智能控制系统、智能仪器仪表、关键零部件等领域的自主创新，建设若干行业检测试验平台；三是继续推进"高档数控机床和基础制造装备"科技重大专项实施，发展高精、高速、智能、复合、重型数控工作母机和特种加工机床、大型数控成形冲压、重型锻压、清洁高效铸造、新型焊接及热处理等基础制造装备。

二是重大智能制造装备。智能制造装备是具有感知、决策、执行功能的各类制造装备的统称。大力培育和发展智能制造装备产业对于加快制造业转型升级、提升生产效率和技术水平、降低能源资源消耗、实现制造过程的智能化具有重要意义。《工业转型升级规划（2011～2015年）》提出，要围绕先进制造、交通、能源、环保与资源综合利用等国民经济重点领域发展需要，组织实施智能制造装备创新发展工程和应用示范，集成创新一批以智能化成形和加工成套设备、冶金及石油石化成套设备、自动化物流成套设备、智能化造纸及印刷装备等为代表的流程制造装备和离散型制造装备，实现制造过程的智能化和绿色化；同时，加快发展焊接、搬运、装配等工业机器人，以及安防、深海作业、救援、医疗等专用机器人。

三是节能和新能源汽车。我国燃油供应紧张与巨大的汽车消费需求之间的矛盾日益突出，发展新能源汽车已成为全球汽车产业应对能源和环境挑战的战略选择，是汽车产业转型升级的重要方向，但传统燃油汽车在较长一段时期仍将占据市场主导地位。我国作为新兴的汽车大国，既要加快培育和发展新能源汽车，也要坚定不移地推动传统燃油汽车的节能减排。

四是船舶及海洋工程装备。我国 2010 年造船量达到 6560 万载重吨，规模跃居世界第一，造船完工量、新接订单量和手持订单量三大造船指标先后全面超过日本、韩国。目前我国已经具备了全系列主流船型的自主设计建造能力，大型液化天然气（LNG）船实现了自主研发和批量建造，大型船用曲轴等产品实现自主生产，成功研制了首台自主品牌中速柴油机，形成了一批世界知名的品牌船型。[①] 海洋工程装备领域获得长足发展，具备了自升式钻井平台的总承包能力，承接了深水半潜式钻井平台等高端产品，海洋工程辅助船的市场份额位居世界第一。

五是轨道交通装备。轨道交通装备主要涵盖了机车车辆、工程及养路机械、通信信号、牵引供电、安全保障和运营管理等技术装备。经过多年发展，我国轨道交通装备形成了较为完整并相对独立的产业（研发、制造和服务）体系，生产能力与规模高居世界第一，集成创新和引进消化吸收再创新了高速动车组、大功率交流传动机车等高端产品。但关键核心技术仍受制于人，原始创新能力较弱，产业发展的基础材料、零部件技术水平相对较低，对外依存度较大，产品安全性、可靠性、可用性、可维护性和全寿命周期与发达国家相比仍有较大差距。

六是民用飞机。继续加大对民用飞机产业的支持，在型号研制、体制改革等方面取得较大进展，具有自主知识产权的 ARJ21 支线飞机进入适航试飞阶段，列入国家科技重大专项的大型客机项目进展顺利。我国已将民用飞机产业列入国家战略性新兴产业，并将逐步推进低空空域开放，这必将对民用飞机为主的航空装备产业带来极大的机遇。

七是民用航天。继续加快我国民用航天发展，建设国家空间基础设施，是支撑国家公共服务体系建设、展现我国科技实力的重要手段。一是要完善我国现役运载火箭系列型谱，完成新一代运载火箭工程研制并实现首飞；实施先进上面级、多星上面级飞行演示验证；启动重型运载火箭和更大推力发动机关键技术攻关。实施月球探测、高分辨率对地观测系统等国家科技重大专项，实施宇航产品型谱化与长寿命高可靠工程，发展新型对地观测、通信

[①] 资料来源：国务院《工业转型升级规划》（2011～2015 年）。

广播、新技术与科学实验卫星，不断完善应用卫星体系，推进国家空间基础设施建设；进一步完善卫星地面系统建设，推进应用卫星和卫星应用由科研试验型向业务服务型转变。加强航天军民两用技术发展，拓展航天产品与服务出口市场，稳步提高卫星发射服务的国际市场份额。

八是节能环保装备。紧紧围绕资源节约型、环境友好型社会建设需要，依托国家节能减排重点工程和节能环保产业重点工程，加快发展节能环保和资源循环利用技术和装备。大力发展高效节能锅炉窑炉、电机及拖动设备、余热余压利用和节能监测等节能装备；重点发展大气污染防治、水污染防治、重金属污染防治、垃圾和危险废弃物处理、环境监测仪器仪表、小城镇分散型污水处理、畜禽养殖污染物资源化利用、污水处理设施运行仪器仪表等环保设备，推进重大环保装备应用示范；加快发展生活垃圾分选、填埋、焚烧发电、生物处理和垃圾资源综合利用装备，围绕"城市矿产工程"，发展高效智能拆解和分拣装置及设备，推广应用表面工程、快速熔覆成形等再制造装备；发展先进、高效、可靠的检测监控、安全避险、安全保护、个人防护、灾害监控、特种安全设施及应急救援等安全装备，发展安全、便捷的应急净水等救灾设备。

九是能源装备。我国能源装备发展迅速，发电装备装机容量累计超过 9 亿千瓦，其中以风电装备和太阳能装备为核心的新能源装备得到快速发展，形成了完整的产业链；建成世界首条 ±800 千伏特高压直流和 1000 千伏特高压交流输变电示范工程；长期依赖进口的 2000 千瓦以上大功率厚煤层电牵引采煤机、世界最高的 6.3 米液压支架、世界最大等级的 55 立方米矿用挖掘机、1.2 万米的陆地用石油钻机、乙烯"三大压缩机"等研制成功并投入使用。致力于调整能源结构，要积极应用超临界、超超临界和循环流化床等先进发电技术，加快水电装备向高参数、大容量、巨型化转变；大力发展特高压等大容量、高效率先进输变电技术装备，推动智能电网关键设备的研制；推进大型先进压水堆和高温气冷堆国家科技重大专项实施，掌握百万千瓦级核电装备的核心技术；突破大规模储能技术瓶颈，提升风电并网技术和主轴轴承等关键零部件技术水平，着力发展适应我国风场特征的大功率陆地和海洋风电装备；依托国家有关示范工程，提高太阳能光电、光热转换效率，加快提升太阳能光伏电池、平板集热器及组件生产装备的制造能力；推动生物质能源装备和智能电网设备研发及产业化；掌握系统设计、压缩机、电机和变频控制系统的设计制造技术，实现油气物探、测井、钻井等重大装备及天然气液化关键设备的自主制造。

针对高端装备制造业的内涵与研究需要，综合考虑实证研究过程中的数据可得性及数据时效性，本书借鉴黄鲁成教授对高端装备制造业内涵的界定（黄鲁成、张二涛和杨早立，2016），基于国标 GB/T 4754 – 2017 中的制造业分类体系，建立细分行业集合 C = {C1, …, C4} = {C'34 + C'35, C'36 + C'37, C'38, C'39}。其中，C'33 到 C'39 为国标 GB/T 4754 – 2017 中制造业第 34 到 39 大类，即 C1 为通用、专用设备制造业、C2 为汽车、铁路、船舶、航空航天和其他运输设备制造业、C3 为电气机械和器材制造业、C4 为计算机、通信和其他电子设备制造业。

3.1.3　高端装备制造业服务化

随着制造企业产品同质化竞争日益激烈，利润空间急剧缩小，越来越多的制造企业通过提供实物产品与知识、技术、售后、咨询、人文关怀等不可量化要素相结合的集成包来增加企业产品价值，以获取更多市场利润。这种制造企业提供服务行为的现象被提取并描述为"服务化"。其后的理论研究中，这一初始概念得到了进一步延伸和拓展，却并未得到统一的界定。依据服务化主体的不同，理论研究在企业和产业两个层面对服务化的内涵进行了拓展。在企业层面，部分学者从产品角度出发，认为服务化是企业以顾客为中心，从实物产品提供者向产品服务系统供应商转变的过程；部分学者从企业行为角度出发，提出"服务化制造模式"，认为服务化是指企业在产品生命周期的各个阶段，通过产品与服务的融合实现资源整合，进而实现效率提升和企业创新；还有部分学者从企业战略角度出发，认为服务化战略是企业面向顾客需求进行资源配置，以提高自身服务水平，进而提升企业自身竞争能力和盈利能力的一种转型战略。在产业层面，学者们分别从生产要素结构和价值创造等视角对服务化进行了拓展。认为服务化是服务要素在投入和产出活动中的比重日益增加的一种经济趋势，并从投入服务化和产出服务化的角度探究了服务化构成与产业转型升级的关系；部分学者认为制造业服务化的本质是制造行业为实现产业转型，向价值链两端有序延伸而提升产业价值创造能力的一种升级战略。

由此可知，服务化的界定具有诸多不同角度，但存在以下几点共识：一是服务化是一个行为主体面向用户需求，通过提供服务最大程度提高用户效用的过程；二是服务化过程伴随着服务要素的聚集，但并非服务要素与生产过程的简单叠加，而是行为主体利用服务要素重构供应流程的一系列复杂行为；三是服务化其实质是一个行为主体提高产品价值增量、提升企业利润空间的过程。综合以上分析，本书从企业层面出发，对高端装备制造业服务化进行如下界定：高端装备制造业面向用户需求，通过提高服务在制造活动中的比重，实现效率提升与企业创新，进而提高企业竞争优势和获利能力的过程，这一过程既包括最终产品中有形产品比重减少，服务产品比重增加的产出服务化过程，也包括生产要素从资本、劳动、土地等传统要素为主导向知识要素为主导转化的投入服务化过程。

1. 高端装备制造业服务化的内涵

高端装备制造业服务化是指高端装备制造业为了实现企业竞争力的提升，将价值创造的重心从生产制造向服务转变，使服务在高端装备制造业的运营中所占比重日益增加的一种变动趋势。这是一个动态的发展过程，是高端装备制造业满足市场需求，实现产品差异化，提升竞争力的经营策略。

高端装备制造业所提供的服务传递方式的转变是其向服务化转变的核心。在高端装备制造业服务化过程中，与高端装备制造业的资源、组织形式、技术以及主营业务等相配套的各个方面都围绕服务战略进行系统转化、匹配和协同。服务化是高端装备制造业为了更好地提供服务而进行的自我优化、自我转型的过程。

根据波特的价值链理论，价值链包含基本活动和辅助活动两部分，对于制造业而言，制造活动与服务活动组成了制造业的全球价值链（Michaele Porter，2004）。在高端装备制造业的全球价值链上，生产制造环节具有短期低成本竞争优势，而全球价值链两端的研发、设计、营销、维修售后等服务环节具有长期的差异化竞争优势。因此，高端装备制造业为了提升自身的竞争优势，会逐渐从生产制造环节向全球价值链两端延伸，使企业重心从加工制造向提供服务转变，服务成为企业价值创造的主要来源。国际商业机器公司（IBM）、通用电气公司（GE）、苹果公司（Apple）、劳斯莱斯公司（RR）、戴尔计算机公司（Dell）等都通过价值创造重心的转移，由传统的高端装备制造业向高端装备制造业服务化转变，实现了向全球价值链高端攀升。

2. 全球价值链下高端装备制造业服务化的特征

在全球价值链的背景下，最终产品中凝聚了不同国家和地区的生产和服务，将供应商、制造商、零售商通过信息平台紧密联系在一起，形成全球性的生产网络。跨国高端装备制造业将产品内不同的制造工序、生产任务在空间内进行分割，自身专注研发设计、品牌营销等高附加值环节，将加工制造、运输等低附加值环节转移到其他国家或地区，形成全球化的产品分工体系。分工导致了全球价值链的片段化和空间重组，使高端装备制造业之间的竞争从最终产品转向中间产品和服务，高端装备制造业也由以制造为核心向"制造 + 服务"转变。

首先，服务增值环节向全球价值链的两端移动。WTO 将全球价值链分解为产品设计阶段、制造阶段、分销阶段、销售阶段和售后服务阶段共五个阶段，每个阶段的服务都以不同的形式存在（Lin，2015）。在产品设计阶段，存在产品的研发服务、设计服务和市场开发服务；在制造阶段存在制造流程管理服务、通信服务和制造服务；分销阶段存在产品的物流服务、运输服务和仓储服务；销售阶段存在产品的金融服务、法律服务和运输服务；售后服务阶段存在金融服务，维修保养服务和保险服务。随着全球专业化分工的细化，位于全球价值链低端的生产环节和组装环节主要是劳动密集型，由于技术水平低，可替代性强，进入壁垒低，市场竞争程度比较高，利润空间小，导致其服务所创造的附加价值较低；而位于全球价值链两端的研发设计和品牌营销，知识技术密集程度高，产品附加值高，可通过高密度投入难以竞争、难以模仿以及可持续创造价值的服务，实现高端装备制造业的服务化，从而构成进入壁垒，把其他高端装备制造业排挤在价值链的低端。因此，在全球价值链中，高端装备制造业的服务价值增值环节逐渐向全球价值链的两端移动，全球价值链两端的服务价值增值成为高端装备制造业价值增值的核心。

其次，全球价值链分工促进服务的专业化、标准化和集成化。由于国内市场上能够为高端装备制造业提供的生产者服务水平和层次都比较低，传统的高端装备制造业把那些原本可以形成独立的生产性服务业的新业务形态分解为自身附带的职能，以保证服务的有效性和服务水平。但在全球价值链背景下，全球生产要素分工的细化促使高端装备制造业在国际市场上寻求获得独立的外部化的专业服务。专业化服务能够提高服务获得的有效性和服务水平。全球价值链分工促进了服务的标准化。由于全球性生产网络的组织复杂性，高端装备制造业需要建立并推广可在全球范围内实施的服务标准，提高定制服务基础上的快速标准化能力，以便集成全球资源，提供高效服务。此外，全球价值链分工也促进了服务的集成化。高端装备制造业可以在全球生产网络中将分散资源进行高度集成，实现多种服务综合化和一体化，通过线上与线下以及虚拟和现实相结合，为客户提供集成化的服务。

最后，高端装备制造业服务化模式受到其全球价值链拓展能力的影响。具有较强的全球价值链拓展能力的高端装备制造业能够通过对全球价值链的战略环节的控制进行高附加值的增值活动，通过提供研发设计服务、金融保险服务等实现高端装备制造业服务化，获得高额利润。如全球价值链中的品牌高端装备制造业，它们通过对关键资源的控制、对上下游企业之间资源流动的协调和控制能力，控制战略环节，进行高附加值的增值活动；而全球价值链拓展能力较弱的高端装备制造业主要通过消耗资源获得短期的低成本低附加值，只能通过代工、物流等环节获得微薄利润。

中国高端装备制造企业的全球价值链拓展能力各不相同，有的受到跨国公司的"低端锁定"，拓展能力很弱，但也有的拓展能力很强，推动了企业在全球竞争中的发展。具有不同程度的全球价值链拓展能力的中国高端装备制造企业其实现服务化的模式也是不同的，需要我们进一步探讨。

3.1.4 高端装备制造业服务化机理与模式

1. 高端装备制造业服务化机理

所谓机理，是指为实现某一特定功能，在外部环境的作用下，系统内各要素根据外部条件变化相互作用、相互影响的机制，即事物变化的理由和道理。本书认为高端装备制造业服务化机理应包括高端装备制造业服务化如何产生，服务化怎样发展，以及服务化发展的结果如何。

通过对高端装备制造业服务化机理内涵的分析可以得出：首先，高端装备制造业服务化是在一定动因驱动机制及一定条件下发生的产业内生经济现象；其次，高端装备制造业服务化有其独特的实现过程，服务化过程与其他产业发展过程相比有独特之处；再次，高端装备制造业服务化的进行是在一定社会经济环境中进行的，必然受到行业环境和相关经济因素的支持和制约，即高端装备制造业服务化过程受众多服务化影响因素的影响；最后，高端装备制造业服务化必然会形成相应的服务化效应，这种效应既体现在商品层面，也体现在行业层面。

基于上述分析，本书认为，揭示高端装备制造业服务化机理，应在一定的环境下，对高端装备制造业服务化的动因、服务化的过程及其影响因素、服务化的效应进行系统分析。

2. 高端装备制造业服务化模式

模式是主体行为的一般方式，具有一般性、简单性、重复性、结构性、稳定性、可操作性的特征。高端装备制造业服务化模式是指高端装备制造业为适应产业服务化的发展趋势，将服务元素融入高端装备制造业价值链之中，实现高端装备制造业服务化的方式。

高端装备制造业服务化模式促使高端装备制造业实现价值链的重心转移，从附加值较低的中间制造环节向附加值高的上游研发设计和下游销售等服务环节延伸，深化和拓展了高端装备制造业的价值链。高端装备制造业服务化模式有利于提高产业的竞争力，在激烈的市场竞争环境下，高端装备制造业更加注重服务环节，通过服务来获得竞争优势，创造新的利润点，把服务作为差异化战略的实施工具，以满足客户需求为中心，基于产品增加服务，使产品的核心价值得到提升，市场占有率得到提升，最终提高企业的市场竞争力。

3.2 中国高端装备制造业发展现状

3.2.1 各地区高端装备制造业发展现状

1. 各省、自治区、直辖市高端装备制造业发展现状

我国的高端装备制造业经过多年的发展，取得了不错的成果。在中央及各地的共同努力下，各个地区结合自身区域地理位置、科技实力和自然资源，因地制宜发展特色高端装备制造业，部分地区的高端装备制造业取得了非凡的成绩。图 3-2 是各省份高端装备制造业企业数量。

可以看出，江苏、广东、浙江、山东、河南、安徽、福建、湖北、河北、湖南、四川 11 个省份拥有的高端装备制造业企业数量占全国总量近乎三分之一。这些省份大多位于沿海地区和中部地区，地理位置相对优势，便于物品的流动，从而促进企业的良性发展。尤其是江苏、广东、浙江和山东四个沿海省份，拥有的高端装备制造业企业数量远超其他省份。新疆、甘肃、宁夏、青海、海南、西藏等地高端装备制造业企业数量很少，不足 3000 家。不难发现，高端装备制造企业的分布受到地理位置的影响。需要指出的是，虽然海南的地理位置优越，但其高端装备制造企业数量不多，笔者认为这主要是因为海南侧重发展旅游文化产业。

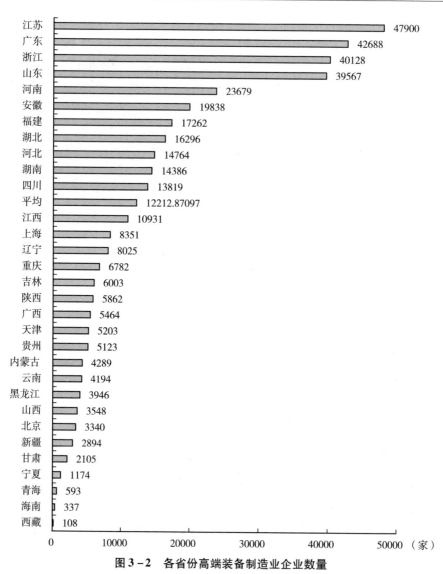

图3-2　各省份高端装备制造业企业数量

资料来源：《中国工业统计年鉴2019》。

　　表3-1是我国各省份高端装备制造业企业工业销售和出口交货值情况。可以看出，该类企业数量相对较多的地区相应的工业销售值也相对较高，江苏、山东、广东三个省份工业销售值超过十万亿。但是浙江拥有的高端装备制造业企业数量比山东还多，工业销售值却没有山东多，这或与浙江地区分布的高端装备制造业企业类型有关。

表 3 - 1　　　　　各省份高端装备制造业工业销售和出口交货值情况

省份	工业销售（亿元）	出口交货值（亿元）	出口比重（%）	省份	工业销售（亿元）	出口交货值（亿元）	出口比重（%）
北京	17837.5	956.8	5.36	河南	79404.82	3747.01	4.72
天津	26654.45	2473.24	9.28	湖北	47295.43	1905.07	4.03
河北	46906.78	1537.93	3.28	湖南	39319.29	1439.57	3.66
山西	12757.28	921.76	7.23	广东	129840.7	32240.68	24.83
内蒙古	19884.38	154.83	0.78	广西	23406.97	843.22	3.60
辽宁	21035.9	2102.26	9.99	海南	1765.1	193.55	10.97
吉林	23412.38	402.09	1.72	重庆	23497.42	2924.89	12.45
黑龙江	11103.56	126.55	1.14	四川	42103.39	2234.36	5.31
上海	31056.8	7286.15	23.46	贵州	11550.45	181.99	1.58
江苏	155820.1	23299.5	14.95	云南	10080.39	269.81	2.68
浙江	66628.47	11540.13	17.32	西藏	163.73	0.03	0.02
安徽	42329.72	2321.04	5.48	陕西	21788.47	757.01	3.47
福建	43309.15	6961.63	16.07	甘肃	6527.42	111.95	1.72
江西	32928.8	2132.85	6.48	青海	2663.51	2.91	0.11
山东	148872.3	8612.67	5.79	宁夏	3899.68	94.84	2.43
新疆	8105.79	66.41	0.82	—	—	—	—

资料来源：《中国工业统计年鉴 2019》。

　　地理位置可对高端装备制造业产生多个维度的影响，如在出口交货与工业销售比率方面，如图 3 - 3 所示，可以看出广东、上海、浙江、福建、江苏等沿海省份，由于港口建设的大规模投入使用，这些省份相较于其他地区对外贸易更加便利，因而出口占比较大。而新疆、内蒙古、青海和西藏这些西部内陆省份，交通不便，货物运输存在较大困难，产品几乎"就地销售"，尤其是青海和西藏几乎没有对外出口。

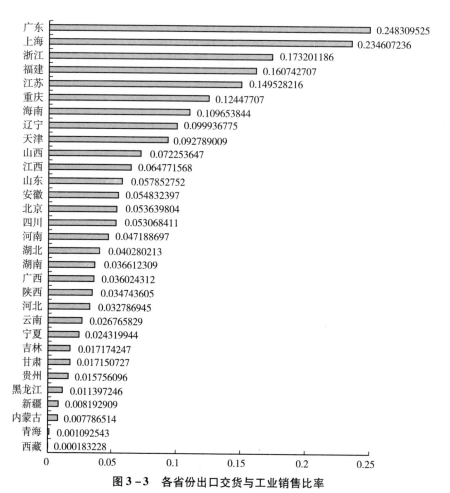

图 3-3 各省份出口交货与工业销售比率

资料来源：《中国工业统计年鉴 2019》。

表 3-2 为我国各省份高端装备制造业企业经营情况，江苏、山东、广东三个省份高端装备制造业企业资产超十万亿元，而西藏、海南、青海、宁夏仅有千亿元，可见差距还是很大的。其他省份大多处于万亿级别，表明中国的高端装备制造业发展的还是不错的。从主营业务收入和利润总额两个指标得出营业收入基本都在万亿元级别、利润总额基本都在千亿元级别，表明各个地区的高端装备制造业企业经营状况良好。从平均用工人数这个指标看出来基本都是百万级别，可见各地的高端装备制造业企业规模较大。

表 3 - 2　　　　　　　各省份高端装备制造业企业经营情况

省份	资产总计（亿元）	负债合计（亿元）	主营业务收入（亿元）	利润总额（亿元）	平均用工人数（万人）
北京	43093.68	19798.13	19746.96	1608.26	104.45
天津	25075.09	15385.02	25888.20	2046.69	146.98
河北	44562.88	24449.56	47318.60	2815.11	367.32
山西	33621.95	25579.36	14226.45	294.78	190.72
内蒙古	30900.83	19445.75	20056.67	1344.41	120.71
辽宁	36106.92	23272.90	22038.95	575.39	228.05
吉林	18969.47	9932.67	23431.37	1268.49	143.47
黑龙江	14951.92	8399.97	11347.77	295.54	117.40
上海	39838.24	19588.27	34315.15	2913.91	215.34
江苏	114536.32	59466.56	156591.04	10574.40	1111.84
浙江	69468.91	38304.18	65453.88	4469.42	690.30
安徽	33563.37	19039.87	42190.46	2242.26	330.49
福建	32081.30	16779.94	42537.24	2889.26	421.66
江西	21811.92	10549.25	35961.32	2443.93	269.13
山东	105046.32	56837.87	150641.21	8820.02	905.76
河南	60454.73	28805.88	79657.15	5240.61	724.19
湖北	37942.33	20355.90	45850.64	2713.46	343.86
湖南	25518.07	13343.81	39134.64	2028.59	336.31
广东	105604.17	59318.72	129151.31	8383.04	1435.86
广西	16023.46	9825.40	22231.30	1393.35	174.62
海南	2764.18	1538.21	1668.92	101.87	10.87
重庆	20214.63	12374.58	23467.03	1648.36	194.95
四川	41514.58	24234.79	41529.25	2339.82	338.15
贵州	14319.98	9074.84	11172.44	847.02	103.41
云南	19474.18	12431.16	10149.03	334.98	90.18
西藏	1110.65	550.52	171.82	16.94	2.00
陕西	30828.91	17380.70	21027.90	1589.00	175.01
甘肃	12263.36	8076.14	7850.29	72.68	59.71
青海	6143.77	4203.12	2244.47	80.02	20.13
宁夏	8521.18	5773.39	3646.10	143.23	31.12
新疆	19538.65	12525.08	8300.96	386.59	71.57

资料来源：《中国工业统计年鉴 2019》。

表3-3为中国各省份高端装备制造业企业资本构成情况，可以看出大部分省份高端装备制造业企业资本以法人资本和国家资本为主，也有个别省份如黑龙江、河南以个人资本为主，河北、江苏、湖北、湖南等省份个人资本也占有极大比重；广东拥有地理位置优势，离港澳台比较近，因此广东的港澳台资本最多；天津、上海、江苏、广东作为沿海地区，外商资本较多。

表3-3　　　　　各省份高端装备制造业企业资本构成情况　　　　单位：亿元

省份	国家资本	集体资本	法人资本	个人资本	港澳台资本	外商资本
北京	9591.66	24.60	2305.68	648.42	233.14	857.57
天津	1383.90	40.62	1834.10	984.53	197.44	1153.17
河北	2122.60	74.59	4281.51	3415.15	252.77	466.68
山西	2185.70	109.65	1552.20	757.15	99.07	136.74
内蒙古	2097.32	107.52	3589.38	2029.03	91.56	101.87
辽宁	2550.75	319.58	2104.97	911.12	489.41	835.31
吉林	790.11	221.53	1121.52	713.80	51.17	198.66
黑龙江	575.79	69.11	1429.27	6550.74	36.95	151.86
上海	2654.77	59.26	2870.66	764.32	691.25	2451.67
江苏	2926.43	461.07	7775.87	6567.58	2631.34	5995.28
浙江	2295.46	133.33	5781.09	4367.69	1386.05	2430.46
安徽	2184.29	116.32	3399.78	2457.36	217.51	388.92
福建	1217.01	105.63	2031.45	1765.18	1121.67	939.00
江西	643.87	82.66	1837.83	1425.74	306.72	229.58
山东	3109.16	424.30	6233.96	4937.81	505.27	1373.43
河南	1466.62	241.23	5415.70	5849.02	343.69	256.44
湖北	2557.19	140.17	2788.56	2937.50	150.20	546.30
湖南	1357.19	77.24	2679.99	2093.71	105.14	215.50
广东	3248.33	324.88	6784.88	2816.16	3625.42	3810.25
广西	802.59	52.46	961.63	457.03	129.10	155.03
海南	192.81	17.98	234.27	152.39	18.54	160.67
重庆	828.86	48.76	1312.89	681.99	193.28	254.28
四川	1916.14	142.21	3365.97	1476.96	175.76	290.35

续表

省份	国家资本	集体资本	法人资本	个人资本	港澳台资本	外商资本
贵州	864.06	30.18	840.16	502.69	16.56	52.33
云南	1254.27	122.34	2049.25	454.83	41.91	78.50
西藏	69.20	8.70	85.44	14.74	2.72	0.35
陕西	3674.42	155.98	2290.61	1161.08	47.83	351.07
甘肃	1549.03	92.18	640.65	232.92	9.69	19.05
青海	540.62	17.18	254.71	118.88	17.52	12.81
宁夏	399.41	8.91	891.37	297.87	38.34	22.49
新疆	2113.54	140.03	2785.94	377.39	25.81	42.08

资料来源:《中国工业统计年鉴 2019》。

　　表 3-4 是我国各省份高端装备制造业企业资本构成比重,可以更加明显地看出各个地区的资本构成情况,这个表与前文的分析结论一致,大都呈现以国家资本和法人资本为主、个人资本为辅、其他资本较少存在这样一个局面。

表 3-4　　　　　各省份高端装备制造业企业资本构成比重情况　　　　　单位: %

省份	国家资本	集体资本	法人资本	个人资本	港澳台资本	外商资本
北京	70.21	0.18	16.88	4.75	1.71	6.28
天津	24.74	0.73	32.79	17.60	3.53	20.62
河北	20.00	0.70	40.34	32.18	2.38	4.40
山西	45.15	2.27	32.07	15.64	2.05	2.82
内蒙古	26.16	1.34	44.77	25.31	1.14	1.27
辽宁	35.37	4.43	29.19	12.63	6.79	11.58
吉林	25.51	7.15	36.22	23.05	1.65	6.42
黑龙江	6.53	0.78	16.22	74.32	0.42	1.72
上海	27.97	0.62	30.24	8.05	7.28	25.83
江苏	11.10	1.75	29.50	24.92	9.98	22.75
浙江	14.00	0.81	35.26	26.64	8.45	14.83

续表

省份	国家资本	集体资本	法人资本	个人资本	港澳台资本	外商资本
安徽	24.92	1.33	38.79	28.04	2.48	4.44
福建	16.95	1.47	28.29	24.58	15.62	13.08
江西	14.22	1.83	40.60	31.50	6.78	5.07
山东	18.75	2.56	37.59	29.77	3.05	8.28
河南	10.81	1.78	39.90	43.09	2.53	1.89
湖北	28.04	1.54	30.58	32.21	1.65	5.99
湖南	20.79	1.18	41.05	32.07	1.61	3.30
广东	15.76	1.58	32.92	13.66	17.59	18.49
广西	31.38	2.05	37.60	17.87	5.05	6.06
海南	24.83	2.32	30.16	19.62	2.39	20.69
重庆	24.97	1.47	39.54	20.54	5.82	7.66
四川	26.01	1.93	45.69	20.05	2.39	3.94
贵州	37.47	1.31	36.43	21.80	0.72	2.27
云南	31.35	3.06	51.22	11.37	1.05	1.96
西藏	38.20	4.80	47.17	8.14	1.50	0.19
陕西	47.84	2.03	29.82	15.12	0.62	4.57
甘肃	60.90	3.62	25.19	9.16	0.38	0.75
青海	56.21	1.79	26.48	12.36	1.82	1.33
宁夏	24.08	0.54	53.75	17.96	2.31	1.36
新疆	38.53	2.55	50.79	6.88	0.47	0.77

资料来源：《中国工业统计年鉴2019》。

表3-5是我国各省份高端装备制造业企业的研发（R&D）情况，该表显示江苏、浙江、广东三个地区有研发机构的高端装备制造业企业数量达到了一万家以上，江苏和广东更是有两万多家，可见高端装备制造业行业在这三个省份密集式聚集。不仅数量多、规模大，而且科技实力强。此外，山西、安徽和广东三个地区的比值超过80%，其他地区多为40%左右。

表 3 – 5　　　　　　　各省份高端装备制造业企业的研发基本情况

省份	有研发机构的企业数（家）	有 R&D 活动企业数（家）	比值（%）	省份	有研发机构的企业数（家）	有 R&D 活动企业数（家）	比值（%）
北京	447	1127	39.66	山东	2566	7114	36.07
天津	433	1298	33.36	河南	1626	4458	36.47
河北	1849	2351	78.65	湖北	2012	4877	41.25
山西	466	530	87.92	湖南	1772	7122	24.88
内蒙古	93	292	31.85	广东	20922	23592	88.68
辽宁	487	1629	29.90	广西	263	615	42.76
吉林	136	323	42.11	海南	33	76	43.42
黑龙江	133	330	40.30	重庆	995	2581	38.55
上海	642	2349	27.33	四川	1237	3448	35.88
江苏	21303	27365	77.85	贵州	520	1078	48.24
浙江	13274	20217	65.66	云南	465	1243	37.41
安徽	4812	5925	81.22	西藏	5	9	55.56
福建	1703	5305	32.10	陕西	459	1250	36.72
江西	3467	4335	79.98	甘肃	133	416	31.97
宁夏	239	361	66.20	青海	29	99	29.29
新疆	83	153	54.25	—	—	—	—

资料来源：《中国科技统计年鉴 2019》。

　　表 3 – 6 显示了我国各省份高端装备制造业企业研发人员基本情况。可以发现，在 R&D 人员中，女性占比基本在 20% 多，说明在高端装备制造业这个行业，R&D 人员基本以男性为主。江苏、浙江和广东的 R&D 人员折合全时当量在 450000 人年以上，远超其他地区，这与前文的结论有关，这三个地区拥有的高端装备制造业企业本身数量巨多，且大多拥有自己的科研机构，所以聚集了这个行业的大量科研人才。

表 3 - 6 我国各省份高端装备制造业企业研发人员基本情况

省份	R&D 人员 （人）	女性 （人）	女性占比 （%）	R&D 人员折合全时当量 （人年）
北京	65486	18118	27.67	44241
天津	66307	15999	24.13	45685
河北	116854	21557	18.45	76096
山西	44740	7386	16.51	27478
内蒙古	21931	4131	18.84	15001
辽宁	78128	16972	21.72	52104
吉林	20809	5183	24.91	11849
黑龙江	23123	5877	25.42	15054
上海	113425	25804	22.75	80694
江苏	693442	161022	23.22	508375
浙江	574571	129214	22.49	451752
安徽	183580	33506	18.25	124491
福建	180365	42187	23.39	126089
江西	122207	27738	22.70	85032
山东	304172	71479	23.50	198205
河南	206775	42550	20.58	140361
湖北	175724	39177	22.29	115743
湖南	160880	35419	22.02	106946
广东	838891	169932	20.26	642490
广西	32429	6179	19.05	22102
海南	2832	1056	37.29	1779
重庆	98563	21259	21.57	62424
四川	128713	28458	22.11	78289
贵州	37644	7648	20.32	23164
云南	44533	9959	22.36	29440
西藏	348	120	34.48	264
陕西	63105	15540	24.63	42983
甘肃	15688	3537	22.55	8547
青海	3948	1017	25.76	2379
宁夏	13460	2711	20.14	8073
新疆	7877	1665	21.14	4698

资料来源：《中国科技统计年鉴 2019》。

表 3-7 是我国各省份高端装备制造业 R&D 经费支出情况，可以看出广东、江苏、浙江、山东四个省份的研发投入居多，比其他地区高一个数量级，西藏只有 5573.6 万元，比领先省份少了四位数字，相差极大。研发费用基本以内部支出为主，外部支出大多位于 10% 以下，有个别领先外部支出占比较高，如吉林和海南超过 24%。

表 3-7		各省份高端装备制造业 R&D 经费支出情况	
省份	R&D 经费内部支出（万元）	R&D 经费外部支出（万元）	R&D 经费外部支出占内部支出比重（%）
北京	2851859.0	289538.6	10.15
天津	2134320.0	149955.9	7.03
河北	4385826.0	176628.9	4.03
山西	1380813.0	97029.4	7.03
内蒙古	1183625.0	44356.1	3.75
辽宁	3102482.0	142627.3	4.60
吉林	684086.4	200989.4	29.38
黑龙江	714862.2	71250.6	9.97
上海	5906504.0	666923.7	11.29
江苏	22061581.0	965234.1	4.38
浙江	12742260.0	521834.9	4.10
安徽	5765371.0	283141.8	4.91
福建	5985139.0	203129.7	3.39
江西	3202151.0	85580.4	2.67
山东	12109485.0	612584.3	5.06
河南	6087153.0	173172.3	2.84
湖北	5865143.0	370719.9	6.32
湖南	5931485.0	295843.6	4.99
广东	23148566.0	2595507.0	11.21
广西	1044742.0	74192.6	7.10
海南	108154.4	27009.2	24.97
重庆	3358918.0	145723.4	4.34
四川	3878572.0	253215.7	6.53

续表

省份	R&D 经费内部支出（万元）	R&D 经费外部支出（万元）	R&D 经费外部支出占内部支出比重（%）
贵州	910206.0	57893.3	6.36
云南	1297741.0	90516.8	6.97
西藏	5573.6	483.0	8.67
陕西	2408037.0	242320.3	10.06
甘肃	505544.3	15966.9	3.16
青海	93712.0	4274.2	4.56
宁夏	415733.1	15159.6	3.65
新疆	441346.9	57537.6	13.04

资料来源：《中国科技统计年鉴 2019》。

图 3-4 是我国各省份高端装备制造业 R&D 经费支出情况，从数量上看，广东的 R&D 经费外部支出是最多的，从比值上看，吉林是最高的，海南、新疆、上海和广东紧随其后。

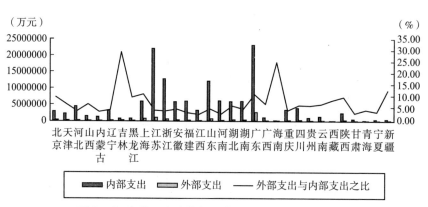

图 3-4 各地区高端装备制造业 R&D 经费支出情况

资料来源：《中国科技统计年鉴 2019》。

表 3-8 是我国各省份高端装备制造业 R&D 经费内部支出情况，从表 3-8 可以看出各省份 R&D 经费内部支出基本上都以试验发展支出和日常性支出为主、人员劳务费为辅，资产性支出与仪器和设备占比很少。

表 3 - 8　　　　各省份高端装备制造业 R&D 经费内部支出情况　　　　单位：万元

省份	试验发展支出	日常性支出	人员劳务费	资产性支出	仪器和设备
北京	2661614.8	2719497.6	1168794.4	132361.1	128616.7
天津	2086037.7	1899875.8	636153.2	234444.4	230777.9
河北	4066221.6	3781775.7	753812.5	604050.6	587797.6
山西	1315444.0	1250182.6	295942.2	130630.1	128625.4
内蒙古	1150821.0	1116416.6	214922.2	67208.0	65020.9
辽宁	2934252.2	2970308.1	734292.8	132173.7	129564.5
吉林	659738.3	644358.9	206893.9	39727.5	36748.0
黑龙江	686799.6	681138.2	174807.7	33724.0	33100.9
上海	5849424.7	5604347.9	2332769.9	302156.1	295474.5
江苏	21741658.0	20048199.0	5328221.2	2013382.0	1971359.0
浙江	12643958.0	12107556.0	4745606.6	634704.0	614201.5
安徽	5641091.3	5364111.5	1696646.1	401259.0	380889.9
福建	5936164.5	5471894.3	2048972.9	513244.9	498665.7
江西	3155232.5	3000153.6	605933.0	201997.0	187911.4
山东	11731401.0	11044986.0	2993416.2	1064499.0	1039608.0
河南	5860208.0	5832768.6	1641541.1	254384.1	232147.6
湖北	5691029.1	5467078.7	1228423.7	398063.8	381956.6
湖南	5577382.1	5738996.3	1180241.7	192488.6	180786.6
广东	22293518.0	21114589.0	9758850.4	2033976.0	1975653.0
广西	1032353.2	990996.2	288472.3	53746.0	50619.4
海南	107834.1	89792.4	25670.1	18362.0	18356.2
重庆	3312301.5	3140345.9	954237.2	218571.8	208105.4
四川	3741618.0	3613742.7	961735.8	264829.3	254459.8
贵州	851957.0	806103.2	220584.0	104102.8	102487.5
云南	1273601.6	1174785.0	224507.7	122955.9	120170.6
西藏	5573.6	5389.3	2586.5	184.3	183.9
陕西	2253922.1	2187572.0	611118.6	220465.2	216807.2
甘肃	485836.7	425656.5	110642.0	79887.8	78148.7
青海	89315.8	91387.8	23139.8	2324.2	2161.6
宁夏	405714.2	381728.4	53479.5	34004.7	32493.1
新疆	423487.9	420941.7	88882.7	20405.2	20270.6

资料来源：《中国科技统计年鉴 2019》。

表 3-9 是我国各省份高端装备制造业研发资金来源，可以看出各省份 R&D 经费来源基本上以企业自有资金为主，国家有一定的资金支持，境外资金和其他资金很少或几乎没有。

表 3-9   各省份高端装备制造业研发资金来源

省份	政府资金（万元）	企业资金（万元）	境外资金（万元）	其他资金（万元）	政府资金比重（%）	企业资金比重（%）	境外资金比重（%）	其他资金比重（%）
北京	193114.2	2658745.0	0.0	0.0	6.77	93.23	0.00	0.00
天津	40191.3	2094002.0	124.0	2.7	1.88	98.11	0.01	0.00
河北	80845.6	4304798.0	0.1	182.6	1.84	98.15	0.00	0.00
山西	58734.6	1322046.0	0.0	31.9	4.25	95.74	0.00	0.00
内蒙古	27084.5	1156533.0	6.4	0.3	2.29	97.71	0.00	0.00
辽宁	164278.8	2937376.0	656.6	170.0	5.30	94.68	0.02	0.01
吉林	205679.5	478382.4	0.0	24.5	30.07	69.93	0.00	0.00
黑龙江	83298.3	631563.9	0.0	0.0	11.65	88.35	0.00	0.00
上海	627784.6	5278459.0	220.3	40.0	10.63	89.37	0.00	0.00
江苏	286058.5	21770619.0	2513.9	2389.0	1.30	98.68	0.01	0.01
浙江	210359.1	12531746.0	155.1	0.4	1.65	98.35	0.00	0.00
安徽	171079.9	5593904.0	379.3	7.4	2.97	97.03	0.01	0.00
福建	115519.5	5869604.0	0.0	16.2	1.93	98.07	0.00	0.00
江西	171877.5	3030229.0	44.4	0.0	5.37	94.63	0.00	0.00
山东	378750.0	11728413.0	468.6	1853.8	3.13	96.85	0.00	0.02
河南	135195.0	5946405.0	4860.4	692.5	2.22	97.69	0.08	0.01
湖北	321278.9	5542684.0	1179.5	0.0	5.48	94.50	0.02	0.00
湖南	123908.5	5806795.0	757.3	24.1	2.09	97.90	0.01	0.00
广东	1266825.0	21879371.0	379.8	1989.7	5.47	94.52	0.00	0.01
广西	45066.7	999672.2	0.0	3.3	4.31	95.69	0.00	0.00
海南	2499.2	105655.2	0.0	0.0	2.31	97.69	0.00	0.00
重庆	119738.8	3238798.0	376.1	4.7	3.56	96.42	0.01	0.00
四川	245930.7	3631618.0	628.0	395.1	6.34	93.63	0.02	0.01
贵州	76307.2	833898.8	0.0	0.0	8.38	91.62	0.00	0.00

续表

省份	政府资金（万元）	企业资金（万元）	境外资金（万元）	其他资金（万元）	政府资金比重（%）	企业资金比重（%）	境外资金比重（%）	其他资金比重（%）
云南	98673.5	1198975.0	0.0	92.5	7.60	92.39	0.00	0.01
西藏	92.3	5481.3	0.0	0.0	1.66	98.34	0.00	0.00
陕西	350408.0	2057365.0	0.0	2.5	261.7	14.55	85.44	0.00	0.01
甘肃	97065.9	408423.6	54.8	0.0	19.20	80.79	0.01	0.00
青海	3612.9	90099.1	0.0	0.0	3.86	96.14	0.00	0.00
宁夏	31832.7	383900.4	0.0	0.0	7.66	92.34	0.00	0.00
新疆	14777.5	426569.4	0.0	0.0	3.35	96.65	0.00	0.00

资料来源：《中国科技统计年鉴 2019》。

表 3-10 是我国各省份高端装备制造业 R&D 经费的外部支出情况，可以看出大部分省份 R&D 经费外部支出以境内研究机构支出为主、高校支出为辅，部分省份高校支出比研究机构支出多，如天津、甘肃、青海、宁夏，而像海南、西藏基本上都是研究机构支出，这与他们本省内的高校分布有关。

表 3-10　　各省份高端装备制造业 R&D 经费的外部支出情况

省份	对境内研究机构支出（万元）	对境内研究机构支出比重（%）	对境内高校支出（万元）	对境内高校支出比重（%）
北京	84670.8	76.33	26258.8	23.67
天津	10268.3	39.58	15675.1	60.42
河北	65016.9	85.15	11338.5	14.85
山西	48595.8	83.91	9315.5	16.09
内蒙古	14953.0	69.96	6420.3	30.04
辽宁	28542.7	69.54	12502.9	30.46
吉林	23022.6	79.94	5775.8	20.06
黑龙江	18236.4	63.51	10477.5	36.49
上海	86339.6	83.56	16992.1	16.44
江苏	216352.2	72.91	80399.5	27.09

省份	对境内研究机构支出（万元）	对境内研究机构支出比重（%）	对境内高校支出（万元）	对境内高校支出比重（%）
浙江	94820.4	66.10	48621.1	33.90
安徽	66376.2	67.25	32327.9	32.75
福建	26526.5	56.02	20828.9	43.98
江西	24619.3	74.34	8499.5	25.66
山东	181807.1	73.92	64142.9	26.08
河南	38190.4	60.58	24855.9	39.42
湖北	62056.4	71.40	24851.9	28.60
湖南	74600.5	68.19	34794.9	31.81
广东	1701166.0	97.84	37488.2	2.16
广西	27243.6	89.45	3214.5	10.55
海南	15202.4	99.04	148.0	0.96
重庆	32660.5	73.57	11732.6	26.43
四川	52280.0	67.26	25452.8	32.74
贵州	25710.7	78.32	7115.1	21.68
云南	16715.9	56.00	13136.4	44.00
西藏	478.4	99.05	4.6	0.95
陕西	67054.7	74.64	22785.9	25.36
甘肃	4739.2	46.60	5430.4	53.40
青海	810.5	46.82	920.5	53.18
宁夏	3856.0	47.02	4345.2	52.98
新疆	25708.0	59.11	17783.1	40.89

资料来源：《中国科技统计年鉴2019》。

　　表3-11是我国各省份高端装备制造业的R&D项目情况，广东、江苏、浙江三个省份远超其他省份，项目数均超过90000项，项目人员折合全时当量和项目经费支出指标也很高。

表 3-11　　　　　　　　各省份高端装备制造业 R&D 项目情况

省份	项目数 （项）	项目人员折合全时 当量（人年）	项目经费支出 （万元）
北京	7671	39282	3015781.0
天津	10825	42395	2016300.0
河北	13340	71046	4072153.0
山西	3826	25439	1390869.0
内蒙古	2283	13678	1184503.0
辽宁	10370	47685	3178367.0
吉林	2049	10890	837119.2
黑龙江	2920	13723	724475.3
上海	13636	74313	6536746.0
江苏	95240	473791	21837667.0
浙江	98501	423060	13414951.0
安徽	25799	115885	5859067.0
福建	21689	116320	5987556.0
江西	18645	79088	3333370.0
山东	45250	182024	12075205.0
河南	23810	130434	6255498.0
湖北	17424	106699	5948082.0
湖南	21212	96338	6468257.0
广东	106340	603855	23757546.0
广西	3937	20466	1078997.0
海南	549	1614	113221.8
重庆	14001	57330	3528801.0
四川	17461	71140	3745081.0
贵州	3850	20980	909087.8
云南	6286	26995	1307802.0
西藏	46	241	6095.4
陕西	6098	39458	2425577.0
甘肃	1705	7829	443073.3
青海	451	2153	103824.7
宁夏	1789	7415	415671.7
新疆	1069	4220	398310.6

资料来源：《中国科技统计年鉴 2019》。

表 3-12 为我国各省份高端装备制造业企业专利申请情况，可以看出江苏、浙江和广东的专利数量在全国处于领先地位，远超其他省份，其中广东最多，这与我国各省份高端装备制造业企业发展水平大致相符。

表 3-12　　　　　各省份高端装备制造业企业专利申请情况　　　　单位：件

省份	专利申请数	发明专利	有效发明专利数
北京	22552	11543	48656
天津	15634	4676	20856
河北	21570	8431	21487
山西	6201	2543	8619
内蒙古	5064	2050	5491
辽宁	13783	4995	22848
吉林	6256	2386	4853
黑龙江	4449	2060	6232
上海	35326	15239	53559
江苏	175906	57429	180893
浙江	114326	30914	75770
安徽	55520	22975	54798
福建	37196	11025	34668
江西	27813	5768	13328
山东	57339	21948	67896
河南	30397	8734	30245
湖北	35149	16366	38000
湖南	30900	13356	39642
广东	272616	121320	375515
广西	6373	2634	8176
海南	734	269	1501
重庆	16650	5565	18281
四川	29678	11250	39658
贵州	6919	2985	7740
云南	7611	2665	10131
西藏	51	32	156

续表

省份	专利申请数	发明专利	有效发明专利数
陕西	12797	5593	18774
甘肃	3393	1292	3413
青海	1088	438	760
宁夏	2885	1087	2777
新疆	3632	1234	3351

资料来源:《中国科技统计年鉴 2019》。

表 3-13 是我国各省份高端装备制造业新产品开发和销售情况,反映了各个省份的研发成果。浙江和广东新产品开发项目超过十万项,远超其他省份,广东的新产品销售收入和出口额也是最多的。

表 3-13　　　　　各省份高端装备制造业新产品开发和销售情况

省份	新产品开发项目数(项)	新产品开发经费支出(万元)	新产品销售收入(万元)	出口(万元)
北京	12142	4244501.9	52201988.4	7067372.0
天津	12714	2120384.1	38466200.9	6011797.7
河北	14913	5046186.5	64847323.6	5989526.5
山西	4778	1403231.0	19892632.0	3957159.5
内蒙古	1996	925344.5	11274431.1	648009.4
辽宁	12212	3420219.3	42835980.9	4266630.2
吉林	3511	1769661.2	26275923.3	872323.7
黑龙江	3658	748698.9	7336239.9	277328.3
上海	20836	8516190.3	101409491.2	14115389.5
江苏	95797	27013148.6	301019390.4	79560206.8
浙江	110063	15316802.0	260993703.8	51421463.4
安徽	27734	6192560.0	96985530.3	10627064.7
福建	22275	5806318.2	57893118.5	14192568.5
江西	20589	4584840.6	63281504.0	8088636.8
山东	44196	10566243.4	134800845.4	16575056.6
河南	19035	4980836.5	67883527.4	21330159.1

续表

省份	新产品开发项目数（项）	新产品开发经费支出（万元）	新产品销售收入（万元）	出口（万元）
湖北	17737	6909409.3	97076661.8	5737351.0
湖南	21343	6593678.9	81053560.1	5078210.2
广东	146954	38649831.7	429700648.3	118461382.1
广西	4846	1445180.0	18382400.9	1337034.4
海南	835	159611.6	935497.6	19751.1
重庆	14274	3421297.5	43654108.8	8924154.0
四川	17648	4030591.6	42118321.5	4149003.0
贵州	4235	856776.9	8188301.7	417413.2
云南	5661	1227702.2	9395450.7	382403.4
西藏	39	6657.3	230104.2	0.0
陕西	7595	2654451.0	25660429.0	1721383.1
甘肃	1458	457278.3	5527138.2	647734.2
青海	259	91755.2	1233887.1	15972.0
宁夏	1448	310908.3	4476886.4	205480.2
新疆	1018	386887.7	5571410.1	594923.3

资料来源：《中国科技统计年鉴 2019》。

表 3-14 为我国各省份高端装备制造业研发机构情况，可以看出广东的各项数值都是最高的，高素质人才都向广东流入，海南、青海、宁夏和西藏博士和硕士等高素质人才不足千人，可见人才分布不均衡。

表 3-14　　　　　　　　各省份高端装备制造业研发机构情况

省份	机构数（个）	机构人员（人）	博士和硕士（人）	机构经费支出（万元）	仪器和设备原价（万元）
北京	508	43260	14106	2462377.3	1281319.6
天津	515	34410	6077	1099561.4	965910.8
河北	2154	93942	9373	3380991.1	2166859.1
山西	486	30886	4434	829190.7	1479288.5
内蒙古	143	12286	1834	310643.1	335829.2

续表

省份	机构数（个）	机构人员（人）	博士和硕士（人）	机构经费支出（万元）	仪器和设备原价（万元）
辽宁	591	36140	6470	1294254.6	1314238.0
吉林	164	16430	3712	1722377.4	727763.3
黑龙江	170	15756	2992	517411.3	553638.9
上海	695	72886	23816	5229834.7	3245530.4
江苏	23015	557433	56508	19136367.3	15629816.7
浙江	13850	453819	30751	12898512.4	8336365.2
安徽	5874	143596	17511	4483381.4	5027119.2
福建	1879	92984	8679	2811822.5	2486556.8
江西	3757	98622	7686	3344295.2	2326649.7
山东	3822	170383	26322	6436594.7	10815469.8
河南	2141	94923	12306	2643176.0	2475128.6
湖北	2340	95620	16024	3510740.7	2925047.1
湖南	2068	71810	15046	2467549.1	2874611.7
广东	25891	1036250	129870	39134794.5	21562393.3
广西	323	16583	2066	637443.9	509959.7
海南	51	2094	235	66209.7	30621.9
重庆	1131	49255	6351	1869942.2	1307415.3
四川	1497	75522	11223	2437090.1	2092416.5
贵州	590	18993	1874	499517.3	635741.9
云南	538	16085	1792	664252.3	613295.0
西藏	5	45	6	1382.7	1409.5
陕西	623	36147	7761	1063468.6	1496138.5
甘肃	189	11309	1681	140396.1	261972.7
青海	47	2366	344	47867.6	163624.9
宁夏	268	8667	827	245730.6	354776.1
新疆	134	7815	2167	367651.6	248198.7

资料来源：《中国科技统计年鉴2019》。

2. 东中西东北高端装备制造业发展现状

我国从地理上划分为四大区域，分别是：东部地区，包括河北省、北京市、天津市、山东省、江苏省、上海市、浙江省、福建省、广东省、海南省；中部地区，包括山西省、河南省、安徽省、湖北省、江西省、湖南省；西部地区，包括重庆市、四川省、陕西省、云南省、贵州省、广西壮族自治区、甘肃省、青海省、宁夏回族自治区、西藏自治区、新疆维吾尔自治区、内蒙古自治区；东北地区，包括黑龙江省、吉林省、辽宁省。

图 3-5 是我国各区域高端装备制造业企业研发基本情况。可以看出，东部地区本身高端装备制造业企业数量居多，此外因为东部地区的科技企业聚集，位于此地的高端装备制造业企业进行科研活动相比其他地区显得更为便利。从图 3-5 可以看出东部地区有 65842 家企业拥有自己的研发机构，比另外三个地区总和加起来都多，可见实力之强。东北地区最少，仅有 756 家，这与东北目前的经济发展现状有着莫大的关联，人才外流，导致东北地区科研骨干流失，也就导致了科技企业的弱小。

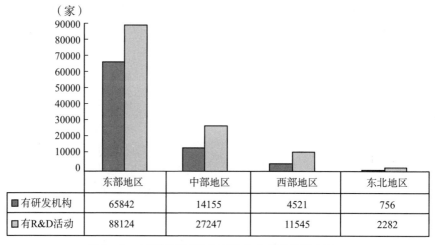

图 3-5 各区域高端装备制造业企业研发基本情况

资料来源：《中国科技统计年鉴 2019》。

图 3-6 为我国各区域高端装备制造业 R&D 人员情况。可以看出东部地区人数最多，比其他三个地区之和还多，东北地区人数最少。从女性占比看，东北地区女性 R&D 人员占比最高，中部地区女性占比最少。全国来看，女性 R&D 人员占比在百分之二十一二，在该行业里男女比例几乎达到 4∶1。

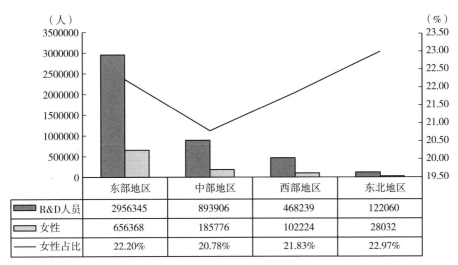

	东部地区	中部地区	西部地区	东北地区
R&D人员	2956345	893906	468239	122060
女性	656368	185776	102224	28032
女性占比	22.20%	20.78%	21.83%	22.97%

图 3-6　各区域高端装备制造业 R&D 人员情况

资料来源:《中国科技统计年鉴 2019》。

图 3-7 为我国各区域高端装备制造业 R&D 人员折合全时当量和研究人员情况。可以看出我国东部地区高端装备制造业 R&D 人员折合全时当量最多,比其他三个地区之和还多,东北地区高端装备制造业 R&D 人员折合全时当量最少。

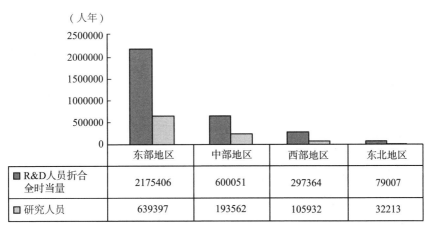

	东部地区	中部地区	西部地区	东北地区
R&D人员折合全时当量	2175406	600051	297364	79007
研究人员	639397	193562	105932	32213

图 3-7　各区域高端装备制造业 R&D 人员折合全时当量和研究人员情况

资料来源:《中国科技统计年鉴 2019》。

图 3-8 为我国各区域高端装备制造业 R&D 经费支出情况,可以看出东部地区的 R&D 经费支出最多,包括外部支出和内部支出。东北地区外部支出占比最高,中部地区外部支出占比最少,从全国来看,都处于 10% 以下。

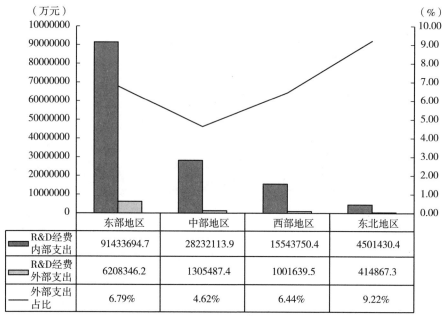

	东部地区	中部地区	西部地区	东北地区
R&D经费内部支出	91433694.7	28232113.9	15543750.4	4501430.4
R&D经费外部支出	6208346.2	1305487.4	1001639.5	414867.3
外部支出占比	6.79%	4.62%	6.44%	9.22%

图3-8　各区域高端装备制造业 R&D 经费支出情况

资料来源：《中国科技统计年鉴2019》。

图3-9 为我国各区域高端装备制造业 R&D 经费内部支出情况，可以看出各区域 R&D 经费内部支出情况基本都以试验发展支出和日常性支出为主，人员劳务费次之，资产性支出与仪器和设备支出占比很少。

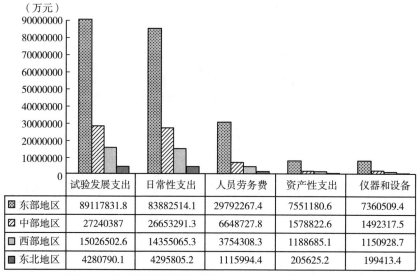

	试验发展支出	日常性支出	人员劳务费	资产性支出	仪器和设备
东部地区	89117831.8	83882514.1	29792267.4	7551180.6	7360509.4
中部地区	27240387	26653291.3	6648727.8	1578822.6	1492317.5
西部地区	15026502.6	14355065.3	3754308.3	1188685.1	1150928.7
东北地区	4280790.1	4295805.2	1115994.4	205625.2	199413.4

图3-9　各区域高端装备制造业 R&D 经费内部支出情况

资料来源：《中国科技统计年鉴2019》。

图 3－10 为我国各区域高端装备制造业 R&D 经费资金来源情况，可以看出我国高端装备制造业企业所用的 R&D 经费基本上是企业自己的资金，政府有一定的经费支持，境外和其他资金很少。

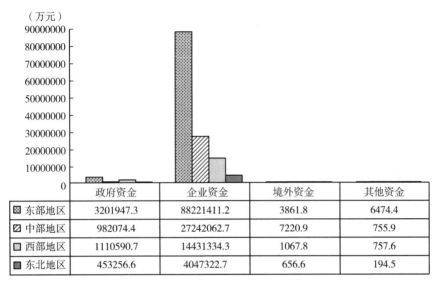

（万元）	政府资金	企业资金	境外资金	其他资金
东部地区	3201947.3	88221411.2	3861.8	6474.4
中部地区	982074.4	27242062.7	7220.9	755.9
西部地区	1110590.7	14431334.3	1067.8	757.6
东北地区	453256.6	4047322.7	656.6	194.5

图 3－10　各区域高端装备制造业 R&D 经费资金来源情况

资料来源：《中国科技统计年鉴 2019》。

图 3－11 为我国各区域高端装备制造业 R&D 经费外部支出情况，可以看出东部地区 R&D 外部经费支出金额最多，东北地区最少。并且东部地区的 R&D 经费外部支出对象基本为研究机构，而东北地区 R&D 经费外部支出对象中高校占比最高，这与本书前面的分析相契合，东部地区的高端装备制造业企业拥有的研究机构多，而东北地区的研究机构较少，无法满足大量的研发需求，因此企业将目光投向了各大高校，造成高校占比最多的局面。

图 3－12 为我国各区域高端装备制造业 R&D 项目情况，可以看出东部地区的项目数、项目人员折合全时当量以及项目经费支出全都是最多的，可见东部地区是中国高端装备制造业发展的重心和聚集地。

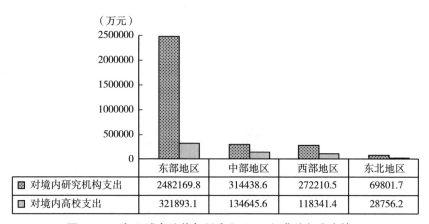

图 3 – 11　各区域高端装备制造业 R&D 经费外部支出情况

资料来源：《中国科技统计年鉴 2019》。

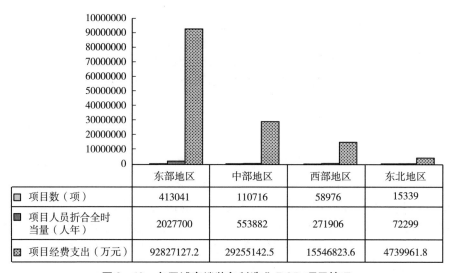

图 3 – 12　各区域高端装备制造业 R&D 项目情况

资料来源：《中国科技统计年鉴 2019》。

　　图 3 –13 为我国各区域高端装备制造业企业专利情况，可以看出东部地区的专利申请数、发明专利和有效发明专利数都是最多的，中部地区第二，西部地区第三，东北地区最少。

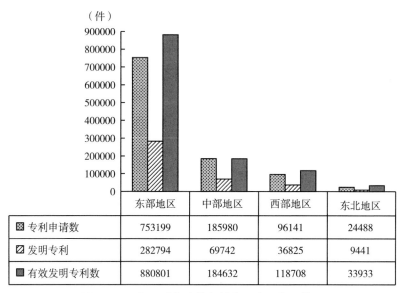

（件）

	东部地区	中部地区	西部地区	东北地区
▦ 专利申请数	753199	185980	96141	24488
▨ 发明专利	282794	69742	36825	9441
■ 有效发明专利数	880801	184632	118708	33933

图 3 – 13　各区域高端装备制造业企业专利情况

资料来源：《中国科技统计年鉴 2019》。

图 3 – 14 为我国各区域高端装备制造业新产品开发和销售情况，可以看出，东部地区各项数值均最高，东北地区各项数值均处于最末。研发机构、项目以及研发经费等决定了研发成果。

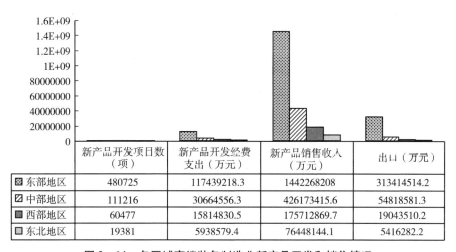

	新产品开发项目数（项）	新产品开发经费支出（万元）	新产品销售收入（万元）	出口（万元）
▦ 东部地区	480725	117439218.3	1442268208	313414514.2
▨ 中部地区	111216	30664556.3	426173415.6	54818581.3
■ 西部地区	60477	15814830.5	175712869.7	19043510.2
□ 东北地区	19381	5938579.4	76448144.1	5416282.2

图 3 – 14　各区域高端装备制造业新产品开发和销售情况

资料来源：《中国科技统计年鉴 2019》。

表 3 - 15 为我国各区域高端装备制造业研发机构情况，可以看出，东部地区研发机构多，研发人员多，高素质研发人才数量多，研发经费足，研发设备齐全；而东北地区研发机构少，高素质研发人才流失，研发经费不足，设备少，造成东北地区高端装备制造业发展动力不足，研发成果差。

表 3 - 15　　　　　　各区域高端装备制造业研发机构情况

区域	机构数（个）	机构人员（人）	博士和硕士（人）	机构经费支出（万元）	仪器和设备原价（万元）
东部地区	72380	2557461	305737	92657065.6	66520843.6
中部地区	16666	535457	73007	17278333.1	17107844.8
西部地区	5488	255073	37926	8285386.1	8020778.0
东北地区	925	68326	13174	3534043.3	2595640.2

资料来源：《中国科技统计年鉴 2019》。

3.2.2　高端装备制造业细分行业发展状况

1. 按地区分组的通用设备制造业主要经济指标

表 3 - 16 是各地区通用设备制造业主要经济指标情况，可以看出江苏和山东工业销售、资产、利润总额最多，从平均用工人数指标可以看出江苏、浙江的企业规模较大。海南省各项指标最低。

表 3 - 16　　　　　　各地区的通用设备制造业主要经济指标

地区	当年工业销售产值（亿元）	资产总计（亿元）	负债合计（亿元）	主营业务收入（亿元）	利润总额（亿元）	平均用工人数（万人）
全国	48337.12	43335.59	22481.10	48200.40	3178.66	449.34
北京	473.80	1100.20	510.07	527.82	67.94	5.15
天津	1232.79	1043.61	577.61	1234.28	98.92	8.97
河北	1529.95	1198.00	478.60	1525.19	102.87	14.12
山西	142.21	212.84	142.37	134.54	7.97	2.14
内蒙古	267.05	147.10	85.86	259.47	6.38	1.50
辽宁	1181.16	2269.81	1415.25	1198.89	24.87	17.61

续表

地区	当年工业销售产值（亿元）	资产总计（亿元）	负债合计（亿元）	主营业务收入（亿元）	利润总额（亿元）	平均用工人数（万人）
吉林	485.48	222.29	105.46	471.95	26.18	2.80
黑龙江	337.05	651.81	488.70	330.78	8.89	4.04
上海	2452.92	3628.21	2120.63	2583.21	159.84	21.59
江苏	9088.57	7832.77	3938.23	9117.19	705.87	77.64
浙江	4226.41	4981.34	2556.75	4153.00	299.84	60.40
安徽	2297.91	1590.60	835.27	2260.67	109.76	17.77
福建	1065.17	756.90	317.24	1080.33	79.44	10.98
江西	787.68	493.23	225.73	809.95	64.17	7.12
山东	8281.56	5484.98	2496.32	8353.42	547.79	55.90
河南	3477.39	2109.69	786.29	3463.49	241.74	30.66
湖北	1386.33	1482.04	895.97	1269.58	64.89	12.15
湖南	1723.11	906.47	424.15	1682.80	99.06	12.44
广东	3787.14	3368.30	1816.49	3744.00	257.01	48.61
广西	351.06	331.07	181.65	327.89	19.03	3.28
海南	0.36	0.77	0.60	0.36	-0.03	0.03
重庆	786.78	668.39	376.88	780.52	65.19	7.96
四川	2114.26	1671.45	1030.90	2107.01	76.03	15.62
贵州	125.47	125.31	72.10	118.34	5.54	1.52
云南	53.71	84.72	52.52	51.51	1.80	0.97
陕西	523.14	669.06	343.13	484.84	32.27	6.09
甘肃	71.93	144.59	112.92	47.57	0.98	1.07
青海	18.19	39.89	22.74	15.56	1.41	0.41
宁夏	54.93	97.51	53.89	52.60	2.09	0.64
新疆	13.63	22.61	16.78	13.65	0.90	0.17

资料来源：《中国工业统计年鉴2019》。

2. 按地区分组的专用设备制造业主要经济指标

表3-17是各地区专用设备主要经济指标情况，可以看出江苏和山东的

指标最高，江苏和广东的企业规模较大，海南依旧各项指标最低。

表 3-17　　　　　　　　各地区专用设备制造业主要经济指标

地区	当年工业销售产值（亿元）	资产总计（亿元）	负债合计（亿元）	主营业务收入（亿元）	利润总额（亿元）	平均用工人数（万人）
全国	37672.91	36841.47	19218.40	37414.51	2280.04	342.44
北京	499.09	1832.61	957.73	608.35	81.07	6.16
天津	977.13	1054.21	618.91	934.00	29.59	7.44
河北	1503.13	1667.74	594.01	1478.45	107.61	14.51
山西	185.58	615.85	471.54	199.05	-14.79	4.22
内蒙古	228.12	174.17	76.35	214.43	13.40	1.08
辽宁	608.47	1647.23	1171.37	608.09	-22.83	8.64
吉林	687.30	272.61	120.64	664.08	33.63	3.31
黑龙江	238.73	664.38	389.40	227.13	-49.59	3.59
上海	1104.48	1735.96	968.24	1147.72	94.37	10.94
江苏	6451.61	5363.59	2731.24	6449.34	484.83	54.44
浙江	1616.59	2063.87	1084.61	1593.31	119.38	22.61
安徽	1590.88	1119.41	600.43	1554.25	90.17	13.04
福建	845.34	724.08	391.48	833.97	56.61	8.04
江西	554.00	320.78	133.64	562.37	42.80	5.51
山东	6309.68	4124.95	1930.62	6334.54	400.48	41.60
河南	3962.01	2694.11	1079.89	4012.28	236.63	35.09
湖北	1184.92	1021.88	576.12	1114.69	45.79	11.35
湖南	2862.86	2925.52	1680.46	2780.85	62.28	16.37
广东	2768.09	2830.36	1396.99	2717.33	243.64	42.12
广西	514.67	491.82	258.52	513.72	22.09	4.09
海南	2.49	8.73	4.57	2.45	0.38	0.07
重庆	483.96	413.13	219.20	465.32	46.41	4.54
四川	1376.30	1226.97	674.38	1377.38	93.83	11.79
贵州	127.22	117.61	76.50	119.81	5.60	1.04
云南	98.41	95.62	63.43	101.74	4.83	1.03

续表

地区	当年工业 销售产值 （亿元）	资产总计 （亿元）	负债合计 （亿元）	主营业务 收入 （亿元）	利润总额 （亿元）	平均用工 人数 （万人）
西藏	0.21	0.44	0.42	0.21	−0.01	*
陕西	676.07	1046.36	611.76	567.94	38.42	6.90
甘肃	114.87	375.95	247.46	135.18	8.06	1.88
青海	12.47	8.00	5.12	2.80	0.16	0.04
宁夏	52.70	81.21	38.76	53.72	2.49	0.61
新疆	35.53	122.32	44.62	40.05	2.73	0.39

资料来源：《中国工业统计年鉴2019》。

3. 按地区分组的汽车制造业主要经济指标

表3-18是各地区汽车主要经济指标情况，可以看出江苏、山东、湖北、广东各项指标值均比较高，从用工人数指标看，江苏、浙江的企业规模较大。

表3-18　　　　　　　　各地区汽车制造业主要经济指标

地区	当年工业 销售产值 （亿元）	资产总计 （亿元）	负债合计 （亿元）	主营业务 收入 （亿元）	利润总额 （亿元）	平均用工 人数 （万人）
全国	80440.37	68536.75	39986.24	81347.16	6853.77	483.45
北京	4678.46	4607.03	2764.01	4802.00	380.13	15.17
天津	2474.62	1632.23	939.99	2342.80	215.93	13.56
河北	2570.63	2249.60	1215.52	2597.23	244.93	20.56
山西	147.32	236.44	172.35	147.08	8.58	1.70
内蒙古	156.74	399.99	357.02	152.86	−11.11	1.22
辽宁	2670.55	2899.47	1986.38	2725.16	194.39	13.64
吉林	5955.68	5218.36	2373.43	6629.04	594.15	27.45
黑龙江	236.38	296.26	258.45	236.57	16.73	1.40
上海	5821.11	6666.50	3159.10	7213.54	1081.97	22.44
江苏	7790.50	5574.78	3343.00	7470.38	589.94	45.69

地区	当年工业销售产值（亿元）	资产总计（亿元）	负债合计（亿元）	主营业务收入（亿元）	利润总额（亿元）	平均用工人数（万人）
浙江	4447.86	4654.81	2907.42	4420.38	421.66	41.25
安徽	3043.20	2619.97	1715.29	2799.21	125.90	21.45
福建	1171.67	894.54	509.29	1162.78	87.79	10.62
江西	1379.93	1182.92	719.74	1463.44	85.15	10.58
山东	7030.35	5224.14	3146.44	7078.50	412.46	38.98
河南	3173.55	2026.40	967.38	3140.77	216.33	25.19
湖北	6675.43	6390.78	3438.15	6237.58	592.01	41.29
湖南	1803.58	1580.67	1120.06	1770.54	79.76	11.22
广东	6792.37	4691.78	2899.06	6709.58	542.10	40.07
广西	2601.08	1688.30	1246.97	2529.18	115.16	14.50
海南	62.55	96.16	43.79	60.55	−4.70	0.59
重庆	5331.08	4358.72	2708.82	5429.03	567.82	36.51
四川	2751.10	1813.50	1006.59	2680.58	242.73	15.15
贵州	248.90	178.26	108.63	240.84	10.87	2.26
云南	237.07	220.46	133.88	229.15	12.63	1.52
陕西	1148.88	1063.02	686.95	1041.50	31.02	9.04
甘肃	12.22	34.22	27.20	12.15	0.24	0.10
青海	5.70	6.27	4.01	0.34	−0.03	0.10
宁夏	2.20	1.96	1.15	2.20	0.03	0.01
新疆	19.66	29.19	26.18	22.22	−0.82	0.19

资料来源：《中国工业统计年鉴2019》。

4. 按地区分组的铁路、船舶、航空航天和其他运输设备制造业主要经济指标

表3-19是各地区铁路、船舶、航空航天和其他运输设备制造业主要经济指标情况，可以看出，铁路、船舶、航空航天和其他运输设备制造业下各地区这几个指标数值都不高，从用人规模来看企业规模较小，这可能与本行业特性有关。

表 3 - 19　各地区铁路、船舶、航空航天和其他运输设备制造业主要经济指标

地区	当年工业销售产值（亿元）	资产总计（亿元）	负债合计（亿元）	主营业务收入（亿元）	利润总额（亿元）	平均用工人数（万人）
全国	20293.17	23662.54	14955.46	19324.92	1175.70	181.82
北京	381.23	695.79	424.03	405.54	34.80	3.74
天津	1308.40	1774.26	1376.52	1299.93	78.09	7.54
河北	531.01	706.58	437.11	540.41	38.60	6.02
山西	90.08	203.95	146.34	95.02	4.84	1.59
内蒙古	25.00	42.16	15.29	26.09	0.67	0.22
辽宁	955.86	2138.37	1457.74	917.89	42.70	9.43
吉林	388.99	566.62	374.28	407.18	42.00	2.38
黑龙江	69.36	134.82	77.91	71.44	- 0.67	1.59
上海	741.09	1589.94	1281.76	711.57	- 21.40	6.57
江苏	3770.80	3431.90	1904.20	3680.22	311.66	31.31
浙江	1406.74	1472.70	981.06	1009.43	20.65	11.66
安徽	331.41	208.07	124.04	319.68	16.58	3.02
福建	369.68	348.04	233.90	354.48	14.31	3.93
江西	134.97	110.05	53.15	145.67	8.60	1.46
山东	2168.51	1900.89	1240.88	2129.34	140.57	11.62
河南	1064.08	696.42	190.30	1053.20	79.71	10.56
湖北	752.67	867.75	625.66	648.92	18.59	7.01
湖南	984.07	1102.73	585.27	893.66	90.28	6.72
广东	1354.94	1291.76	825.49	1244.22	62.36	13.67
广西	193.64	122.58	58.90	195.04	15.38	3.03
海南	0.26	8.31	7.82	1.07	- 0.08	0.02
重庆	1526.22	1516.13	928.95	1471.59	85.03	15.59
四川	634.55	796.06	458.70	632.27	39.48	6.60
贵州	175.61	402.68	302.76	168.36	4.00	3.55
云南	64.40	81.13	20.08	41.66	3.32	0.20
陕西	848.81	1419.84	805.92	844.29	44.18	12.44
甘肃	15.93	30.08	16.44	14.55	1.34	0.28
青海	3.43	1.21	0.17	0.75	0.01	0.01
宁夏	0.55	0.87	0.48	0.54	0.07	0.01
新疆	0.90	0.87	0.33	0.93	0.03	0.02

资料来源:《中国工业统计年鉴2019》。

5. 按地区分组的电气机械和器材制造业主要经济指标

表 3 - 20 是各地区电气机械和器材制造业主要经济指标，可以看出江苏、广东各项数值较大，并远超其他地区，用人规模表明该行业企业规模较大。

表 3 - 20　　　　各地区电气机械和器材制造业主要经济指标

地区	当年工业销售产值（亿元）	资产总计（亿元）	负债合计（亿元）	主营业务收入（亿元）	利润总额（亿元）	平均用工人数（万人）
全国	74163.80	63139.09	35099.69	73642.26	5150.27	621.94
北京	669.84	1183.84	698.05	738.78	35.59	4.69
天津	1286.63	939.50	517.94	1268.76	62.11	5.81
河北	2252.86	1904.97	977.36	2246.42	165.30	16.70
山西	173.32	256.48	191.64	128.01	3.33	1.59
内蒙古	313.62	227.37	137.86	301.26	15.74	1.25
辽宁	700.27	1157.87	653.34	760.46	29.51	8.42
吉林	412.85	219.54	97.22	410.72	21.49	2.07
黑龙江	215.38	374.20	213.28	213.84	0.99	2.33
上海	2039.15	2317.90	1244.21	2183.95	169.06	18.54
江苏	17216.82	12718.58	6753.25	17185.11	1223.68	106.04
浙江	6475.26	6738.31	3728.18	6377.90	421.57	78.12
安徽	5157.44	3200.69	1756.08	4824.38	321.07	28.18
福建	1855.60	1633.98	799.60	1830.46	180.23	20.84
江西	3001.63	1745.03	831.85	3099.98	230.02	23.83
山东	6231.69	5854.83	3576.59	6321.91	408.08	36.34
河南	3638.37	2652.74	1221.41	3540.01	269.53	27.68
湖北	1934.82	1452.51	811.31	1865.58	96.33	15.47
湖南	1874.90	1320.97	695.26	1881.69	90.61	13.77
广东	12974.31	11742.62	6922.63	12911.72	1049.70	170.63
广西	961.03	373.09	195.15	928.18	70.89	4.27
海南	58.59	97.39	55.88	60.88	2.38	0.50

续表

地区	当年工业销售产值（亿元）	资产总计（亿元）	负债合计（亿元）	主营业务收入（亿元）	利润总额（亿元）	平均用工人数（万人）
重庆	1150.73	855.37	517.83	1219.89	96.39	7.66
四川	1442.46	1206.76	816.61	1395.43	65.40	13.04
贵州	266.76	232.84	166.89	236.51	14.28	1.89
云南	123.82	161.18	92.43	130.05	5.19	1.45
西藏	0.74	41.32	1.16	0.34	0.12	0.01
陕西	906.88	1033.02	522.67	813.42	37.74	6.67
甘肃	140.50	214.67	155.85	101.20	-0.88	1.35
青海	114.42	110.03	74.43	84.09	3.64	0.47
宁夏	85.84	80.60	43.53	88.19	3.10	0.62
新疆	487.26	1090.89	630.17	493.14	58.11	1.73

资料来源：《中国工业统计年鉴2019》。

6. 按地区分组的计算机、通信和其他电子设备制造业主要经济指标

表 3 - 21 是各地区计算机、通信和其他电子设备制造业主要经济指标，可以看出同样还是江苏和广东各项数值最大，并且从用人规模指标来看，该行业企业规模最大。

表 3 - 21　　各地区计算机、通信和其他电子设备制造业主要经济指标

地区	当年工业销售产值（亿元）	资产总计（亿元）	负债合计（亿元）	主营业务收入（亿元）	利润总额（亿元）	平均用工人数（万人）
全国	98457.24	79055.49	45503.52	99629.48	5070.17	890.26
北京	1983.62	3931.91	2074.90	2715.14	88.65	10.69
天津	1907.53	1429.71	696.51	1932.92	147.09	13.30
河北	521.86	489.65	218.67	518.22	35.12	8.42
山西	777.22	878.77	616.58	775.87	28.80	10.31
内蒙古	60.78	380.18	121.03	43.90	-0.50	0.51
辽宁	476.22	951.67	455.98	537.64	58.04	6.01

续表

地区	当年工业销售产值（亿元）	资产总计（亿元）	负债合计（亿元）	主营业务收入（亿元）	利润总额（亿元）	平均用工人数（万人）
吉林	91.67	99.15	42.34	92.80	9.06	0.96
黑龙江	23.37	42.90	20.52	24.38	2.51	0.36
上海	5077.34	4302.06	2566.52	5420.79	132.45	35.07
江苏	18864.38	12632.15	6230.15	18881.07	964.59	169.65
浙江	3177.37	3757.27	1871.10	3226.89	301.16	39.97
安徽	2322.01	2367.26	1347.97	2242.64	124.56	17.56
福建	3404.37	2825.41	1525.90	3372.60	192.46	28.12
江西	1786.57	1306.99	772.40	1797.07	109.23	21.27
山东	5725.62	2815.55	1535.56	5769.76	323.94	35.18
河南	3898.30	4132.30	3193.50	3873.05	146.20	43.73
湖北	2261.27	2390.98	1439.40	2310.99	105.07	16.27
湖南	2563.18	1058.31	698.56	2001.30	95.32	19.38
广东	32656.77	25623.37	15721.81	33121.04	1579.01	339.86
广西	1555.80	428.31	265.00	1502.30	163.74	10.19
海南	6.66	18.19	11.09	6.66	0.45	0.09
重庆	3995.01	2020.17	1355.91	3971.07	127.89	21.42
四川	3838.23	3492.38	1867.98	4068.74	214.14	28.49
贵州	493.21	225.62	135.14	434.65	8.12	3.99
云南	95.21	90.91	38.02	107.41	11.53	1.02
陕西	805.51	1212.32	629.36	801.68	94.41	7.15
甘肃	80.48	143.65	46.55	75.39	7.29	1.05
青海	5.33	2.37	0.96	1.12	0.02	0.02
新疆	2.33	5.97	4.11	2.41	-0.15	0.25

资料来源：《中国工业统计年鉴2019》。

3.3　全球价值链对中国高端装备制造业发展的影响：以产业 R&D 效率为例

全球价值链对中国高端装备制造业的发展具有多维的深刻影响，为揭示全球价值链对中国高端装备制造业发展的影响，本节以全球价值链对中国高端装备制造业 R&D 效率的影响为例，揭示全球价值链对中国高端装备制造业发展的影响。全球价值链对中国高端装备制造业发展及其他维度的影响可通过相同范式进行揭示。

在创新成为引领发展的第一动力的时代背景下，通过创新实现对既有全球价值链体系的有效整合，进而实现我国产业的全球价值链攀升，不仅有利于实现我国产业结构的优化升级，而且可以有效提升我国产业的全球竞争力。R&D 作为创新的主要环节，如何在 R&D 资源约束背景下提升 R&D 活动的有效产出即提高 R&D 效率，已成为相关学者重点关注的研究主题之一（原毅军和于长宏，2019）。然而在现有全球价值链体系下，一方面，全球价值链的链主凭借其顶端优势及其强大的全球价值链治理能力实现了对中国高端装备制造业等产业的低端锁定，中国虽有较高的 R&D 直接产出或可观的经济转化收入，但尚无法突破现有全球价值链体系的低端锁定；另一方面，中国高端装备制造业已不可逆转地嵌入现有全球价值链体系之中，休克式地脱离现有全球价值链体系并不符合我国的产业发展规律和国家利益。因此，在现有全球价值链体系下，通过高效的 R&D 活动实现中国高端装备制造业等产业的全球价值链攀升成为实现我国产业升级的必然选择。

本书基于创新成为驱动发展第一动力和创新资源约束的交叉背景，以全球价值链下高端装备制造业 R&D 效率及其提升策略为研究对象，打破既有产业 R&D 效率研究止于单一阶段或两阶段研究的局限，将全球价值链要素引入产业 R&D 效率评价体系之中；在产业 R&D 投入要素、产出要素和影响因素的基础上，结合对全球价值链要素的解构，构建产业 R&D 三阶段效率评价指标体系；通过对比性分析选择产业 R&D 三阶段效率评价方法并构建其效率测度模型，从而形成 R&D 三阶段效率评价体系。基于高端装备制造业在我国国民经济体系中的战略意义，将其作为实证研究对象进行实证研究，揭示产业 R&D 三阶段效率现状与演进规律，测度 R&D 投入因素与影响因素对产业 R&D 效率的影响，并以此为依据提出提升产业 R&D 效率的策略建议。

3.3.1　全球价值链下中国高端装备制造业 R&D 效率评价体系构建

1. 高端装备制造业 R&D 效率评价指标体系

高端装备制造业 R&D 效率是指在特定的产业技术经济条件下，其 R&D 成果产出与资源投入之间的转化关系，较高的 R&D 效率意味着较高的 R&D 产出投入比（Elena and Orietta, 2011）。因此，高端装备制造业 R&D 效率本质上是由 R&D 投入因素、产出因素和高端装备制造业技术经济条件所决定的。此外，高端装备制造业 R&D 体系作为开放性系统，全球价值链等环境要素亦会对其效率产生影响。基于此，本书从 R&D 资源投入、成果产出和影响因素三个维度建立高端装备制造业 R&D 效率评价指标体系。

（1）高端装备制造业 R&D 成果产出要素的评价。高端装备制造业 R&D 成果产出具有突出的阶段性特征，一般认为高端装备制造业 R&D 成果产出由两阶段构成：第一阶段为 R&D 资源投入转化为直接的 R&D 成果产出，一般以专利数衡量；第二阶段为专利产出转化为经济产出，一般以新产品相关指标衡量。然而从中国高端装备制造业的发展实践来看，较高的专利产出或新产品产出并不意味着较高的国际竞争力，只有摆脱全球价值链的低端锁定才能有效应对国际竞争者的极端竞争策略。因此，全球价值链下高端装备制造业 R&D 必然从追求直接产出和经济转化产出转变为追求全球价值链价值位势的提升，从而在既有的全球价值链体系下获取更高的全球话语权和竞争优势。

对于高端装备制造业 R&D 直接产出，一般采用专利数量进行评价，具体包括专利申请数和专利授权数等评价指标，考虑到未被授权专利不仅同样会消耗高端装备制造业的 R&D 资源，而且是高端装备制造业 R&D 活动的直接产出，借鉴相关研究成果，采用专利授权数对高端装备制造业 R&D 直接产出进行评价；对于高端装备制造业 R&D 经济转化产出，一般采用新产品相关指标进行评价，具体包括新产品产量、产值和销售收入等评价指标，考虑到销售收入更能从根本上体现经济转化的本质，采用新产品销售收入对高端装备制造业 R&D 经济转化产出进行评价（Tomas and Sharma et al., 2011）。对于高端装备制造业 R&D 在全球价值链价值位势方面的产出，综合借鉴 Koopman、OECD-WTO 和 UNCTAD 等基于 WIOTs 数据提出的全球价值链价值位势测度方法，采用全球价值链价值位势指数对高端装备制造业全球价值链价值位势进行评价。由于高端装备制造业 R&D 活动三阶段存在时滞性（Gurmu and Perez-Sebastian，2008），因此分别采用滞后 0 期、1 期和 2 期的数据对高端装备制造业 R&D 三阶段产出进行评价。

（2）高端装备制造业 R&D 资源投入要素的评价。高端装备制造业 R&D 活动需投入人、财、物、信息和知识等多种资源。然而，物质、信息和知识等资源投入一方面缺乏科学的评价方法，另一方面其投入亦可外显为资金投入，借鉴相关研究成果，从人力资源和资金资源两个方面对高端装备制造业 R&D 资源投入要素进行评价（綦良群、蔡渊渊和王成东，2020）。部分学者（王成东和蔡渊渊，2020）倾向于采用累积存量对 R&D 资源投入要素进行评价，但受限于缺乏统一的累积存量测度方法，本书分别采用"R&D 人员全时当量"和"R&D 经费内部支出"对高端装备制造业 R&D 资源投入要素进行评价。由于高端装备制造业 R&D 活动的知识密集性，高端装备制造业 R&D 人力资源投入不仅要考虑投入数量，更要考虑 R&D 人力资源的投入质量，在参考相关评价方法的基础上，采用"高端装备制造业内工程师数量"对其进行评价（王成东、朱显宇、蔡渊渊和綦良群，2020）。而从高端装备制造业 R&D 的阶段性发展规律来看，R&D 前一阶段的产出成果必然会成为后一阶段的资源投入，因此 R&D 经济转化阶段的投入应包括 R&D 直接产出，即高端装备制造业专利数；全球价值链攀升阶段的投入应包括经济转化阶段的产出，即新产品销售收入。

（3）高端装备制造业 R&D 影响因素的评价。基于对国内外高端装备制造业 R&D 影响因素相关研究成果的梳理可以发现，影响高端装备制造业 R&D 活动的技术经济因素主要包括企业规模、企业所有制和行业集中度等。借鉴相关研究成果，分别通过"企业平均固定资产原值"评价企业规模因素，通过"新产品产值中不同所有制企业的比重"评价企业所有制因素，通过"企业数量"评价行业集中度因素（王成东，2017）。由于我国已不可逆转地嵌入全球价值链体系，因此包括高端装备制造业 R&D 在内的各种高端装备制造业活动必然受到全球价值链因素的影响，且嵌入水平越高影响就越显著（李静，2015）。借鉴赫梅尔斯和石井等（Hummels and Ishii et al.，2001）的研究成果，通过全球价值链嵌入强度指数评价全球价值链嵌入强度程度。

基于上述分析，得到全球价值链下高端装备制造业 R&D 效率评价指标体系，如表 3-22 所示。

表 3 – 22　　　　全球价值链下高端装备制造业 R&D 效率评价指标体系

目标层	准则层	评价指标
Out：R&D 成果产出	Out_1：高端装备制造业 R&D 直接产出	高端装备制造业专利申请数（Do）
	Out_2：高端装备制造业经济转化产出	高端装备制造业新产品销售收入（Et）
	Out_3：高端装备制造业全球价值链攀升产出	高端装备制造业全球价值链价值位势指数（Gp）
In：R&D 资源投入	In_1：高端装备制造业 R&D 人员数量	高端装备制造业 R&D 人员全时当量（Hs）
	In_2：高端装备制造业 R&D 资金资源	高端装备制造业 R&D 经费内部支出（Fi）
	In_3：高端装备制造业 R&D 人员质量	高端装备制造业内工程师数量（Hz）
	In_4：高端装备制造业直接产出	高端装备制造业专利申请数（Do）
	In_5：高端装备制造业经济转化产出	高端装备制造业新产品销售收入（Et）
Ef：R&D 影响因素	Ef_1：高端装备制造业内企业规模	高端装备制造业内企业平均固定资产原值（Es）
	Ef_2：高端装备制造业内企业所有制	高端装备制造业新产品产值中国成分比重（Eo）
	Ef_3：行业集中度	高端装备制造业内企业数量（Ic）
	Ef_4：高端装备制造业全球价值链嵌入强度	高端装备制造业全球价值链嵌入强度指数（Ge）

资料来源：笔者自制。

2. 高端装备制造业 R&D 效率评价方法与评价模型

（1）高端装备制造业 R&D 效率评价方法选择。通过对国内外高端装备制造业 R&D 效率评价方法相关研究成果的梳理可以看出，DEA 和 SFA 是当前最为主流的效率评价方法，且两种方法在效率评价结果方面具有较高的等效性。DEA 方法和 SFA 方法在效率评价中各具优势，DEA 方法因无须设定具体的生成函数而避免了相应误差的产生，且能实现多产出 DMU 的效率评价，但其测度结果的无偏性受到学者的广泛质疑；而 SFA 方法可在保证效率测度结果可信度的前提下实现效率及其影响因素的一步法测度（綦良群、王成东和蔡渊渊，2014）。因此，综合考虑本书的具体研究情境、研究对象及其评价体系后，选择 SFA 方法作为高端装备制造业 R&D 效率的评价方法。

（2）高端装备制造业 R&D 效率评价模型构建。柯布－道格拉斯生产函数具有经济含义直观且结果准确性高的优势，因此本书将其作为基础函数构建全球价值链下高端装备制造业 R&D 三阶段效率评价模型。由于高端装备制造业 R&D 三阶段产出具有的天然时滞性，在对高端装备制造业 R&D 三阶段产出的特征及评价指标进行综合考虑的基础上，借鉴时滞期处理相关成果（王成东、綦良群和蔡渊渊，2015），分别采用滞后 0 期、1 期和 2 期的处理方法构建高端装备制造业 R&D 直接产出效率、经济转化效率和全球价值链攀升效率评价模型如式（3-1）至式（3-3）所示。

$$\mathrm{Ln}(\mathrm{Out}_{\mathrm{Do.\,tj}}) = \lambda_0 + \lambda_1 \cdot \mathrm{Ln}(\mathrm{Hs}_{\mathrm{tj}}) + \lambda_2 \cdot \mathrm{Ln}(\mathrm{Hz}_{\mathrm{tj}}) + \lambda_3 \cdot \mathrm{Ln}(\mathrm{Fi}_{\mathrm{tj}}) + v_{\mathrm{tj}} - u_{\mathrm{tj}}$$
$$(3-1)$$

$$\mathrm{Ln}[\mathrm{Out}_{\mathrm{Et.\,(t+1)j}}] = \lambda_0' + \lambda_1' \cdot \mathrm{Ln}(\mathrm{Hs}_{\mathrm{tj}}) + \lambda_2' \cdot \mathrm{Ln}(\mathrm{Hz}_{\mathrm{tj}}) + \lambda_3' \cdot \mathrm{Ln}(\mathrm{Fi}_{\mathrm{tj}})$$
$$+ \lambda_4' \cdot \mathrm{Ln}(\mathrm{Do}_{\mathrm{tj}}) + v_{\mathrm{tj}}' - u_{\mathrm{tj}}'$$
$$(3-2)$$

$$\mathrm{Ln}[\mathrm{Out}_{\mathrm{Gp(t+2)j}}] = \lambda_0'' + \lambda_1'' \cdot \mathrm{Ln}(\mathrm{Hs}_{\mathrm{tj}}) + \lambda_2'' \cdot \mathrm{Ln}(\mathrm{Hz}_{\mathrm{tj}}) + \lambda_3'' \cdot \mathrm{Ln}(\mathrm{Fi}_{\mathrm{tj}})$$
$$+ \lambda_4'' \cdot \mathrm{Ln}(\mathrm{Et}_{\mathrm{tj}}) + v_{\mathrm{tj}}'' - u_{\mathrm{tj}}''$$
$$(3-3)$$

其中 $\mathrm{Out}_{\mathrm{Do.\,tj}}$、$\mathrm{Out}_{\mathrm{Et.\,(t+1)j}}$ 和 $\mathrm{Out}_{\mathrm{Gp(t+2)j}}$ 分别表示 j 高端装备制造业 t 期 R&D 直接产出、t+1 期经济转化产出和 t+2 期全球价值链价值位势；$\mathrm{Hs}_{\mathrm{tj}}$ 表示 t 期同 j 高端装备制造业 R&D 人员投入，$\mathrm{Hz}_{\mathrm{tj}}$ 表示 t 期 j 高端装备制造业人员投入质量，$\mathrm{Fi}_{\mathrm{tj}}$ 表示 t 期 j 高端装备制造业 R&D 经费投入量；$\mathrm{Do}_{\mathrm{tj}}$ 表示 t 期 j 高端装备制造业研发直接产出；$\mathrm{Et}_{\mathrm{tj}}$ 表示 t 期 j 高端装备制造业经济转化产出；v_{tj} 和 u_{tj} 为相应误差调节项，v_{tj} 为随机误差，u_{tj} 表示管理无效率；λ_i，λ_i' 和 λ_i''（i=1，2，3，…）分别为常量和相应系数。

以此为基础构建考虑影响因素的全球价值链下高端装备制造业 R&D 三阶段效率测度概念模型分别如式（3-4）至式（3-6）所示：

$$\mathrm{Out}_{\mathrm{Do.\,tj}} = \beta_0 + \beta_1 \cdot \mathrm{Hs}_{\mathrm{tj}} + \beta_2 \cdot \mathrm{Hz}_{\mathrm{tj}} + \beta_3 \cdot \mathrm{Fi}_{\mathrm{tj}} + \beta_4 \cdot \mathrm{Ec}_{\mathrm{tj}} + \beta_5 \cdot \mathrm{Eo}_{\mathrm{tj}}$$
$$+ \beta_6 \cdot \mathrm{Ic}_{\mathrm{tj}} + \beta_7 \cdot \mathrm{Ge}_{\mathrm{tj}} + \beta_8 \cdot \mathrm{T}$$
$$(3-4)$$

$$\mathrm{Out}_{\mathrm{Et.\,(t+1)j}} = \beta_0' + \beta_1' \cdot \mathrm{Hs}_{\mathrm{tj}} + \beta_2' \cdot \mathrm{Hz}_{\mathrm{tj}} + \beta_3' \cdot \mathrm{Fi}_{\mathrm{tj}} + \beta_4' \cdot \mathrm{Do}_{\mathrm{tj}} + \beta_5' \cdot \mathrm{Es}_{\mathrm{tj}}$$
$$+ \beta_6' \cdot \mathrm{Eo}_{\mathrm{tj}} + \beta_7' \cdot \mathrm{Ic}_{\mathrm{tj}} + \beta_8' \cdot \mathrm{Ge}_{\mathrm{tj}} + \beta_9' \cdot \mathrm{T}$$
$$(3-5)$$

$$\mathrm{Out}_{\mathrm{Gp(t+2)j}} = \beta_0'' + \beta_1'' \cdot \mathrm{Hs}_{\mathrm{tj}} + \beta_2'' \cdot \mathrm{Hz}_{\mathrm{tj}} + \beta_3'' \cdot \mathrm{Fi}_{\mathrm{tj}} + \beta_4'' \cdot \mathrm{Et}_{\mathrm{tj}} + \beta_5'' \cdot \mathrm{Es}_{\mathrm{tj}}$$

$$+ \beta_6'' \cdot Eo_{tj} + \beta_7'' \cdot Ic_{tj} + \beta_8'' \cdot Ge_{tj} + \beta_9'' \cdot T \qquad (3-6)$$

式（3-6）中，$Out_{Do.tj}$、$Out_{Et.(t+1)j}$ 和 $Out_{Gp(t+2)j}$，以及 Hs_{tj}、Hz_{tj}、Fi_{tj}、Do_{tj} 和 Et_{tj} 含义同上；Es_{tj} 表示 t 期 j 高端装备制造业的企业平均规模，Ic_{tj} 表示 t 期 j 高端装备制造业所有制，Eo_{tj} 表示 t 期 j 高端装备制造业市场结构，Ge_{tj} 表示 t 期 j 高端装备制造业全球价值链嵌入强度，T 为时变趋势，β_i、β_i' 和 β_i''（i = 1，2，3，…）分别为常量及相应系数。

利用 MLE 方法对上述模型进行估计，γ 值高度显著，且 LR 检验均在 5% 的显著性水平上显著，从而保证了上述高端装备制造业 R&D 效率评价模型的有效性。

3.3.2　全球价值链对中国高端装备制造业 R&D 效率影响实证研究

1. 实证对象与数据来源

对高端装备制造业细分行业的界定沿用前文。用于高端装备制造业 R&D 效率实证研究的数据源于 OECD 的 TiVA 数据库、《中国统计年鉴》《中国高技术高端装备制造业统计年鉴》和《中国科技统计年鉴》等统计年鉴。为了统一数据口径，具体实证过程中对部分实证数据进行了转换调整等处理。除此之外，由于 TiVA 数据库中 2008 年前和 2015 年后中国高端装备制造业 R&D 数据缺失严重，实证研究时选取 2008～2015 年高端装备制造业 R&D 三阶段效率作为研究对象。通过对高端装备制造业细分行业的划分和对高端装备制造业 R&D 相关面板数据的梳理，最终可得到 32 组实证数据，能够满足实证研究的需要。

2. 高端装备制造业全球价值链价值位势与嵌入强度测度

为了对全球价值链下中国高端装备制造业 R&D 三阶段效率进行评价，首先需对其全球价值链价值位势和全球价值链嵌入强度进行测度。

（1）对高端装备制造业全球价值链价值位势的测度。综合借鉴库普曼和鲍尔斯等（Koopman and Powers et al.，2010）基于 WIOTs 数据提出的全球价值链价值位势测度方法，以及周升起等学者的研究成果（周升起、兰珍先和付华，2014），基于官方统计数据对 2008～2015 年中国高端装备制造业的全球价值链价值位势进行测度，结果如表 3-23 所示。

表 3 - 23　　　　　中国高端装备制造业全球价值链价值位势

行业	2008 年	2009 年	2010 年	2011 年	2012 年	2013 年	2014 年	2015 年
C_1	0.074	0.086	0.096	0.102	0.111	0.119	0.127	0.140
C_2	0.068	0.076	0.081	0.098	0.107	0.114	0.123	0.136
C_3	0.069	0.078	0.084	0.097	0.105	0.112	0.120	0.130
C_4	0.079	0.087	0.097	0.101	0.109	0.118	0.123	0.138
均值	0.073	0.082	0.089	0.100	0.108	0.116	0.123	0.136

资料来源：笔者自制。

基于对全球价值链价值位势测度结果的分析可以看出，研究时段内中国高端装备制造业的全球价值链价值位势获得了显著提升，且平均提升幅度高达 86.3%。该结果与中国高端装备制造业全球竞争力不断提升、全球话语权持续增强的发展现状相符。中国高端装备制造业各细分行业全球价值链价值位势的增长趋势和涨幅基本相当，该结果显示出各细分行业齐头并进的良好发展态势。中国高端装备制造业及其细分行业全球价值链价值位势的增长趋势如图 3 - 15 所示。

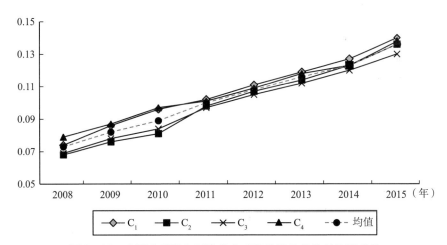

图 3 - 15　中国高端装备制造业全球价值链价值位势演进趋势

资料来源：笔者自制。

中国高端装备制造业的全球价值链价值位势在研究时段内获得了较大幅度的提升，根据周升起等的研究成果，同期日本和美国高端装备制造业的全球价值链价值位势则在持续下降，因此中美和中日高端装备制造业的全球价值链价值位势的差距不断缩小。该结果说明我国经济发展的"转方式、调结构、促升级"至少已在高端装备制造业层面取得了成效。中国高端装备制造业已逐步由外延式增长转变为内涵式增长，高端装备制造业的全球竞争力全面提升。

（2）高端装备制造业全球价值链嵌入强度测度。基于官方统计数据对2008~2015年中国高端装备制造业的全球价值链嵌入强度进行测度，测度结果如表3-24所示。

表3-24　　　　　中国高端装备制造业全球价值链嵌入强度

行业	2008 年	2009 年	2010 年	2011 年	2012 年	2013 年	2014 年	2015 年
C_1	0.2091	0.1763	0.1798	0.1926	0.2053	0.2156	0.2361	0.2395
C_2	0.2233	0.1991	0.2030	0.2146	0.2261	0.2374	0.2600	0.2570
C_3	0.2093	0.1823	0.1859	0.1980	0.2101	0.2206	0.2416	0.2398
C_4	0.3654	0.3200	0.3263	0.3275	0.3286	0.3451	0.3779	0.4323
均值	0.2518	0.2194	0.2238	0.2332	0.2425	0.2547	0.2789	0.2921

资料来源：笔者自制。

基于对全球价值链嵌入强度测度结果的分析可以看出，研究时段内中国高端装备制造业的全球价值链嵌入强度均处于高位，除在2009年呈现一定幅度的下降外，在其他实证研究时段内均呈现稳定上升的态势，其演进趋势如图3-16所示。

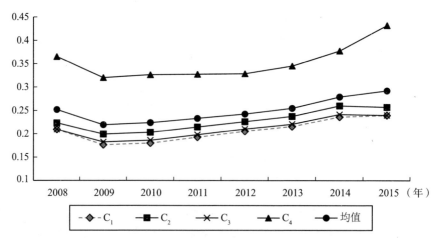

图3-16　中国高端装备制造业全球价值链嵌入强度演进趋势

资料来源：笔者自制。

结合全球价值链下中国高端装备制造业的高端装备制造业发展实践可以推断，2009 年全球价值链嵌入强度的下降主要可归因为 2008 年全球金融危机造成中国高端装备制造业进出口萎缩；2009 年之后全球价值链嵌入强度的回升则主要可归因为金融危机负面效应的消散、高端装备制造业发展质量的提升以及"一带一路"倡议等国际化战略的顺利推进。

中国高端装备制造业细分行业的全球价值链嵌入强度呈现出一定的离散性，C_4 行业（计算机、通信和其他电子设备制造业）的全球价值链嵌入强度超过 C_1 行业（通用及专用设备制造业）80%。表明在既有全球价值链体系下，不同中国高端装备制造业细分行业所在全球价值链的构成具有较大差异性。此结论与部分细分行业的原材料供给和市场销售高度依赖国际市场，而另外一部分细分行业则主要依赖国内市场的高端装备制造业发展现状相符。

综上所述，中国高端装备制造业在实证研究时段内的全球价值链嵌入强度和全球价值链价值位势呈现出基本一致的稳定上升趋势。结合高端装备制造业的发展实践可以推断，高端装备制造业全球价值链嵌入强度和全球价值链价值位势间存在双螺旋式的相互促进作用：一方面，中国高端装备制造业全球价值链嵌入强度的提高拓展了其资源获取空间，可以通过"干中学"等途径提高其资源配置能力和全球价值链治理能力，从而有效提升其全球价值链价值位势；另一方面，中国高端装备制造业全球价值链价值位势的提升不仅有助于其利用顶端优势构建利己型的全球价值链体系以获取更丰厚的利润，而且相应示范和带动效应会进一步强化其嵌入全球价值链的意愿和行为，从而提升高端装备制造业全球价值链嵌入强度。

3. 高端装备制造业 R&D 效率测度与分析

（1）高端装备制造业 R&D 效率测度。基于式（3-1）至式（3-3）对不考虑影响因素情形时全球价值链下中国高端装备制造业 R&D 成果直接产出效率、经济转化效率和高端装备制造业全球价值链攀升效率等三阶段效率进行测度，测度结果如表 3-25 至表 3-27 所示。

表 3-25　　中国高端装备制造业 R&D 成果直接产出效率（UC）

行业	2008 年	2009 年	2010 年	2011 年	2012 年	2013 年	2014 年	2015 年	均值
C_1	0.926	0.928	0.931	0.933	0.936	0.938	0.939	0.940	0.934
C_2	0.915	0.918	0.922	0.923	0.927	0.931	0.934	0.936	0.925

续表

行业	2008 年	2009 年	2010 年	2011 年	2012 年	2013 年	2014 年	2015 年	均值
C_3	0.939	0.940	0.941	0.941	0.941	0.942	0.941	0.942	0.941
C_4	0.924	0.926	0.930	0.932	0.936	0.937	0.938	0.939	0.933
均值	0.926	0.928	0.931	0.932	0.935	0.937	0.938	0.939	0.933

注：UC 表示不考虑影响因素，下同。
资料来源：笔者自制。

表 3 – 26　　　　中国高端装备制造业 R&D 成果经济转化效率（UC）

行业	2008 年	2009 年	2010 年	2011 年	2012 年	2013 年	2014 年	2015 年	均值
C_1	0.832	0.844	0.862	0.871	0.890	0.910	0.916	0.923	0.881
C_2	0.886	0.891	0.899	0.903	0.910	0.918	0.921	0.928	0.907
C_3	0.920	0.922	0.924	0.926	0.929	0.931	0.931	0.935	0.927
C_4	0.909	0.912	0.918	0.921	0.925	0.931	0.936	0.939	0.923
均值	0.887	0.892	0.901	0.905	0.914	0.922	0.926	0.931	0.910

资料来源：笔者自制。

表 3 – 27　　　　中国高端装备制造业 R&D 的全球价值链攀升效率（UC）

行业	2008 年	2009 年	2010 年	2011 年	2012 年	2013 年	2014 年	2015 年	均值
C_1	0.807	0.827	0.858	0.876	0.909	0.908	0.905	0.911	0.875
C_2	0.433	0.465	0.511	0.539	0.588	0.584	0.618	0.631	0.546
C_3	0.452	0.490	0.548	0.582	0.644	0.673	0.670	0.682	0.593
C_4	0.810	0.838	0.879	0.903	0.947	0.900	0.911	0.936	0.890
均值	0.626	0.655	0.699	0.725	0.772	0.766	0.776	0.790	0.726

资料来源：笔者自制。

　　基于式（3 – 4）至式（3 – 6），对考虑影响因素情形时全球价值链下中国高端装备制造业 R&D 成果的直接产出、经济转化和高端装备制造业全球价值链攀升三阶段效率进行测度，测度结果如表 3 – 28 至表 3 – 30 所示。

表 3 - 28　　　　　中国高端装备制造业 R&D 成果的直接产出效率（C）

行业	2008 年	2009 年	2010 年	2011 年	2012 年	2013 年	2014 年	2015 年	均值
C_1	0.937	0.938	0.940	0.941	0.941	0.942	0.943	0.943	0.941
C_2	0.928	0.930	0.933	0.934	0.937	0.939	0.941	0.941	0.935
C_3	0.943	0.943	0.944	0.944	0.944	0.945	0.944	0.945	0.944
C_4	0.935	0.936	0.939	0.940	0.941	0.941	0.942	0.943	0.940
均值	0.936	0.937	0.939	0.940	0.941	0.942	0.943	0.943	0.940

注：C 代表考虑影响因素，下同。
资料来源：笔者自制。

表 3 - 29　　　　　中国高端装备制造业 R&D 成果的经济转化效率（C）

行业	2008 年	2009 年	2010 年	2011 年	2012 年	2013 年	2014 年	2015 年	均值
C_1	0.897	0.901	0.905	0.909	0.914	0.925	0.929	0.933	0.914
C_2	0.902	0.905	0.911	0.915	0.921	0.927	0.930	0.936	0.919
C_3	0.932	0.933	0.935	0.936	0.938	0.938	0.938	0.940	0.936
C_4	0.927	0.929	0.932	0.933	0.936	0.938	0.942	0.943	0.935
均值	0.915	0.917	0.921	0.923	0.927	0.932	0.935	0.938	0.926

资料来源：笔者自制。

表 3 - 30　　　　　中国高端装备制造业 R&D 的全球价值链攀升效率（C）

行业	2008 年	2009 年	2010 年	2011 年	2012 年	2013 年	2014 年	2015 年	均值
C_1	0.738	0.769	0.814	0.844	0.889	0.902	0.924	0.938	0.852
C_2	0.526	0.582	0.666	0.722	0.806	0.880	0.857	0.906	0.743
C_3	0.522	0.584	0.678	0.741	0.835	0.854	0.906	0.941	0.758
C_4	0.754	0.768	0.788	0.801	0.821	0.862	0.887	0.929	0.827
均值	0.635	0.676	0.737	0.777	0.838	0.875	0.894	0.929	0.795

资料来源：笔者自制。

（2）高端装备制造业 R&D 效率测度结果分析。通过对考虑和不考虑 R&D 效率影响因素两种情形下中国高端装备制造业 R&D 三阶段效率的对比性分析，可以发现其 R&D 效率演进存在如下规律。

在实证研究时段内，中国高端装备制造业及其各细分行业的 R&D 直接产出效率、经济转化效率和全球价值链攀升效率均呈现出相对稳定上升态势，但上升幅度趋缓，个别细分行业的 R&D 效率提升幅度已趋于 0，甚至个别年份出现短暂下降，趋势如图 3 – 17 所示。该结果说明近些年来中国高端装备制造业能够不断改善其 R&D 资源配置能力及其对 R&D 活动的管控能力，但进一步改善的空间已不大。

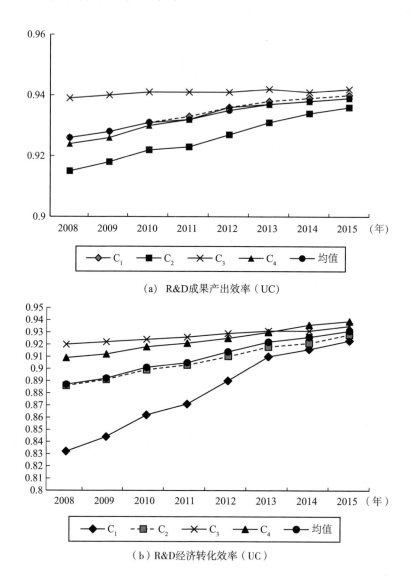

（a）R&D成果产出效率（UC）

（b）R&D经济转化效率（UC）

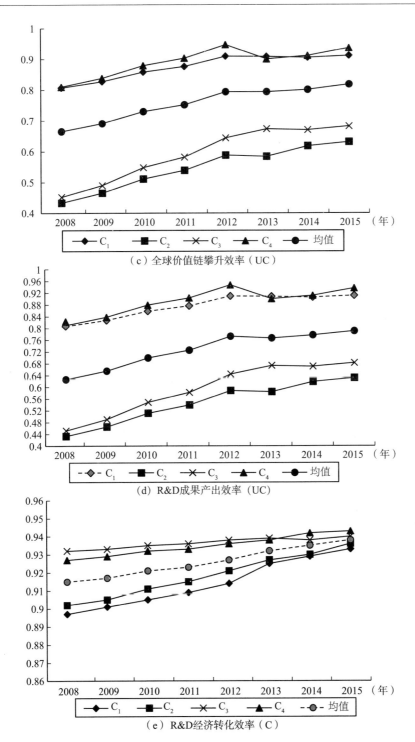

（c）全球价值链攀升效率（UC）

（d）R&D成果产出效率（UC）

（e）R&D经济转化效率（C）

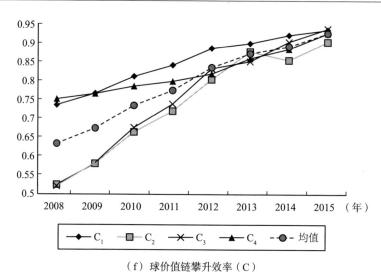

（f）球价值链攀升效率（C）

图 3 - 17　中国高端装备制造业 R&D 三阶段效率演进趋势

注：UC 表示不考虑影响因素。C 表示考虑影响因素。

资料来源：笔者自制。

在实证研究时段内，中国高端装备制造业细分行业的 R&D 三阶段效率呈现出一定的离散性。在高端装备制造业 R&D 直接产出效率方面，产出效率最高的行业为电气机械和器材制造业，最低的行业为运输设备制造业；在高端装备制造业 R&D 经济转化效率方面，转化效率最高的行业为电气机械和器材制造业，最低的行业为通用及专用设备制造业；在高端装备制造业全球价值链攀升效率方面，效率最高的行业为计算机、通信和其他电子设备制造业，最低的行业为运输设备制造业。结合中国高端装备制造业细分行业的高端装备制造业实践来看，该结果与高端装备制造业发展实践和高端装备制造业 R&D 实践基本相符。进一步分析可知，现有全球价值链体系下中国高端装备制造业细分行业中的劳动或资本密集型行业能够获得较好的高端装备制造业发展和高端装备制造业 R&D 空间，并取得较高绩效；而技术和知识密集型细分行业的 R&D 活动及高端装备制造业发展则受到全球价值链高端价值环节的强力制约。

通过对比性分析可知，考虑影响因素时的高端装备制造业研发效率高于不考虑影响因素时的高端装备制造业研发效率（0.933 < 0.940，0.910 < 0.926，0.726 < 0.795）。排除数理因素，该结果在一定程度上说明当前我国已经形成了有利于高端装备制造业 R&D 的政经环境，这与我国将创新确定为重要国家战略、大力改善创新环境的现状高度相符。

中国高端装备制造业 R&D 直接产出效率、经济转化效率和全球价值链攀升三阶段效率呈现出依次下降的趋势。一方面，高端装备制造业的 R&D 资源投入能够以较高的效率转化为专利等直接成果，但在进一步实现经济转化时不是所有专利都可以实现经济转化；另一方面，新产品等经济转化的高效产出不能必然提升中国高端装备制造业的全球价值链价值位势，该结果与我国"重研发、轻转化"的高端装备制造业传统顽疾，以及"全球价值链低端锁定"等高端装备制造业现状高度吻合。

4. 高端装备制造业 R&D 效率影响因素测度

基于 SFA 方法实现对高端装备制造业 R&D 效率影响因素的"一步法"测度，得到全球价值链下高端装备制造业 R&D 效率影响因素的影响强度、影响方向和影响显著性，结果如表 3 - 31 所示。

表 3 - 31　　　　　高端装备制造业 R&D 效率影响因素的影响

待估项	对成果产出效率的影响		对经济转化效率的影响		对全球价值链攀升的影响	
	UC	C	UC	C	UC	C
Hs	020356 *	0. 17834 **	0. 43864 *	0. 32175 *	0. 33531 **	0. 22165 ***
F1	0. 18574 ***	0. 40963 ***	0. 40056 *	0. 35975 **	0. 12782 **	0. 23875 ***
Hz	0. 93219 ***	0. 48652 ***	0. 46368 *	0. 55368 *	0. 45823 ***	0. 32167 ***
Do	—	—	0. 54324 ***	0. 61754 ***	—	—
Et	—	—	—	—	0. 21743 **	0. 17435 **
Es	—	0. 41261 ***	—	0. 80366 *	—	0. 20454 ***
Eo	—	− 0. 73907 *	—	− 0. 12166 *	—	− 0. 16145 ***
Ic	—	0. 45159 **	—	− 0. 17836 *	—	− 0. 29732 **
Ge	—	0. 71128 **	—	0. 62421 **	—	0. 87823 **
T	—	− 0. 57343 *	—	− 0. 21216 *	—	0. 64123 **
σ^2	4. 21136 ***	1. 79983 ***	1. 61238 ***	0. 61878 ***	2. 80731 ***	0. 89066 ***
γ	0. 49425 ***	0. 60975 ***	0. 51341 ***	0. 53277 ***	0. 75378 ***	0. 76598 ***

注：* 、** 、*** 分别表示在 10% 、5% 与 1% 显著性水平上显著。
资料来源：笔者自制。

5. 高端装备制造业 R&D 效率影响因素分析与效率提升策略设计

（1）投入因素及其对应效率提升策略分析。实证研究结果显示，全球价值链下中国高端装备制造业各类 R&D 资源投入对其 R&D 三阶段效率均具有较为显著的正向影响，说明增加人力资源和资金资源的投入、提升人力资源质量均可以有效提升高端装备制造业的 R&D 三阶段效率。R&D 过程中各阶段投入的人力资源的影响高于资金资源的影响，说明 R&D 主要是"人的工作"，因此，相应的引智工程对提高中国高端装备制造业的 R&D 三阶段效率至关重要。人力资源质量对高端装备制造业 R&D 效率的影响大于其数量的影响，说明高端装备制造业的 R&D 活动是一个技术和知识密集的高端装备制造业活动，高质量人才是提高高端装备制造业 R&D 三阶段效率的关键。

基于上述分析，本节认为可以在 R&D 资源投入方面采取如下策略来提升中国高端装备制造业的 R&D 效率：一是在各类 R&D 资源投入规模达到效率拐点前进一步增加资源的投入力度；二是改变 R&D 资源投入方式，各 R&D 主体应根据实际情况将对高端装备制造业 R&D 各阶段活动直接的资金资源支持转变为人力资源支持；三是针对高端装备制造业技术与知识密集的高端装备制造业特点，有针对性地进行引智工程建设，在全球范围内吸引顶尖人才的加入，提高 R&D 人力资源质量。

（2）影响因素及其对应效率提升策略分析。企业规模因素对中国高端装备制造业 R&D 成果直接产出效率、成果转化效率和全球价值链攀升效率均会产生正向作用，其对 R&D 经济转化效率的影响最为突出（0.80366），对 R&D 成果直接产出效率的影响次之（0.41261），而对全球价值链攀升效率的影响最小（0.20454）。该结果说明较大的企业规模会在 R&D 各阶段形成规模经济效应，从而全面提升 R&D 三阶段效率。而企业规模对高端装备制造业 R&D 三阶段效率影响的差异性则说明，较大企业规模所形成的优势主要体现在经济转化价值环节，而在 R&D 直接产出和全球价值链攀升等方面所形成的相对优势则不甚明显，该结果与高端装备制造业中"很多重要创新由小企业实现"和"部分小企业占据全球价值链顶端"的高端装备制造业发展实践相符。

市场结构因素对中国高端装备制造业 R&D 三阶段效率的影响具有较高的异质性，其对 R&D 成果直接产出效率具有较高的正向影响（0.45159），而对于后两阶段效率则分别具有权重为 0.17836 和 0.29732 的负向影响。基于以"高端装备制造业内企业数量"评价市场结构因素的指标选择可以推断：行业内企业数量的增加能够有效促进行业竞争，从而促使企业增加 R&D 资源投入并改善对 R&D 过程管理，从而提高了高端装备制造业 R&D 成果直接产出效率；而企业数量的持续增加会给市场带来无序竞争甚至是恶性竞争的恶果，从而影响其 R&D 成果的经济转化效率，而缺乏大型核心企业也会对高端装备制造业全球价值链价值位势的提升产生负向影响。

全球价值链嵌入强度对中国高端装备制造业 R&D 三阶段效率分别具有权重为 0.71128、0.62421 和 0.87823 的正向影响，说明深入嵌入全球价值链体系有利于高端装备制造业 R&D 三阶段效率的显著提升。该结果说明中国高端装备制造业全球价值链嵌入强度的提高不仅拓展了其 R&D 资源获取空间，而且可以利用全球价值链体系通过"干中学"等途径提高其 R&D 资源配置能力和过程管控能力，从而有效提升高端装备制造业 R&D 三阶段效率。

高端装备制造业 R&D 成果直接产出对高端装备制造业经济转化效率具有显著的正向影响，同理，R&D 成果经济转化对高端装备制造业全球价值链攀升亦具有正向影响。该结果说明高端装备制造业 R&D 三阶段效率具有依次促进关系，从 R&D 成果直接产出的源头加强 R&D 建设对提升高端装备制造业 R&D 效率具有重要意义。

时序变量的影响说明中国高端装备制造业 R&D 直接产出效率和经济转化效率会随时间不断下降，而全球价值链攀升效率则会不断提升。该结果与当前高端装备制造业专利产出较大、产值较高，但全球价值链价值位势较低、提升空间较大，与高端装备制造业发展实践相符。

基于对中国高端装备制造业 R&D 效率影响因素的分析，本节认为可以在高端装备制造业 R&D 影响因素方面采取如下策略来提升中国高端装备制造业的 R&D 效率：一是提高中国高端装备制造业的企业规模，鼓励企业间的合作、兼并与合并，形成具有国际竞争力的企业集团或企业联合体，扩大企业规模；二是促进中国高端装备制造业内非公有制成分发展，为其发展提供各类政策和资源支持；三是对中国高端装备制造业的行业结构进行引导，既要防垄断，又要防恶性竞争，是市场处于 R&D 的适宜状态；四是进一步嵌入全球价值链体系，谋求全球价值链体系下的话语权和资源配置权，积极构建国家价值链体系。

通过以上研究可以看出：中国高端装备制造业在实证研究时段内的全球价值链嵌入强度和全球价值链价值位势呈现出基本一致的稳定上升趋势，该结果不仅表明其已深度嵌入既有全球价值链体系，而且说明其正在实现由外延式增长向内涵式增长转变；产业全球价值链嵌入强度和全球价值链价值位势间存在双螺旋式的相互促进作用。全球价值链下中国高端装备制造业 R&D 三阶段效率在实证研究时段内均稳定提高，但提高空间日趋减小；产业 R&D 成果直接产出效率、经济转化效率和产业全球价值链攀升效率依次降低；产业 R&D 三阶段效率具有依次促进关系，该结果说明从 R&D 成果直接产出的源头加强 R&D 建设对提升产业 R&D 效率具有重要意义。各类 R&D 资源投入因素对 R&D 三阶段效率均具有较为显著的正向影响；R&D 影响因素中企业规模和全球价值链嵌入强度因素对产业 R&D 三阶段效率均具有正向影响，市场结构对 R&D 三阶段效率的影响具有异质性，其对 R&D 成果直接产出效率具有正向影响，而对于后两阶段效率则有负向影响。通过"增加 R&D 资源投入力度""通过引智工程吸引全球顶尖人才""扩大企业规模""维持市场竞争秩序"和"进一步嵌入全球价值链体系，积极构建国家价值链体系"等策略可提升全球价值链下中国高端装备制造业 R&D 三阶段效率。

本章小结

本章首先对全球价值链、高端装备制造业、高端装备制造业服务化、高端装备制造业服务化机理与模式等研究关键概念或对象的内涵与特征进行界定与分析。在此基础上，对中国高端装备制造业的发展现状进行多维分析，并以产业 R&D 效率为例揭示了全球价值链对中国高端装备制造业发展的影响。

第二部分

服务化机理篇

第4章 全球价值链下高端装备制造业服务化机理研究框架总体设计

4.1 全球价值链下中国高端装备制造业服务化系统分析

中国高端装备制造业服务化系统的形成是全球价值链下中国高端装备制造业发展的重要推动力量。本节从服务化系统要素、服务化系统结构、服务化系统的目标与功能、服务化系统的耗散性对服务化系统进行分析。

4.1.1 服务化系统要素分析

全球价值链下中国高端装备制造业服务化系统是一个复杂的开放性经济系统，其发展演进除涉及中国高端装备制造业主体要素外，还涉及用户、政府、科研机构和高等院校等服务化支持要素。

1. 中国高端装备制造业

高端装备制造业在其服务化系统中处于核心地位，中国高端装备制造业在企业规模、科技水平、人财物资源和管理水平等均处于全球价值链的领先地位，因此中国高端装备制造业是其服务化系统的核心要素，是推动服务化发展的基础要素。

2. 用户

从产业内涵来看，高端装备制造业是装备制造业的核心部分，其目标用户群体并非普通消费者，而是制造业或者装备制造业等产品生产制造商。但从产业实践角度来看，中国高端装备制造业，如高端电子仪器设备制造业等行业的目标客户群体不仅包括装备制造业等生产制造商，而且包括终端消费者。在全球价值链中，无论是装备制造业或制造业等生产者用户，还是终端消费用户，其消费需求都变得个性化、多样化以及定制化。上述变化必然会引起中国高端装备制造业的适应性调整，例如促使中国高端装备制造业由单一产品提供商向一体化解决方案提供商转变，提供"高端装备＋服务"产品等。显然，用户需求的变化有利于推动中国高端装备制造业服务化系统的发展。

3. 政府

政府是全球价值链下中国高端装备制造业服务化发展最重要的支持力量，其对中国高端装备制造业服务化发展起着不可或缺的作用，首先，政府关于中国高端装备制造业的产业政策在一定程度上决定了高端装备制造业的发展水平，进而影响中国高端装备制造业服务化系统的发展；其次，政府可发挥其调节职能，引导中国高端装备制造业服务化的发展；最后，政府还可以通过构建有利于服务化的政治、经济和社会文化环境，促进中国高端装备制造业服务化发展。

4. 科研机构和高等院校

科研机构和高等院校作为技术和知识的生产者和传播者，均可为中国高端装备制造业的发展提供必需的知识和技术，为中国高端装备制造业的发展输送人才和技术资源，在一定程度上推动中国高端装备制造业服务化转型。

5. 行业协会

行业协会是政府与企业之间，以咨询、沟通、自律和协调为职能的社会中介组织，因其在组织职能、对高端装备制造业服务化作用等方面，与代理和信息技术服务等中介机构存在明显的差异，因此将其列为独立的服务化支持性主体进行分析。高端装备制造业行业协会在其服务化过程中可起到如下支持性作用：首先，协调政府与高端装备制造业间的关系，降低产业规制及进入门槛，为产业服务化创造条件；其次，规范产业服务化主体行为及服务化过程，并为产业服务化提供咨询服务；最后，协调服务化过程中各主体间的关系，协助解决因服务化而引发的产业纠纷。

6. 中介机构

中介机构是指以专业知识和技术服务为依托，向委托人提供公证类、代理类和信息类等中介服务的机构。中介机构对高端装备制造业服务化系统的支持性作用主要体现在以下几个方面：首先，中介机构可为高端装备制造业提供资产价格评估、企业资信评估和公证等中介性服务，从而为产业服务化过程中所需的服务化主体评估提供依据；其次，中介机构可为高端装备制造业的服务化提供律师、会计、专利和企业注册等代理性中介服务，从而润滑服务化过程，支持服务化系统的发展；最后，中介机构还可为高端装备制造业的服务化提供咨询、招标和拍卖等信息技术类中介服务，从而支持服务化系统的发展。

4.1.2　服务化系统结构分析

系统结构是指系统内各组成要素之间相互关联、作用的方式和秩序，具体表现形式为系统内各组成要素在时间或空间上的排列组合。因此，全球价值链下中国高端装备制造业服务化系统的结构主要有时间和空间上的表现形式。

时间维度上，中国高端装备制造业服务化的发展经历了一个从提出到不断加深和扩展的过程，是一个随着时间的推移不断发展的演进过程。在此过程中，用户、政府、科研机构、高等院校、中介机构和行业协会等系统要素为中国高端装备制造业服务化的演进提供了市场、政策、中介服务和技术知识等方面的有力支持。

空间维度上，在全球价值链中，中国高端装备制造业服务化系统要素间的结构产生了一定的变化。一方面，经济全球化所导致的激烈市场竞争，以及用户需求的变化，促使中国高端装备制造业为了在全球价值链下保持领先地位，寻求新的利润增长点，逐渐开展服务化转型，向服务型产业转变。另一方面，全球化背景在一定程度上削弱了政府的作用，促使其从管理者转变为服务者；而高等院校和科研机构等系统内支持性要素，由于可为服务化系统源源不断地输送人力、知识等优质资源，已成为服务化系统中不可缺少的组成部分。

综上所述，全球价值链下中国高端装备制造业服务化系统结构具体表现为中国高端装备制造业、用户、政府与行业协会、中介机构、科研机构和高等院校之间的关系，如图 4-1 所示。

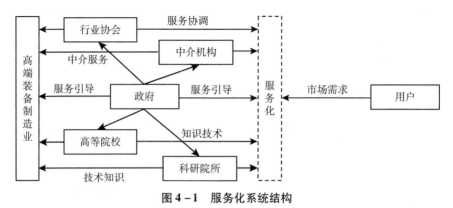

图 4 - 1　服务化系统结构

资料来源：笔者自制。

4.1.3　服务化系统目标与功能分析

中国高端装备制造服务化系统的目标为通过高端装备制造业服务化，满足顾客多样化的需求，为企业创造更大的收益，并因此促进服务化系统及其构成要素的发展。因为实现服务化系统的目标需要服务化系统功能的运作，所以认为服务化系统目标为服务化系统功能明确了方向，服务化系统功能成为服务化系统目标实现的关键，但服务化并非各系统组成要素想要实现的全部目标，服务化系统的最终目标是通过服务化正向促进服务化系统内外组成要素的发展，增强服务化系统及其各构成要素的市场竞争力，满足市场更深层次的需求。本节通过分析服务化对服务化系统各构成要素的正向促进作用，揭示中国高端装备制造业服务化系统的目标与功能。

中国高端装备制造业服务化系统的目标与功能首先表现为服务化系统正向发展对服务化系统主体要素的作用，即服务化对中国高端装备制造业发展的推动作用。该作用具体表现为促进中国高端装备制造业的全方位创新，提高其产业竞争力和在全球价值链中的地位，以及改善产业结构等方面，属于服务化系统的内部功能。其次，通过服务化系统的正向发展促进系统内支持性要素和系统外部环境要素发展仍为中国高端装备制造业服务化系统的目标与功能，即中国高端装备制造业服务化发展直接或间接促进了区域经济、消费结构以及生态环境等系统外部要素的发展，具体表现为促进地区总体经济发展，优化消费结构以及改善生态环境等方面，属于服务化系统的扩展功能。

4.1.4　服务化系统的耗散性分析

1. 耗散结构形成条件

形成耗散结构的条件主要有以下几个：一是开放系统，即系统和外界环境之间有着连续的物质、信息及能量交换；二是远离平衡态，即系统处于非平衡状态，系统内部具有差异性和不均衡性；三是系统各构成要素间存在非线性关系，系统各构成要素行为的简单累加并不能代表系统的整体行为，各要素之间相互作用、相互影响及耦合，系统中某一变量的微弱变动不仅会影响其他变量，而且会对整个系统产生巨大的影响；四是系统存在"涨落"，即系统内其中一个要素或者行为发生偏离，会使得系统偏离原有的状态，而当系统达到或者接近临界状态时，"涨落"可让系统从原来的无序状态转换为一种新的有序状态。当系统满足以上条件时，系统中各要素便可通过非线性作用，从无序向有序演进，形成系统的耗散。

2. 中国高端装备制造业服务化系统耗散性分析

由耗散结构理论可知，耗散结构是开放系统以远离平衡态为基础，通过系统内各要素的随机"涨落"以及各要素的非线性作用驱动服务化系统状态的突变，最终演变为平衡状态的过程。显然，中国高端装备制造业服务化系统满足耗散结构的条件。

（1）中国高端装备制造业服务化系统是一个开放系统，中国高端装备制造业服务化系统作为一个完全的开放系统，通过与外部环境不断进行知识、科学技术、人员、信息、能量和物质的交换，使系统能够得到不断的负熵输入，进而改良服务化系统的结构和功能。服务化系统的开放性使其能根据外部环境的变化及时开展自我调整。

（2）中国高端装备制造业服务化系统是一个远离平衡态的系统，中国高端装备制造业服务化系统中各要素之间存在明显的非均衡性，企业的科技创新，行业间、价值链上下游技术和知识的扩散等因素的存在，打破了中国高端装备制造业服务化系统的均衡，使其进一步远离平衡态。

（3）中国高端装备制造业服务化系统存在"涨落"，服务化系统的"涨落"不仅仅是由系统内部因素引起，也可由系统外部因素引起，其中内部因素是引起系统"涨落"的主要因素。技术创新、用户需求多样化以及市场竞争加剧是引起中国高端装备制造业服务化系统"涨落"的主要内部因素。技术创新可以创造更多的新技术，解决技术难题，攻克技术难关，更好地服务客户；用户需求多样化和市场竞争加剧可让中国高端装备制造业不断调整其产品策略，积极进行新产品研发，提供客户所需的产品和服务，使得服务化系统从混沌走向有序。

（4）中国高端装备制造业服务化系统的非线性相互作用主要表现在以下几方面：一是用户与中国高端装备制造业间存在非线性作用，用户需求可对高端装备制造产业的产品、技术、市场和管理等环节产生复杂作用，中国高端装备制造业的有效供给会对用户需求产生影响，同时用户需求会对中国高端装备制造业的市场、技术等因素产生直接或间接的深层影响；二是政府与中国高端装备制造业之间存在非线性作用，政府可通过相关政策的制定对中国高端装备制造业的发展及其服务化的开展产生多层次、多方位的影响；三是科研机构和高等院校同中国高端装备制造业间存在非线性作用，科研机构和高等院校通过影响中国高端装备制造业技术知识的产生和传播，影响其产品的研发生产、市场开发和管理升级，进而对中国高端装备制造业服务化产生复杂的线性作用。中国高端装备制造业服务化系统各要素间也存在复杂的非线性关系。

（5）中国高端装备制造业服务化系统存在突变。中国高端装备制造业服务化是一个渐变与突变交互作用的演化过程，突变以渐变为基础，渐变引发突变，此即为量变引发质变的过程。中国高端装备制造业服务化首先表现为为了更好地满足顾客需求而不断寻求技术创新，随着创新的不断积累，服务化系统逐渐在技术、产品和市场等方面产生突变，中国高端装备制造业服务化系统逐渐走向成熟。

综上所述，中国高端装备制造业服务化系统不仅满足耗散结构的基本条件，而且符合耗散系统的演进过程，是一个典型的耗散系统。

4.2 基于耗散结构理论的机理研究框架设计

4.2.1 研究框架设计原则

1. 科学性原则

全球价值链下中国高端装备制造业服务化机理研究以理论分析为基础，

需要结合定性和定量的方法进行实证研究。因此，本书结合耗散结构理论，从服务化动因、服务化过程及其影响因素、服务化效应入手，对服务化机理进行研究分析。

2. 系统性原则

服务化机理研究不仅仅需要对服务化的演进机理进行系统分析，还需兼顾不同维度之间的系统作用关系，即在中国高端装备制造业服务化转型过程中不仅需要关注全球价值链价值位势、嵌入程度、资源、国际竞争能力、技术水平的变化，还需要关注这五个方面的协同作用关系，系统深入地分析中国高端装备制造业服务化机理。

3. 针对性原则

高端装备制造业服务化水平在企业发展的不同时期是不同的。在转型初期，受服务资源的限制，其服务范围、内容受到限制，主要进行服务化经验的积累，是一个过渡的阶段。在服务化提升阶段，增强高端装备制造业内部的服务能力至关重要，需吸收合作关系成员的经验知识，形成自身的服务体系。在服务化集成与创新阶段，高端装备制造业的重心逐渐转变为整合利用企业的外部服务资源，培养服务供给是成功实现服务化转型的关键。因此，需要针对不同的服务化阶段进行具体分析。

4.2.2　研究框架设计

从耗散结构的角度来看，揭示一个耗散系统的演进机理，应从揭示系统的耗散诱因与动力、耗散过程及耗散结果等方面入手。从服务化机理的内涵来看，揭示服务化机理，应依次分析服务化系统的服务化驱动机制、服务化过程、服务化影响因素及服务化效应。显然，从耗散结构角度揭示系统演进机理，与揭示中国高端装备制造业服务化机理存在高度一致的架构体系。因此本书选择从耗散结构视角，基于耗散结构理论揭示中国高端装备制造业服务化机理，并设计全球价值链下中国高端装备制造业服务化机理的研究框架，如图 4 - 2 所示。

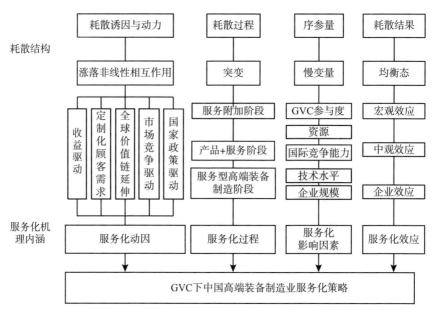

图 4 - 2　全球价值链下中国高端装备制造业服务化机理研究框架

资料来源：笔者自制。

本章小结

　　本章分析了中国高端装备制造业服务化系统，从系统要素、系统结构、系统目标与功能三方面揭示了服务化系统的静态特征，并以耗散结构理论揭示了服务化系统动态演进的耗散性；建立以耗散结构理论为依据，以服务化系统内涵为基础，涵盖服务化动因、服务化过程、服务化影响因素和服务化效应等内容的全球价值链下中国高端装备制造业服务化机理研究框架。

第5章 全球价值链下中国高端装备制造业服务化的动因研究

5.1 服务化驱动因素分析

5.1.1 收益驱动因素分析

总体来说，收益对驱动中国高端装备制造业服务化发展主要表现在两个方面：一是服务要素密集特征逐渐在全球价值链核心增值环节中体现出来；二是服务活动对全球价值链各环节的有效连接。

全球价值链理论的核心观点就是在具体产业的全球价值链各环节中，仅有部分核心环节可为产业创造巨大价值。知识经济时代的到来，导致高端装备制造企业的主要收入来源由原来的有形产品的销售逐渐转变为无形服务的提供。传统的消费服务主要通过服务提供者的简单劳动完成，而这些与生产关系密切、无形的服务活动则需要服务提供者具备专业的知识技能，且这些服务的提供在一定程度上依赖于市场机制的完善。产品融资、研发、零售等服务环节在全球价值链中扮演着越来越重要的角色。综上所述，服务要素密集特征逐渐在全球价值链核心增值环节中体现出来，服务要素的大量投入促进了中国高端装备制造企业的增收，企业收益的增加又为中国高端装备制造企业服务化发展提供了资金保障。

传统的生产过程如图 5 - 1 所示，经过众多的生产制造工序，投入要素变成有效产出，且所有的生产活动均集中在同一区域完成。尽管传统生产过程同样需要协调各项生产活动，但区域集中性这一特征降低了其协调成本。

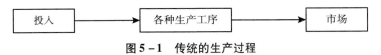

图 5 - 1 传统的生产过程

资料来源：笔者自制。

图 5 - 2 和图 5 - 3 展示了两种生产分离的过程，二者的复杂度有所差异，从图中可以看出，随着生产空间的不断分离，越发凸显出服务在各生产工序间衔接的重要性。从全球价值链视角来看，世界分工合作的有序进行离不开服务连接。生产分离的动力主要源于充分发挥服务要素的作用。服务市场由于缺乏有效的投资壁垒和信息传播途径，服务要素和生产分离现象都集中在同一区域。经济全球化背景下，服务投资和科技的发展，以及政策制度的宽松均让服务在各生产工序连接中增加供给量、减少生产成本，服务要素与传统的生产要素不同之处在于服务要素规模经济效果更显著，所以成为国际分工体系下价值链各环节协调运作的重要动力，同时也为高端装备制造业服务化发展提供有力支撑。

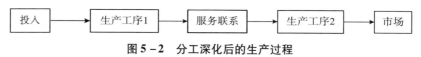

图 5 - 2　分工深化后的生产过程

资料来源：笔者自制。

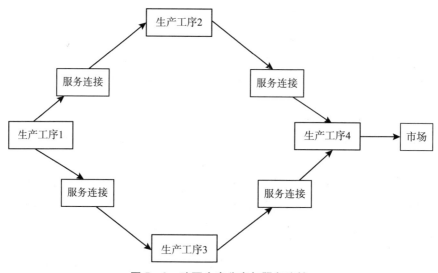

图 5 - 3　跨国生产分离与服务连接

资料来源：笔者自制。

5.1.2　定制化的顾客需求驱动因素分析

高端装备市场的竞争愈演愈烈，高端装备制造业的生产经营重心逐渐由卖方市场向买方市场转移，用户需求变得多样化、定制化，以前用户购买商品时的关注重点在于产品质量，而现在用户更为关注的是购买产品后能为自身提供的各类服务。单纯的以产品来满足顾客需求的经营模式已经过时，通过提供服务可以更好地贴近客户、提高顾客满意度。高端装备制造企业通过在产品的整个生命周期内为客户提供专门服务，除更好地满足客户多样化需求外，还能建立、保持企业与客户间的良好关系，增强顾客忠诚度，同时，提供服务业务可以提高企业的社会信誉，为企业创造出更多的价值。因此定制化的顾客需求在一定程度上驱动了高端装备制造业服务化转型。

5.1.3　全球价值链延伸驱动因素分析

随着国际分工合作的不断细化、技术的创新以及管理体制的完善，对服务的中间需求日渐增加，而这又引起高端装备制造业组织结构的变革，使国际分工合作进一步深化。根据微笑曲线，在全球价值链的不同环节，高端装备制造企业能够创造的价值不尽相同。上下游服务处于全球价值链的高处，而生产加工等环节位于全球价值链的低端。高端装备制造企业若想具备稳定长久的竞争力，就要形成他人难以模仿的核心产品或能力，知识含量低且所有企业均能完成的制造环节只能获取最小的收益，只有不断向全球价值链中技术研发等价值链高端环节延伸，才能在竞争激烈的国际高端装备市场中拥有一席之地，因此很多传统的高端装备制造企业不得不向价值链的两端延伸。全球价值链的延伸在一定程度上驱动了高端装备制造业服务化转型。

5.1.4　市场竞争驱动因素分析

随着全球高端装备制造技术的日益成熟，国际高端装备市场竞争进入白热化阶段，在激烈市场竞争的影响下，全球高端装备制造业出现明显的由产品导向向服务导向转变的趋势。一些高端装备制造企业通过运用服务来增强自身的竞争力，取得新的利润来源，进而在激烈的市场竞争中占据主动地位。同时，随着经济全球化的快速发展，全球高端装备制造业市场竞争日趋激烈，很多高端装备制造业因此陷入产业困境。为了摆脱困境并获得新的利润增长点，许多高端装备制造业开始寻找新的出路，而服务化转型毋庸置疑将成为高端装备制造企业重获生机的正确选择，服务化可以增强中国高端装备制造企业的竞争能力，为其立足国际市场提供有力支持。因此市场竞争在一定程度上驱动了中国高端装备制造业的服务化转型。

5.1.5　国家政策驱动因素分析

我国一直高度重视装备制造业特别是高端装备制造业的发展，政府部门制定并出台了促进中国高端装备制造业发展的相关政策法规，旨在提高我国高端装备产业的整体实力，加速我国完成高端装备制造强国的角色转变。从《2020 政府工作报告》中可以看出，加大技术改革力度、增强科技创新能力、推广 5G 应用及促进新兴产业快速发展等对推动中国高端装备制造业发展的效果显著。"十二五"规划中强调鼓励装备制造业企业主动探寻新的符合自身的价值增值途径、使企业意识到服务的重要性，实现企业定位逐渐向以服务为主导的转变，持续向技术支持、一体化解决方案、融资租赁等服务延伸，推动装备制造业企业成功实现服务化转型。2016 年发布的《"十三五"国家战略性新兴产业发展规划》表明，国家时刻高度关注高端装备制造业的发展状况，引导中国高端装备制造业服务化发展，高端装备制造业发展的同时要带动其他相关产业快速发展，实现我国产业整体实力的提升。综上，国家政策法规在一定程度上鼓励、支持中国高端装备制造业服务化发展。

5.2 服务化动因的驱动机制

5.2.1 收益驱动机制

根据联合国工业发展组织的研究，高端装备制造业收益的增加可以用产品或生产产品的技术复杂度来衡量。产品复杂度与产品技术密集度是有所区分的，高端装备的研发阶段是产品技术密集度获取的主要环节，在知识经济时代，绝大多数的知识资源都渗透到了企业的各个服务环节中，研发环节只能体现出企业全部知识的一小部分。为了体现这一新的发展趋势，本书使用了产品复杂度这个概念，它是技术集中度、资本集中度和服务要素集中度的综合指标，用以体现服务活动的重要性。

按国家收入对世界各国进行分类，可以分为 3 大类：高收入国家（如美、日、英等发达国家）、中等收入国家（如韩国）和低收入国家（如部分非洲国家）。3 类国家的产品复杂度与人均国民收入关系呈 U 型。即低收入国家的产品复杂度低，人均 GDP 也很低；中等收入国家的产品复杂度与低收入国家相比略高，人均 GDP 也较高；高收入国家的产品复杂度和人均GDP 都很高。

在经济全球化背景下，高收入国家服务要素的投入在很大程度上促进了其高端装备制造业的发展。这些国家会通过增加服务要素的投入量来巩固其高端装备制造业的领跑地位，进而更好地控制全球价值链的核心增值环节，同时把价值链中的非核心环节外包给中等收入或者低收入国家。

收益增加为产业的发展提供了资金来源，为其进一步发展提供有力保障。中国高端装备制造业可通过服务化增加最终产品的价值，大量服务要素的投入可帮助高端装备制造企业获取更多的增值收入。如表 5-1 所示，从中国 100 家高端装备制造企业服务收入占营业总收入的比重来看，这 4 类高端装备制造业细分行业的服务收入与总营业收入占比较高，在各细分行业中营业收入排名前 10% 的高端装备制造企业，其服务收入与总营业收入的占比超过 50%。由此可见，高端装备制造企业通过提供服务业务可以实现产品增值，进而提高企业的整体收入。在收益驱动下，服务化自然成为高端装备制造业发展的一个趋势。

表 5-1　　　　　　　服务业务占高端装备制造业销售收入比

行业类型	行业平均占比（%）	收入最高的前 10% 企业占比
卫星与航空装备制造业	47	超过 50%
先进交通装备制造业	37	超过 50%
高端电子仪器装备制造业	25	超过 50%
海洋工程装备制造业	20	超过 50%

资料来源：笔者自制。

5.2.2　定制化的顾客需求驱动机制

由于产品的同质化越来越严重，产品能否满足顾客定制化的需求成为影响客户购买意愿的重要因素，也构成了企业差别化竞争的关键。由于企业衍生出的服务极具模仿难度，高端装备制造企业开始关注顾客的偏好、习惯等，从而提高消费者的忠诚度，基于产品的服务也让高端装备制造企业获得了新的利润增长点。

在高端装备产品市场上，如一些高端电子仪器设备、IT 业的购买者们，这些顾客期望购买的产品能满足其定制化的需求，而不是简单的产品或设备。于是供应商们被迫改变自身的经营战略，开始由单纯地提供产品向提供"产品 + 服务"转变。他们逐渐意识到客户参与和感知的重要性，创造一种企业与客户共同创造价值的新模式，基于顾客需求的变化而衍生出的机会让企业看到了服务市场的潜力，于是一些高端装备制造企业逐渐开始向服务化转型。

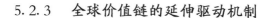

5.2.3 全球价值链的延伸驱动机制

随着中国高端装备制造业在全球分工体系中的参与逐渐深入，一些服务环节的专业化程度日益提高，高端装备制造业生产体系中逐渐分离出部分服务，使得高端装备制造企业的价值链得到一定的延伸。在这种趋势下，由一家企业完成产品全生命周期各环节的生产经营模式首先被打破，部分高端装备制造企业在全球价值链中找到了自己的位置，于是这些企业开始通过价值链延伸增强自身的综合竞争力，以稳固当前位置，也有部分高端装备制造企业看到了全球价值链延伸带来的服务市场的巨大潜力，开始尝试进入服务化市场、开展服务业务，进而为企业构建竞争优势、创造新的盈利点；此外，中国高端装备制造业全球价值链的延伸有利于其整合价值链上下游的各种优质资源，其中包括人力、物力、财力资源等，优质资源的获取对中国高端装备制造业提升整体实力以及服务化发展都起到至关重要的作用。

5.2.4 市场竞争驱动机制

随着经济的发展及高端装备制造业技术的日趋成熟，高端装备市场的激烈竞争导致越来越多的高端装备制造企业逐渐意识到，在竞争激烈的市场中必须构建自身的竞争优势，服务化毋庸置疑将成为中国高端装备制造业构建自身竞争优势的较好选择。通过服务化可以不断扩大高端装备制造产品的差异性，增加产品的附加价值，差异化竞争优势可以改变原有的高能耗、高污染生产模式，而更多依赖于技术知识与服务，同时使得高端装备制造业在服务上的创新变得难以模仿，获得长期高额利润。在激烈的市场竞争中，我国高端装备制造企业为了保持或构建核心竞争力，呈现出向服务化转型的发展趋势。总而言之，市场竞争促进了中国高端装备制造企业服务化转型，通过服务化转型建立起其他高端装备制造企业难以模仿的竞争优势，为中国高端装备制造企业获取新的利润增长点、长远稳定发展提供了有力保障。

5.2.5 国家政策驱动机制

国家政策对中国高端装备制造业服务化转型驱动主要作用在两方面：一是为中国高端装备制造业服务化发展创造良好的政策制度环境；二是不断完善市场体系，为中国高端装备制造业产业转型升级提供有力支持。政府通过出台相应的激励政策，弥补产品技术成熟度不足和高成本的缺陷，帮助高端装备制造业尽快打开市场，为高端装备制造业服务化发展营造良好的制度环境。同时政府通过发挥宏观调控职能，调整改善市场体制中的不足之处，加强市场监管，完善基础设施，为中国高端装备制造业产业转型升级创造良好的市场环境，为中国高端装备制造业服务化发展提供有力保障。

一般来说，国家为产业发展制定出台的相关政策制度将在一定时期内明确产业的发展方向，带动宏观经济的发展，在国家主导的一系列相关政策制度的驱动下，中国高端装备制造业将高效地向服务化方向发展。

5.3　服务化动因驱动强度的测度

5.3.1　计量模型构建

关于服务化动因的测度，本书在借鉴李强等（2017）研究成果的基础上将被解释变量定为高端装备制造企业是否服务化的虚拟变量，此时为二值选择变量，可以用 Logit 回归分析进行实证分析。除了被解释变量是不具连续性的二值变量，需注意回归得到的各变量估计系数不具有大小含义，并非边际效应而是概率比。另外，需要通过计算正确预测的百分比来判断 Logit 回归的拟合优度。基本思路如下。

在解释变量 x 一定的情况下，被解释变量 y 的取值只能取值为 0 或 1，将解释变量 x 与被解释变量 y 连接起来的函数 F(x，β) 是连接函数，通过选择合适的 F(x，β)，使得 $0 \leqslant y \leqslant 1$，并且可以理解成为使 y = 1 发生的概率为式 (5 - 1)。

$$E(y \mid x) = 1 \cdot P(y = 1 \mid x) + 0 \cdot P(y = 0 \mid x) = P(y = 1 \mid x) \quad (5 - 1)$$

如果 F(x，β) 是逻辑分布的累计分布函数，则 Logit 模型可以表示为：

$$P(y = 1 \mid x) = F(x，β) = \varphi(x'β) = \frac{\exp(x'β)}{1 + \exp(x'β)} \quad (5 - 2)$$

Logit 模型为非线性模型，因此可以使用最大似然法（MLE）进行估计。

5.3.2　数据来源与指标体系构建

用于全球价值链下中国高端装备制造业服务化动因测度的数据源于中国高端装备制造企业年度报告、财务报表、OCED 的 TIVA 数据库，《中国统计年鉴》《中国高技术产业统计年鉴》等统计年鉴。本章共选取了 230 家在沪深 A 股上市的高端装备制造企业作为研究样本，由于驱动因素涉及全球价值链价值位势的测度，因此在 OECD - TIVA 数据库的基础上，为了统一研究口径，沿用前文研究口径，建立高端装备制造业细分行业集合为，C = {C₁ …

$C_4\} = \{C_{34}^* + C_{35}^*,\ C_{36}^* + C_{37}^*,\ C_{38}^*,\ C_{39}^*\}$ 其中 $C_{34}^* \sim C_{39}^*$ 为国标 GB/T 4754 – 2017 中制造业第 34 到第 39 大类，同时为了统一数据口径，在具体实证过程中对部分数据进行了转换调整等处理。由于 OECD 的 TIVA 数据库更新至 2015 年，因此本章选择 2013~2015 年的平衡面板数据进行研究。

关于被解释变量中国高端装备制造企业是否进行服务化的衡量，借鉴肖挺（2019）的研究，根据中国高端装备制造上市企业经营范围进行确定，如果经营范围中包括"服务"内容，则将该高端装备制造企业认定为服务化高端装备制造企业，被解释变量是否服务化取值为 1；如果上市企业不是服务化高端装备制造企业，该变量取值为 0。

在 Logit 回归模型的解释变量中，主要考虑了以下五个方面的驱动因素：收益驱动、定制化的顾客需求驱动、全球价值链的延伸驱动、市场竞争驱动、国家政策驱动。其中收益驱动采用中国高端装备制造企业服务收入进行衡量；定制化的顾客需求驱动采用中国高端装备制造企业研发投入进行衡量；全球价值链的延伸驱动采用中国高端装备制造业的全球价值链价值位势进行衡量；市场竞争驱动采用中国高端装备制造业细分行业企业数量进行衡量，如果该行业上市企业越多，市场竞争强度就会越大，企业为了提高自身竞争能力可能会进行服务化转型；国家政策驱动采用国家对中国高端装备制造业发展投入的资金总和所占高端装备制造业固定投资总和的比重来衡量。具体指标选择与说明如表 5 – 2 所示。

表 5 – 2　　　　　　　　　　指标选择及说明

变量类型	驱动因素名称	衡量指标
被解释变量	高端装备制造企业是否服务化	经营范围包含服务为 1，否则为 0
解释变量	收益驱动	服务收入
	定制化的顾客需求驱动	研发投入
	全球价值链延伸驱动	全球价值链价值位势
	市场竞争驱动	行业中企业数量
	国家政策驱动	国家投资与固定投资之比

资料来源：笔者自制。

5.3.3　结果分析

1. 中国高端装备制造业全球价值链价值位势测度分析

价值位势考察的是中国高端装备制造企业在全球价值链中所处的位置。本节根据 OECD-TIVA 提供的数据和 TIVA 统计方法构建中国高端装备制造业全球价值链价值位势的测度模型如式（5-3）：

$$GVC_v = \ln\left(1 + \frac{IV_i}{E_i}\right) - \ln\left(1 + \frac{FV_i}{E_i}\right) \qquad (5-3)$$

式（5-3）中，GVC_v 代表中国高端装备制造业的价值位势，IV_i 表示产业 i 向其他国家出口的中间品贸易额；FV_i 代表产业 i 出口最终产品中包含的国外增加值；E_i 表示产业 i 以增加值统计的出口额。具体测度结果如表5-3所示。

表 5-3　　　　　　　　中国高端装备制造业全球价值链价值位势

行业	2013 年	2014 年	2015 年
C_1	0.119	0.127	0.140
C_2	0.114	0.123	0.136
C_3	0.112	0.120	0.130
C_4	0.118	0.123	0.138
均值	0.116	0.123	0.136

资料来源：笔者自制。

从全球价值链价值位势测度结果可以看出，在研究时段内，中国高端装备制造业的国际分工地位得到明显的提高，平均提升幅度高达86.3%，该结论与目前中国高端装备制造业国际竞争力不断提升、不断突破"低端锁定"的行业发展现状相符。中国高端装备制造业各细分行业呈现出齐头并进的良好发展趋势，中国高端装备制造业各细分行业全球价值链价值位势的发展趋势如图5-4所示。

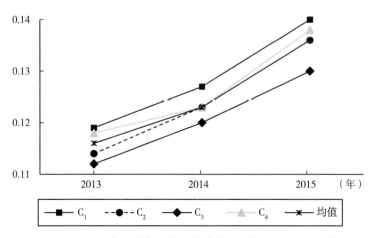

图 5-4　中国高端装备制造业全球价值链价值位势增长趋势

资料来源：笔者自制。

由图 5 - 4 可以看出，研究时段内中国高端装备制造业细分行业的全球价值链价值位势增幅显著。该结论说明我国"转方式、调结构、促发展"的经济发展方式是有效的，至少在我国高端装备制造行业取得的效果是显著的。中国高端装备制造业的国际地位得到不断的提升，逐渐从全球价值链的底端向高处延伸。

2. 服务化动因实证分析

基于 2013 ~ 2015 年官方统计数据，本节对全球价值链下中国高端装备制造业服务化的驱动因素进行 Logit 回归实证检验。根据 320 家中国高端装备制造企业主营业务进行行业分类，其中有 62 家企业属于 C_1，85 家企业属于 C_2，103 家企业属于 C_3，70 家企业属于 C_4。根据以上行业分类，先分别进行细分行业 Logit 回归，再进行总体样本 Logit 回归，具体回归结果如表 5 - 4 所示。

表 5 - 4　　　　　　　　服务化驱动因素的 Logit 回归结果

变量	C_1	C_2	C_3	C_4	总体样本
收益驱动	2. 8301 ** (1. 98)	2. 6023 * (1. 20)	5. 5741 *** (10. 46)	4. 0712 ** (8. 20)	0. 2304 ** (1. 27)
定制化顾客需求	0. 1418 *** (4. 21)	0. 0503 (0. 36)	0. 1643 * (4. 87)	0. 0483 * (3. 92)	0. 0162 * (1. 93)
全球价值链延伸	0. 2074 ** (2. 42)	0. 3165 ** (2. 41)	0. 1763 *** (3. 86)	0. 1664 *** (3. 55)	0. 1721 *** (3. 82)
市场竞争	0. 0078 (0. 60)	- 0. 0009 (- 0. 15)	0. 0011 (0. 23)	- 0. 0005 (- 0. 51)	0. 0032 (0. 37)
国家政策	0. 3611 *** (4. 16)	0. 4108 ** (4. 21)	0. 2467 (0. 94)	0. 5021 ** (4. 63)	0. 0634 ** (1. 76)
时间效应	控制	控制	控制	控制	控制
常数项	- 7. 6752 *** (- 2. 98)	- 4. 2607 *** (- 2. 71)	- 5. 3084 *** (- 3. 10)	- 6. 5304 *** (- 6. 30)	- 6. 167 *** (- 7. 35)

注：* 、** 、*** 分别表示在 10%、5%、1% 的水平上显著，括号中为 Z 统计值。
资料来源：Stata 统计输出。

以上高端装备制造业各细分行业及总体样本的 Logit 回归方程均通过了 LR 检验。利用统计分析软件 Stata 判断各回归结果的拟合优度，Logit 模型的正确预测比均超过 60%。从总体样本的 Logit 回归结果中可以看出，中国高端装备制造业服务化驱动因素包括微观层面的收益驱动和定制化顾客需求，以及宏观层面的全球价值链延伸、市场竞争和国家政策。除了市场竞争对中国高端装备制造企业服务化的驱动不显著，其他因素均能显著提高中国高端装备制造企业服务化的概率。

收益驱动能够显著提高中国高端装备制造业各细分行业的服务化概率，与总体样本结果基本一致，该结果与当前服务型经济逐渐成为世界经济发展主要方向的现状相符，越来越多的企业由产品主导收入向服务主导收入转型，服务收入逐渐成为企业新的利润增长点。对于定制化的顾客需求驱动 C_2（汽车、铁路、船舶、航空航天和其他运输设备制造业），服务化的影响并不显著，可能是由于航空航天、船舶等顶级高端装备制造企业的科学技术已经成为国家机密，更多的是为国家和人民的安全服务，所以难以满足客户多样化的需求，因此在回归结果中定制化的顾客需求对驱动 C_2 服务化效果并不明显；但定制化的顾客需求能够显著驱动中国高端装备制造业其他三个细分行业服务化转型；细分行业的回归结果与总体样本的回归结果基本相符，所以定制化的顾客需求对中国高端装备制造业服务化转型具有较强的驱动力。

全球价值链的延伸程度，本书采用中国高端装备制造业全球价值链价值位势来进行衡量，回归结果表明全球价值链价值位势对中国高端装备制造业各细分行业的服务化转型驱动效果较为显著，与总体样本回归结果基本相符。结合上文中国高端装备制造业全球价值链价值位势发展趋势，中国高端装备制造业为了突破发达国家的封锁、打压，开始向服务化转型，进而其国际地位也在不断提升，从全球价值链的底端向上攀升。服务化转型和全球价值链价值位势攀升是一种螺旋交互的促进关系，服务化转型促进了中国高端装备制造业全球价值链价值位势的攀升，而中国高端装备制造业全球价值链价值位势的攀升又显著提高了企业服务化转型的概率。市场竞争对中国高端装备制造业各细分行业及总体样本的服务化选择影响并不显著，一般而言，市场竞争强度越大，越会促使企业改变经营模式、经营战略来增强自身的竞争力，从而获得新的竞争优势。然而实证得出的结果和预期有所出入，这可能是由于高端装备制造企业规模较大，其实施服务化战略的同时会面临较大的经营风险，所以不敢轻易向服务化转型；中国高端装备制造企业可以通过选择不同的方案来提高企业自身的竞争力，不一定选择服务化。因此，市场竞争程度即行业中高端装备制造企业数量并不能显著影响中国高端装备制造企业的服务化选择。国家政策对 C_1、C_2、C_4 均能产生显著的服务化驱动效果，对 C_3 的服务化驱动并不显著，与总体样本的回归结果基本相符，总的来看，国家政策对中国高端装备制造业服务化的选择具有较为显著的驱动效果。

综上所述，中国高端装备制造业细分行业分组得到的实证结果与总体样本的结果较为一致，验证了本章实证结果的稳健性。从实证结果中可以看出，中国高端装备制造业服务化转型是大势所趋，符合时代发展的要求，对提高中国高端装备制造业国际地位、打破发达国家对我国的技术封锁具有显著的效果。

本章小结

本章首先从宏观和微观两个维度分析了中国高端装备制造业服务化驱动因素，具体分析了驱动因素对中国高端装备制造业服务化的驱动机制，进而对服务化驱动因素进行实证分析，结果发现除市场竞争外其余驱动因素均能显著影响中国高端装备制造业服务化的选择，实证结果与人们的普遍认知、时代发展潮流基本相符。

第6章 全球价值链下中国高端装备制造业服务化过程及其影响因素研究

6.1 全球价值链下中国高端装备制造业服务化过程

全球价值链下，中国高端装备制造由企业产品研发及制造、产品销售、产品售后、产品配套服务等组成。服务化可实现高端装备产品在其全生命周期各环节的产品增值，通过让用户参与产品的生产过程，服务要素渗透产品生命周期的各个阶段，可以实现服务价值创造最大化。目前我国的大部分高端装备制造企业仍处于全球价值链的中下游，面临剧烈的市场竞争、发达国家的打压，中国高端装备制造业重构核心竞争力已经迫在眉睫。交易费用的降低为高端装备制造企业与外部配套生产服务企业合作提供了条件。借鉴相关国内外学者的研究成果，本章将服务化过程分为产品服务附加阶段、产品+服务阶段、服务型高端装备制造阶段。

6.1.1 产品+附加服务阶段

全球价值链下高端装备制造行业竞争愈演愈烈，客户需求的多样化，促使高端装备制造业进行服务化转型以构建新的竞争优势。高端装备制造业产品的特点一般是高价值、资源消耗量大、维修和保养专业性高。随着国家倡导节能环保、资源的约束以及行业日益激烈的竞争，高端装备制造业必将朝着节约资源、为客户提供更全面服务的方向发展。如图6-1所示，高端装备制造业（H1）通过服务要素投入赋予产品附加价值，驱动企业核心产品逐渐向外部延伸，服务附加不仅可降低顾客操作的复杂性，便于客户使用，而且可赋予产品增值属性，提高产品的售价，使得产品更具特色和吸引力，进而帮助企业获取更多的盈利。其中产品升级、保养和维修等服务业务可满足顾客更深层次的需求，提升顾客满意度。高端装备制造企业通过不断增加服务要素投入量为企业寻求新的利润增长点，使服务在高端装备制造业中不断扩散。

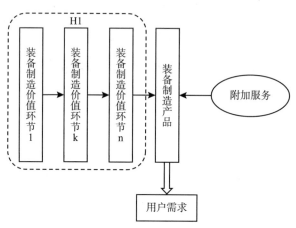

图 6 – 1　产品 + 服务附加阶段

资料来源：笔者自制。

6.1.2　产品 + 服务阶段

附加性服务的增加降低了产品生产成本在总成本中的占比，减少了资源消耗并大幅度提升了资源利用率。从产品用户的视角看来，用户在购买产品时希望能够获得由企业提供的更多服务，如购买产品时的安装运输服务、保险服务及维修售后服务等；从生产企业角度来看，服务逐渐引起了高端装备制造企业管理层的关注，开始在公司内部营造以服务为导向的企业文化，增强员工的服务意识，并将产品和服务进行捆绑销售，通过这样的方式来提高企业绩效和产品价值。企业逐渐发现存在于产品全生命周期各环节中的服务价值可为企业带来巨额利润，服务收入逐渐替代单一的产品销售收入成为企业的主要收入来源，新技术的应用使服务的范围不再局限于售后服务或者产品升级，而是覆盖了整个价值链，从而实现高端装备制造整体产业服务的不断深化。如图 6 – 2 所示，此时高端装备制造业（B1）可通过将生产性服务业（PS1）产品内部化来实现"产品 + 服务"融合型高端装备产品的供给，进而实现产业深层次的服务化。显然，科学技术的进步与企业管理层对服务的重视对高端装备制造业研发融合型高端装备产品起着不可或缺的作用。

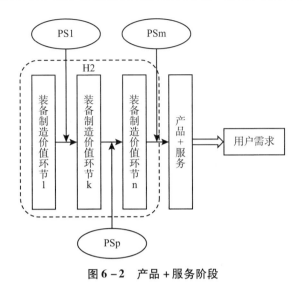

图 6 - 2　产品 + 服务阶段

资料来源：笔者自制。

6.1.3　产品 - 服务一体化阶段

随着外部条件的逐渐成熟，如服务经济的普及、科技的进步、政府管控力度降低等，社会交易费用开始出现下降趋势。当企业内部交易费用的下降速度低于企业外部市场费用的下降速度时，企业不必完全通过自身向客户提供服务业务，市场费用的降低可让企业将其非核心功能和资源外包给市场中提供配套服务或生产性服务的中小企业，而自身回归主业，这使市场中原有的生产环节和相应的组织之间关系断裂和重组，如图 6 - 3 所示，多样化的网状生产结构（H 与 PS 之间的网状结构）将替代原来的线性生产结构。高端装备制造企业实施服务化战略，需要公司的每一名员工培养以顾客为中心的服务意识，以高技术人才为基础不断增强产品创新能力，为客户提供创新产品和优质服务。随着生产性服务在高端装备产品生产制造过程中参与度的不断提高，深化了企业的专业化分工程度，增加了高端装备的产品附加值，生产性服务扮演人力与知识资本传送器的角色。另外，专业化分工的深化加强了企业内外部的联系，其相互依赖程度逐渐加深，导致企业对服务型生产资料需求上升。同时，信息技术的发展使高端装备制造业对客户需求管理、供应商及零部件商关系管理更加高效。

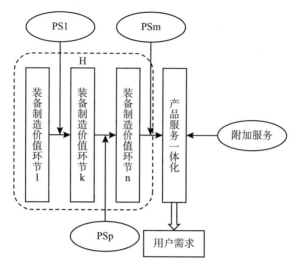

图 6 - 3　产品 - 服务一体化阶段

资料来源：笔者自制。

6.2　全球价值链下中国高端装备制造业服务化过程影响因素研究

基于上述全球价值链下中国高端装备制造业服务化过程的分析，可以将影响高端装备制造业服务化的影响因素归纳为以下五方面：全球价值链嵌入强度、资源、国际竞争能力、技术水平和企业规模。下面将从上述五方面因素来分析其对全球价值链下中国高端装备制造业服务化的影响。

6.2.1　服务化过程影响因素的研究假设

1. 全球价值链嵌入强度

中国高端装备制造业全球价值链参与度就是其在国际分工体系中参与的程度，全球价值链参与度对中国高端装备制造企业服务化具有正负两方面影响：一方面，全球价值链的深度参与有助于中国高端装备制造企业获取全球价值链其他价值环节所产生的服务知识和要素，并可显著扩展自身获取服务资源的途径，从而有助于中国高端装备制造企业向服务化快速发展；另一方面，如果参与国际化分工的程度过深，全球价值链顶端的主体出于对自身地位的保护将会加强对中国高端装备制造企业的控制，从而抑制中国高端装备制造企业服务化的发展。根据以上分析，结合中国高端装备制造企业服务化起步较晚的现实，提出如下研究假设：

H1：全球价值链参与度对提升中国高端装备制造企业服务化程度具有一定的正向促进作用。

2. 资源获取能力

资源是企业赖以生存的基础，在产品的生命周期中具有不可或缺的作用，其中包括人力资源、财务资源、物质资源以及信息资源等，资源贯穿于企业内外部所有有形与无形的资产，体现着企业在竞争中的优劣势。具体就服务化问题来看，企业的资源应当包括具体从事服务型业务的人员，其主要从事设备安装、调试、维护保养等业务（Baines and Smart et al.，2011），提供具体服务的技术与设备，提供服务业务的政治法律环境等。企业的可用资源不仅仅局限于自身所拥有的资源，其他机构所拥有的资源同样可以为其所用。本章希望通过数据调查来进行实证研究进而分析其所拥有可利用的资源量对高端装备制造企业开展服务化业务的影响，因此提出如下研究假设：

H2：中国高端装备制造企业资源获取能力对其服务化程度起到明显的正向促进作用。

3. 国际竞争能力

在全球价值链视角下，全球高端装备制造企业的数量庞大，其服务化市场的竞争程度异常激烈，除此之外，专门提供服务的企业也是高端装备制造企业在服务化市场的潜在竞争对手。克罗尔和哈里森（Carroll and Harrison，1994）认为某一行业的企业如果比其他企业先进入市场，后来的企业只能效仿前者，前者就具有"先发优势"。当我们再看高端装备制造业服务化问题的时候，就会发现高端装备制造企业在向服务化方向发展的时候，更多是在"抄袭"现有企业服务化运营模式，随着工业化进程的深入，越来越多的高端装备制造企业从传统的产品产销模式向"产品 + 服务"运营模式转型，所以高端装备制造企业在服务化市场上的竞争愈演愈烈，同时由于后者的服务化转型是模仿现有企业服务化运营模式而进行的，因此在服务化运营模式上缺乏创新之处，导致一些企业由于过度竞争退出服务化市场，增加了高端装备制造企业服务化转型的难度。根据以上分析，提出如下研究假设：

H3：全球价值链下国际竞争能力与中国高端装备制造企业服务化程度成正比。

4. 技术水平

图什曼和安德森（Tushman and Anderson，1986）的研究发现技术创新的效率对于提高企业行业竞争力起着至关重要的作用，技术革新的引领者相对于其他企业来说往往发展速度更快，而跟随者却难以获得技术革新的"福利"。克珀和西蒙斯（Klepper and Simons，1997）研究发现当一个行业规模迅速扩张的时候会导致许多中小企业倒闭，这是因为中小企业没有足够的能力去阻挡技术创新带来的风险，而大企业则可通过技术创新实现对行业的统治。服务化大体上可以认为是一种技术创新，高端装备制造大企业通过技术创新可以提高产品质量，降低产品的生产成本，从而在成本优势上致使许多小企业难以经营。所以对于一家高端装备制造企业来说，技术的快速发展使得企业不敢轻易进入不熟悉的业务市场，如服务化市场。根据以上分析，提出如下研究假设：

H4：技术水平与中国高端装备制造企业服务化程度呈负相关。

5. 企业规模

中国高端装备制造企业规模与其服务化战略之间的关系十分密切，企业规模的大小在一定程度上影响了中国高端装备制造企业的服务化转型，规模小的高端装备制造企业进入服务化市场快，退出也快，规模较大的企业进入服务化市场后较难全身而退，需要慎重选择是否进行服务化转型，虽然中国中小企业的数量庞大，但是高端装备制造企业大多数都具有较大规模。根据以上分析，提出如下研究假设：

H5：企业规模负向影响中国高端装备制造业服务化程度。

6.2.2 服务化过程影响因素实证模型的构建

本节将利用我国上市高端装备制造企业数据对上述各研究假设进行检验，考虑到是在进行企业服务化影响因素分析，构建具体模型如式（6-1）所示：

$$\text{service}_{it} = \alpha_0 + \alpha_1 \times \text{ems}_{it} + \alpha_2 \times \text{ter}_{it} + \alpha_3 \times \text{inc}_{it} + \alpha_4 \times \text{tel}_{it} + \alpha_5 \times \text{fix}_{it} + \varepsilon_{it}$$

$$(6-1)$$

式（6-1）中，i 与 t 分别表示企业与时期变量，service 为中国高端装备制造企业服务化程度，是一个比值类的变量，取值范围在 $[0-1]$，ems 为全球价值链下嵌入强度，ter 表示企业拥有的资源获取能力，inc 表示国际竞争强度，tel 表示技术水平变量，fix 表示企业规模，ε 为干扰项。

6.2.3　服务化过程影响因素数据来源及说明

本章所选择的样本均是上交所和深交所的 A 股上市高端装备制造企业，考虑到数据的缺失、数据的真实性及计量结果的有效性，从 230 家高端装备制造企业中筛选出了 151 家企业作为研究对象，这些样本企业均为在研究时段内涉足服务化的高端装备制造企业。通过企业的主营业务对其进行行业分类，其中有 31 家企业属于 C_1，有 43 家企业属于 C_2，有 32 家企业属于 C_3，有 45 家企业属于 C_4。数据来源包括企业的上市年报、财务报表、《中国统计年鉴》《中国科技统计年鉴》《中国高技术产业统计年鉴》以及 OECD - TIVA 数据库。在实证研究过程中，为了统一数据口径，对部分数据做了转换调整处理。

6.2.4　服务化过程影响因素测度分析

1. 服务化过程影响因素评价方法与指标体系构建

基于上文对服务化影响因素的分析，通过对相关文献资料的查阅，建立服务化过程影响因素评价方法和指标体系如下。

（1）全球价值链嵌入强度（ems）。嵌入强度考察的是中国高端装备制造企业在国际分工中的参与程度对中国高端装备制造企业服务化转型的影响。目前对于全球价值链参与程度的测度主要包括张少军和刘志彪（2013）的基于垂直专业化指数的宏观算法和孙学敏和王杰（2016）的基于企业国内增加值的微观算法。还有一些学者（刘胜、顾乃华和陈秀英，2016）基于"国外附加值占总附加值的比重"评价全球价值链嵌入强度，王玉燕等（2014）基于"非竞争性 I - O 表"评价全球价值链嵌入强度。本章沿用前文所用方法对中国高端装备制造业全球价值链嵌入强度进行测度，具体计算方法如式 6 - 2 所示：

$$GVC_p = \frac{FV_i}{E_i} + \frac{IV_i}{E_i} \qquad (6-2)$$

式 6 - 2 中的 $\frac{FV_i}{E_i}$ 表示某一国家 i 行业的垂直分工度指数，也称为全球价值链后向参与度，式中的 $\frac{IV_i}{E_i}$ 表示某一国家 i 行业的全球价值链前向参与度，其中 FV_i 表示某一行业的国外附加值，IV_i 表示某一国家 i 行业出口中包含的中间商品带来的间接附加值，E_i 表示一国 i 行业的总出口额。

（2）资源获取。中国高端装备制造企业的资源包含内部资源和外部资源，企业内部的资源包括人力资源、物力资源、信息资源等，外部资源主要包括行业资源、产业资源、市场资源等。由于外部资源获取能力难以量化，所以根据肖挺（2019）的研究成果，本章将从企业内部来分析企业获取资源的能力，企业内部资源主要为企业的知识存量，可用企业岗位员工中技术人员的数量来表征（ter），为了便于后续实证研究，对其取自然对数以平滑数据。

（3）国际竞争能力（inc）。国际竞争能力的强弱在一定程度上反映了一个国家的具体产业在国际市场中的占有率，所以本章对于中国高端装备制造业国际竞争能力可通过其国际市场占有率来衡量。通过计算中国高端装备制造业细分行业（C_1、C_2、C_3、C_4）的国际市场占有率作为国际竞争能力的表征，具体的计算公式如式（6-3）所示：

$$MS = X_{ij}/S_{iw} \qquad (6-3)$$

式（6-3）中，X_{ij}为 j（国家）i（产业或产品）的出口总额；S_{iw}为全世界 i（产业或产品）的出口总额。

（4）技术水平（tel）。有学者采用2013~2015年样本高端装备制造企业发明的专利数来衡量产生的新知识量，构建科学技术指标，以此表征科技发展的水平和高度，结果取自然对数（Poter and Stern et al.，2000；Pessoa，2005）。

（5）企业规模（fix）。中国高端装备制造企业规模与其服务化战略之间的关系十分密切，企业规模的大小对高端装备制造业选择服务化转型造成了一定程度的影响。本章用中国高端装备制造企业的固定资产总额来衡量企业规模，取自然对数。

基于上述分析，建立全球价值链下中国高端装备制造业服务化影响因素评价指标体系，如表6-1所示。

表6-1 全球价值链下中国高端装备制造业服务化影响因素评价指标体系

目标层	准则层	指标层
影响因素	全球价值链嵌入强度	全球价值链嵌入强度指数（ems）
	资源获取能力	技术人员数量（ter）
	国际竞争能力	国际市场占有率（inc）
	技术水平	发明专利数量（tel）
	企业规模	固定资产总额（fix）

资料来源：笔者自制。

2. 服务化过程影响因素测度结果

为了对全球价值链下中国高端装备制造业服务化影响因素进行实证研究，首先需要对中国高端装备制造业的全球价值链嵌入强度和国际市场占有率进行测度。

（1）中国高端装备制造业全球价值链嵌入强度测度结果。基于上述计算方法，对研究时段内中国高端装备制造业全球价值链嵌入强度进行测度，具体测度结果如表6－2所示。

表6－2　　　　　　　　中国高端装备制造业全球价值链嵌入强度

行业	2013 年	2014 年	2015 年
C_1	0.216	0.236	0.240
C_2	0.237	0.260	0.257
C_3	0.221	0.242	0.240
C_4	0.345	0.378	0.432
均值	0.255	0.280	0.292

资料来源：据 OECD-TIVA 相关数据计算所得。

由表6－2可看出中国高端装备制造业全球价值链嵌入强度的具体数值，发现其在研究时段内嵌入强度，呈逐年稳定上升趋势，其发展趋势如图6－4所示。

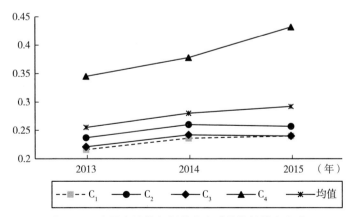

图6－4　中国高端装备制造业全球价值链嵌入强度

资料来源：笔者自绘。

从图6-4可看出中国高端装备制造业全球价值链嵌入强度具有一定的离散性，C_4的全球价值链嵌入强度远远高于其他子行业的嵌入强度，说明中国高端装备制造业细分行业与全球价值链构成上存在一定的差异。该结果表明中国高端装备制造业在世界分工体系下扮演着越来越重要的角色，高端装备制造业整体实力在日益增强。

（2）中国高端装备制造业国际市场占有率测度结果。根据上文的测度方法，对研究时段内中国高端装备制造业国际市场占有率进行测度，具体测度结果如表6-3所示。

表6-3 中国高端装备制造业国际市场占有率

行业	2013年	2014年	2015年
C_1	0.1837	0.1870	0.1892
C_2	0.0620	0.0821	0.0993
C_3	0.2732	0.2940	0.3257
C_4	0.2431	0.2402	0.2581
均值	0.1905	0.2008	0.2181

资料来源：《中国高端装备制造业发展现状》。

由表6-3可以看出在研究时段内中国高端装备制造业的国际市场占有率逐年增加，为了更直观地揭示其演变规律，绘制发展趋势如图6-5所示。

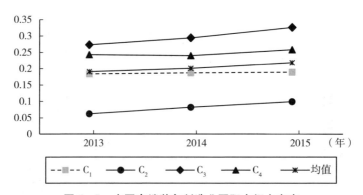

图6-5 中国高端装备制造业国际市场占有率

资料来源：笔者自绘。

从图6-5可以看出，中国高端装备制造业整体国际市场占有率在研究时段内逐年提高，但细分行业的国际市场占有率存在一定的差异，其中C_3

的国际市场占有率是 C_2 的三倍之多。该结果与近年来中国高端装备制造业稳步发展的基本现状相符，中国与发达国家的产业差距正在不断缩减。

6.2.5　服务化过程影响因素检验结果分析

1. 服务化水平测度

关于中国高端装备制造企业服务化程度的测度，因为大多数高端装造企业没有编制投入产出表，无法获取其生产性服务业的投入产出数据，因此无法用传统的投入产出法来测度中国高端装备制造企业的服务化程度。本章在中国高端装备制造企业年报及财务报表的基础上提取其通过提供服务业务所带来的收入，以服务收入占企业营业总收入的比重作为企业服务化程度的表征，其中服务收入大体上可以认为是其他业务收入。多数高端装备制造企业的其他业务收入在企业的年度报告中都有明确记录，少数未记录其他业务收入的高端装备制造企业可通过企业年度财务报表里的总营业收入减去主营业务收入得到其他业务收入。

（1）高端装备制造业细分行业服务化水平分析。运用前文所述方法对中国 151 家高端装备制造企业服务化水平进行测度。本章根据该 151 家高端装备制造企业的主营业务对其进行相应行业分类，并用高端装备制造业四个子行业中所含企业服务化水平的均值来作为各个行业服务化水平的表征。具体的中国高端装备制造业细分行业服务化水平如表 6-4 所示。

表 6-4　　　历年中国高端装备制造业细分行业的服务化水平

细分行业	2013 年	2014 年	2015 年
C_1	0.0863	0.0892	0.0868
C_2	0.0468	0.0384	0.0367
C_3	0.0431	0.0521	0.0626
C_4	0.2001	0.2189	0.2345
均值	0.0941	0.0997	0.1052

资料来源：上市高端装备制造企业年度报表。

由表 6-4 可以看出中国高端装备制造业总体服务化水平在研究时段内稳步上升，C_2（汽车、铁路、船舶、航空航天装备制造业）的服务化水平有一定的下降，为了更直观地反映中国高端装备制造业服务化水平的变化趋势，生成图 6-6。

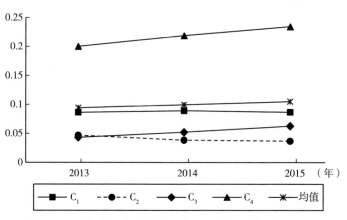

图 6 - 6　历年中国高端装备制造业细分行业的服务化水平

资料来源：笔者自绘。

由图 6 - 6 可得，C_4（计算机、通信和其他电子设备制造业）的服务化水平显著高于中国高端装备制造业其他子行业的服务化水平，且其服务化水平呈逐年增长态势，这可能与近年来中国高端电子设备仪器制造业的快速发展有关；C_2（汽车、铁路、船舶、航空航天装备制造业）的服务化水平出现了轻微下降，收集数据的过程中可以发现这部分高端装备制造企业通过提供服务获得的收入均在逐年增加，笔者认为政府对航空航天、铁路和船舶制造企业的大力支持，造成了企业总营业收入增加幅度大于服务收入增加幅度，所以该行业的服务化水平出现了一定的下滑；轨道交通装备制造业的服务化水平偏低且较为稳定；C_3（电气机械和器材制造业）的服务化水平较低，服务化水平呈上升趋势但提升幅度不显著；C_1（通用、专用设备制造业）的服务化水平较为稳定；总体看来，除高端电子设备仪器制造业外，其他细分行业服务化水平均低于10%，该结果与中国高端装备制造业各细分行业的发展现状基本相符。中国高端装备制造业整体服务化水平偏低，可能与中国高端装备制造业服务化起步较晚有关。

（2）高端装备制造业区域服务化水平分析。对上述 151 家中国高端装备制造企业进行区域划分，划分依据为该企业申请上市时的注册地址，用同一地区高端装备制造企业服务化水平的均值作为该地区服务化水平的表征。不同地区的服务化水平如表 6 - 5 所示。

表6-5 不同地区历年服务化水平

地区	2013 年	2014 年	2015 年
华北地区	0.1786	0.1763	0.1964
华南地区	0.0395	0.0879	0.0960
东北地区	0.2871	0.2846	0.2698
华中地区	0.0209	0.0208	0.0227
华东地区	0.0864	0.0840	0.0849
西南地区	0.0103	0.0114	0.0174
西北地区	0.0480	0.0370	0.0430

资料来源：根据各地区上市高端装备制造企业数据整理所得。

由表6-5可以看出中国不同地区高端装备制造业服务化水平的具体数值，为了更直观地反映中国不同地区高端装备制造业服务化水平的变化趋势，生成图6-7。

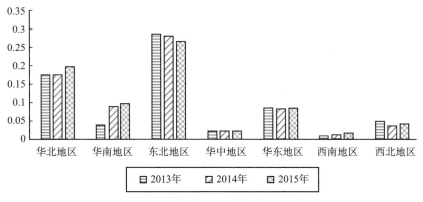

图6-7 不同地区历年服务化水平

资料来源：笔者自绘。

由表6-5和图6-7可得，东北地区的高端装备制造业服务化水平在全国范围内是最高的，该结果与学者的普遍认知存在一定的差异，这可能与本章区域服务化水平测度过程中东北地区样本所包含的高端电子设备仪器制造企业较多有关，导致测量结果出现一定的误差。华北地区的高端装备制造业服务化水平在全国范围内居第二位，高端装备制造业服务化水平在研究时间段均在15%以上，服务化水平呈增长趋势，这可能与华北地区经济的快速发展相关；研究时段内华南地区高端装备制造业服务化水平增幅较大，与华南地区较高的经济水平密切相关，同时可能由于珠三角地区是我国南部的海工装备基地，其海洋工程装备制造业服务化发展较快，带动高端装备制造业整体服务化水平的发展；研究时段内华东地区高端装备制造业服务化水平基本保持稳定，可能与华东地区对其高端装备制造业发展提供稳定的资金支持相关；华中地区高端装备制造业服务化水平偏低且保持稳定，可能与华中地区不充分具备高端装备制造企业发展的资源有关；西南地区高端装备制造业服务化水平同样偏低，在研究时段内呈现了小幅增长的态势，可能与其近年经济快速发展及政府扶持高端装备制造业相关；研究时段内西北地区高端装备制造业服务化水平低于5%，增加和降低的幅度并不大，西北地区高端装备制造业服务化的发展可能与该地区的太阳能产业相关。总体上看，东北地区高端装备制造业服务化水平在20%以上，华北地区高端装备制造业服务化水平介于15%~20%，其他地区高端装备制造业的服务化水平均低于10%，中国高端装备制造业整体服务化水平偏低。

2. 服务化影响因素实证结果分析

基于上述回归模型和统计数据，通过统计分析软件做单因素分析，结果表明服务化影响因素与服务化水平的相关性均值大于0.6，其中全球价值链嵌入程度与服务化水平的相关性大于0.9，均高度显著；回归分析得出研究时段内各模型的相关系数见表6-6。

表6-6   各模型的相关系数

模型	R^2	标准误差	F	显著性
模型1	0.934	0.053	93.026	0.000
模型2	0.922	0.058	78.404	0.000
模型3	0.921	0.057	79.824	0.000

资料来源：SPSS统计输出。

由表6-6可得，在研究时段内各模型的 R^2 均大于0.9，模型具有较高的拟合优度，说明各服务化影响因素可以解释服务化水平90%以上的变异量，结合变异量显著性检验的F值和显著性水平，表示回归模型整体解释变异量达到显著水平，即建立的回归方程有效。

表6-7呈现的是上述各影响因素对高端装备制造企业服务化水平的回归分析结果，反映的是各变量的标准系数。如果该变量系数为正，说明该因素对企业服务化产生的是正向影响，反之则产生负向影响；该变量系数的绝

对值越大，说明该因素对企业服务化的影响程度越深，可以对前文所提出的研究假设进行检验。

表6-7　　　　　　　历年中国高端装备制造企业服务化影响分析

变量	2013 年		2014 年		2015 年	
	系数	标准误差	系数	标准误差	系数	标准误差
ems	0.666 ***	0.046	0.659 ***	0.049	0.661 ***	0.043
ter	0.215 ***	0.010	0.253 ***	0.010	0.130 *	0.009
inc	0.232 **	0.064	0.189 *	0.075	0.243 ***	0.064
tel	-0.018	0.005	-0.134 **	0.005	-0.060	0.004
fix	-0.292 ***	0.007	-0.281 ***	0.008	-0.252 ***	0.007
C	0.434 ***	0.122	0.487 ***	0.130	0.445 ***	0.122

注：* 表示10%的显著性水平，** 表示5%的显著性水平，*** 表示1%的显著性水平。
资料来源：SPSS 统计输出。

全球价值链嵌入程度在研究时间段内影响服务化程度的估计系数均值为0.662，从纵向来看，全球价值链嵌入程度对中国高端装备制造业服务化的影响程度是最深的，且显著正向促进中国高端装备制造业实施服务化战略，从横向数据可以看出，中国高端装备制造业全球价值链嵌入程度对服务化的影响趋于稳定，在研究时段后期出现了轻微的下降，该结果可能与近年来中国高端装备制造业在国际分工体系中的参与程度较为稳定有关；深化国际分工参与程度有助于中国高端装备制造企业获得全球价值链下不同环节的服务资源，促进中国高端装备制造企业的服务化转型。从总体上看，增加中国高端装备制造企业在世界分工中的参与程度，有利于加快服务化发展的速度。

中国高端装备制造企业拥有的技术型员工数量对于其服务化转型起到正向促进作用。纵向来看，技术型人才的储量对于中国高端装备制造企业服务化的影响较为深入，同时可能是由于中国高端装备制造企业全球价值链嵌入程度对高端装备制造业服务化产生较深的正向影响，导致技术员工数量对其服务化的影响程度出现了一定幅度的下降，但总体上与中国高端装备制造企业服务化程度正相关，资源获取能力整体上显著促进中国高端装备制造业服务化转型，所以提高我国高端装备制造企业知识型人才的储量及各种资源的储量、加强资源获取能力对于我国高端装备制造企业服务化转型起着决定性作用。

中国高端装备制造企业的国际市场占有率对于其服务化转型起正向促进作用，2014 年国际竞争能力对中国高端装备制造业服务化的影响程度相对其他年份有所下降，笔者认为可能是 2014 年 C_4 行业的国际市场占有率偏低，其利润增长速度减缓，服务化发展的资金来源不足所致。国际市场占有率越大，高端装备制造企业的竞争能力就越强，其进入服务化市场面临的压力和难度就会降低，就可以提供更多的服务业务。因此，提高我国高端装备制造企业的国际市场占有率有利于企业服务化战略的实施。

技术进步对于我国高端装备制造企业的服务化发展产生了消极的影响，且仅在 2014 年对服务化的影响是显著的，该结果与人们的普遍认知并不相符，学者们普遍认为技术创新有利于企业的服务化转型。笔者认为，可能对于高端装备制造企业来说，技术上的革新通常由少数具有垄断地位的高端装备制造企业所引领掌控，所以对于那些尾随的企业来说很难抵挡技术创新带来的风险，在控制成本、经营策略上落后就会导致企业被竞争对手所淘汰，从而被迫退出服务化市场，技术上的进步也导致很多高端装备制造企业因考虑所要面临的风险从而不敢轻易进入服务化市场，所以技术上的进步给我国高端装备制造企业服务化战略的实施带来了一定程度上的挑战。

企业规模对于我国高端装备制造企业服务化的影响是负向的，这表明企业在进行服务化转型的时候需要充分考虑自身的水平规模问题，从横向数据来看，随着服务化市场的成熟，企业规模对我国高端装备制造企业服务化程度产生的负向影响逐年减少，这也说明我国高端装备制造企业服务化发展体系日趋完善。企业自身规模过大，一旦进入服务化市场很难全身而退。企业的水平规模给我国高端装备制造企业进行服务化转型带来了一定的难度。

3. 稳健性检验

基于官方统计数据，进行回归分析实证检验全球价值链下中国高端装备制造业服务化的影响因素。为了进一步保证结果的稳健性，同时考虑到中国高端装备制造企业的异质性，需要对总体样本进行分组实证检验。根据上文对中国高端装备制造业的分类，分别对研究时段内中国高端装备制造业的细分行业进行回归分析，各方程的 R^2 均大于 0.9 且高度显著，具体回归结果如表 6 - 8 至表 6 - 10 所示。

表 6 - 8　　　2013 年中国高端装备制造业各细分行业服务化影响因素分析

变量	C_1	C_2	C_3	C_4
ems	0.744 *** (0.014)	0.615 *** (0.055)	0.839 ***	0.811 *** (0.064)
ter	0.084 (0.032)	0.260 ** (0.017)	0.178 ** (0.013)	0.165 ** (0.013)
inc	0.391 *** (0.024)	0.224 ** (0.079)	0.034 (0.086)	0.061 (0.089)
tel	0.009 (0.002)	- 0.073 (0.009)	- 0.091 * (0.017)	- 0.059 (0.007)
fix	- 0.146 * (0.018)	- 0.317 *** (0.012)	- 0.301 *** (0.008)	- 0.300 *** (0.009)
C	0.088 * (0.047)	0.632 *** (0.201)	0.597 *** (0.141)	0.612 *** (0.146)

注：* 、** 、*** 分别表示在 10% 、5% 、1% 的水平上显著，括号中为标准误差。
资料来源：SPSS 统计输出。

从表 6 - 8 可以看出，在 2013 年，大部分影响因素的回归结果与该年总体样本的回归结果保持一致，全球价值链嵌入程度和企业规模在高端装备制造业细分行业中的估计系数均与总体样本一致，仍然保持高度显著。其他变量在不同类型行业中的估计结果与总体样本略有差异。技术人员数量对 C_1进行服务化转型的影响并不显著，对 C_2、C_3、C_4 行业均起到显著正向促进作用，与总体样本保持一致，这表明对于专业、通用设备制造企业来说，技术人员的数量对其服务化发展并不起关键作用。国际竞争能力对 C_1 和 C_2 的回归结果与总体样本一致，对 C_3 和 C_4 的影响并不显著。这可能是 2013 年C_3 和 C_4 的发展水平还不够高，国际市场占有率低，导致国际竞争能力对其选择服务化影响不显著。技术水平对 C_1、C_2、C_4 服务化的影响均不显著，与总体样本一致，对 C_3 的服务化选择起显著负向影响作用。

表 6 - 9　　　2014 年中国高端装备制造业各细分行业服务化影响因素分析

变量	C_1	C_2	C_3	C_4
ems	0.594 *** (0.017)	0.653 *** (0.063)	0.993 *** (0.065)	0.877 *** (0.065)
ter	0.100 * (0.004)	0.273 *** (0.014)	0.133 * (0.011)	0.150 ** (0.010)

续表

变量	C_1	C_2	C_3	C_4
inc	0.522 *** (0.027)	0.134 (0.105)	0.136 * (0.087)	0.129 ** (0.090)
tel	-0.016 (0.002)	-0.176 * (0.010)	-0.061 (0.007)	-0.067 (0.005)
fix	-0.144 * (0.003)	-0.261 *** (0.011)	-0.230 *** (0.017)	-0.242 *** (0.007)
C	0.096 * (0.056)	0.539 ** (0.208)	0.467 *** (0.119)	0.499 *** (0.123)

注：* 、** 、*** 分别表示在10%、5%、1%的水平上显著，括号中为标准误差。
资料来源：SPSS 统计输出。

由表6-9可知，2014年大部分影响因素的回归结果与该年总体样本的回归结果保持一致，全球价值链嵌入程度、技术人员数量以及企业规模在高端装备制造业细分行业中估计系数均与总体样本一致，仍然保持高度显著。国际竞争能力对 C_1、C_3、C_4 服务化选择的影响依旧显著为正，与总体样本回归结果保持一致，国际竞争能力对 C_2 进行服务化转型起着正向促进作用，并不具有高度显著性。技术水平对中国高端装备制造业各细分行业实施服务化战略均有负向影响，且对 C_2 行业服务化选择的影响显著，与总体样本回归结果基本一致。

表6-10　　　2015年高端装备制造业各细分行业服务化影响因素分析

变量	C_1	C_2	C_3	C_4
ems	0.616 *** (0.013)	0.624 *** (0.050)	0.698 *** (0.049)	0.865 ** (0.137)
ter	0.064 * (0.003)	0.082 ** (0.012)	0.029 (0.012)	0.073 * (0.009)
inc	0.518 *** (0.022)	0.300 *** (0.074)	0.252 ** (0.073)	0.145 * (0.078)
tel	0.016 (0.001)	-0.072 (0.008)	0.020 (0.007)	-0.028 (0.005)
fix	-0.148 ** (0.003)	-0.303 *** (0.012)	-0.275 *** (0.009)	-0.199 *** (0.008)
C	0.101 ** (0.047)	0.687 *** (0.214)	0.634 *** (0.158)	0.442 *** (0.137)

注：* 、** 、*** 分别表示在10%、5%、1%的水平上显著，括号中为标准误差。
资料来源：SPSS 统计输出。

从表 6 - 10 可得，在 2015 年，全球价值链嵌入程度、国际竞争能力以及企业规模对高端装备制造业细分行业服务化的影响强度和影响方向与总体样本保持一致，依旧高度显著。技术人员数量正向促进中国高端装备制造业各细分行业服务化的实施，且仅对 C_3 的影响不显著，与总体样本回归结果基本一致。技术水平负向影响 C_2、C_4 服务化转型，虽然对 C_1、C_3 行业进行服务化的影响系数为正，但影响强度较弱，且技术水平对高端装备制造业各细分行业的影响均不显著，与总体样本回归结果一致。

综上，中国高端装备制造业细分行业分组得到的实证结果与总体样本一致，尤其是全球价值链嵌入程度和企业规模在研究时段内的不同行业分组中均高度显著，技术水平变量仍然不显著，这也验证了本章实证结论的稳健性。其余变量显著性结果略有差异，反映了中国高端装备制造企业服务化转型受行业属性的影响，存在一定的行业异质性。

本章小结

本章对中国高端装备制造业服务化过程进行揭示，提出了产业服务化的三个阶段，即"产品 + 附加服务"阶段、"产品 + 服务"阶段和"产品服务化一体化"阶段。在此基础上从全球价值链视角分析全球价值链参与度、资源、国际竞争能力、技术水平和企业规模等对中国高端装备制造企业服务化程度的影响，揭示了不同影响因素对中国高端装备制造业服务化发展的影响强度和影响方向。

第 7 章　全球价值链下中国高端装备制造业服务化效应研究

7.1　全球价值链下中国高端装备制造业服务化的宏观效应

从宏观角度来看，中国高端装备制造业服务化效应主要体现在以下几方面：（1）高端装备制造业服务化转型改善了就业结构，带动相关产业共同发展，创造了大量的就业机会，在一定程度上促进就业；（2）高端装备制造业服务化转型有利于减少资源消耗、降低环境污染，从而起到保护环境的作用；（3）高端装备制造业服务化转型使产品复杂度不断提高，增加价值链深度，有利于相关企业在全球价值链中地位的攀升。综上，结合国内外学者对服务化宏观效应的研究，本章主要通过就业效应、环境效应及全球价值链攀升效应对中国高端装备制造业服务化宏观效应展开研究。

7.1.1　就业效应

配第-克拉克定理指出国民人均收入和产业间劳动力转移存在一定的联系，即国民经济的变化会引起就业结构的变化。随着众多学者对产业结构和就业关系研究的不断深入，人们逐渐意识到服务要素在改善就业方面的重要性。随着全球化进程的深入，为了实现中国高端装备制造业的服务化转型，达到高端装备制造业向全球价值链上游延伸的目的，高端装备制造企业越发重视高端人才的吸纳和培养，企业在综合考虑生产成本等因素后会降低非专业型人才的占比，这也会导致我国面临专业型人才短缺和非专业型人才过剩的局面。在这种情况下，国家应大力培养符合社会需求的专业型人才、引导非专业型人才流向适合他们的岗位，改善就业环境。只有这样，中国高端装备制造业服务化才不会因为人才短缺问题导致发展停滞。

随着服务化的发展，我国的产业重心由原来的第一产业逐渐转移至第二、第三产业，同样，劳动力也纷纷由第一、第二产业向第三产业转移，在一定程度上引起了就业结构的变化。高端装备制造业服务化发展可以增强企业的自主创新能力、提高企业的市场占有率、促进企业向价值链上游延伸，而这毫无疑问提高了对高端装备制造企业员工的要求，从我国高等教育的发展情况看，人才总体的受教育程度仍然偏低，这也制约了我国专业型人才的供给。高端装备制造业发展的同时会带动其他产业共同发展，整个社会对知识、技术等要素的需求会急剧增加，为了满足社会发展的需要，国家会高度重视高素质人才的培养，提升劳动者的专业技能，改善就业环境，带领普通劳动者向知识型劳动者以及技术型劳动者转型。

7.1.2　环境效应

在资源过度消耗的时代背景下，人们逐渐重视生产经营活动对生态环境的影响，高端装备产品的产品成本不仅体现在新产品的生产制造过程，而且还涉及产品的保养、升级、维修等过程。高端装备制造企业从产品的研发设计环节就开始考虑节能减排、回收循环利用等问题，直到生产制造、销售、使用、报废各个环节都会对环境产生的影响，相关资源利用、成本问题都需仔细考虑。世界上很多国家纷纷意识到资源浪费的严重性，纷纷开始制定出台关于环境保护的法律法规，明确环保标准，使高端装备制造企业严格遵守保护环境、节能减排的相关要求，因而高端装备制造企业不得不提高产品的环境成本。高端装备制造企业面对产品成本剧增的压力，可增加服务要素的中间投入，降低各类资源的投入力度，提高资源利用率，这样一来不仅满足了环境保护的要求，而且降低了企业的产品成本，通过服务要素的投入构建自身的竞争优势，为企业创造新的盈利点。

综上所述，中国高端装备制造业服务化的环境效应主要表现在两个方面，一是减少各类自然资源的使用、节约资源，从而节约成本；二是减少各类污染物的排放，从而减少环境污染。

7.1.3　全球价值链攀升效应

随着知识经济化、全球化、网络化的快速发展，世界经济正在经历着一场大变革，对于中国高端装备制造业来说，这既是机遇也是挑战。中国作为目前世界上最大的发展中国家，大部分高端装备制造企业位于全球价值链的中下游，只有少数高端装备制造企业处于全球价值链的高点。由于高端装备制造业市场竞争愈演愈烈，而我国高端装备制造企业的全球价值链嵌入程度和全球价值链价值位势都偏低，为了提升中国高端装备制造业在全球价值链的地位和参与程度，打破发达国家对中国高端装备制造业的封锁，服务化转型无疑是促进中国高端装备制造业发展的一条新道路。服务化转型可以促进中国高端装备制造业的国际竞争能力，整合价值链中的各种资源，从而提高中国高端装备制造业在世界分工体系中的地位，促进中国高端装备制造业高速发展。同时，服务和产品融合可以赋予产品与众不同且难以模仿的特性，有利于我国高端装备制造企业构建核心竞争力，提高中国高端装备制造业在国际市场中的话语权，从而提高中国高端装备制造业在全球价值链的地位。

7.2 全球价值链下中国高端装备制造业服务化的产业效应

从产业角度来看，中国高端装备制造业服务化效应主要体现为促进产业结构优化及加快产业创新。首先，服务化转型使高端装备制造企业加大了对研发、设计等服务环节的重视程度，促进相应产品的升级，同时会促进产业结构中优势的转移，优化产业结构；其次，服务化转型会使高端装备制造业由原来的产品主导收入向服务主导收入转变，改变传统收入模式，通过服务要素的大量投入增加产品复杂度，进而改变产业技术模式、促进产业创新。综上，结合国内外学者对服务化产业效应的研究，本节将主要从产业结构优化及产业创新对全球价值链下中国高端装备制造业服务化产业效应展开研究。

7.2.1 产业结构优化

经济全球化背景下中国高端装备制造业的服务化转型可以在一定程度上促进产业的结构优化，高端装备制造业服务化转型促进其产业优化主要表现为三大产业中产值占比优势逐渐由第一产业向第三产业转移。随着大数据、信息化、智能制造的发展，服务化已经成为中国高端装备制造业转型升级的新途径。通过服务化升级，我国高端装备制造企业可以将产品价值链由"微笑曲线"的低端向两端延伸，通过将服务贯穿于高端装备产品的整个生命周期，可以提高产品的附加值。同时，随着服务业的发展，高端装备制造企业更加关注客户不断变化的需求，加大对产品研发、设计、生产、销售、售后等环节的重视程度。随着越来越多的高端装备制造企业向服务化方向发展，除了促进相应产品的升级，还会促进高端装备制造产业结构中占比优势的转移，改变其经济增长的方式，进一步优化中国高端装备制造业的产业结构。高端装备制造业作为装备制造业乃至制造业的核心，其产业结构优化将带动其他制造业的发展，以此推动整个国民经济产业结构的转型升级，更好地促进我国经济的发展。

7.2.2　产业创新效应

产业创新就是对产业的基本经营模式进行变革，产业创新主要表现为两方面，一是改变产业收入模式，二是改变产业技术模式。改变收入模式就是改变高端装备制造企业的用户价值定义和收入模型。这并非是市场营销范畴的寻找用户新需求，而是从更宏观的层面重新定义用户需求，即去深刻理解用户购买产品需要完成的任务或要实现的目标是什么。中国高端装备制造业服务化旨在给客户提供更好的服务，满足客户定制化的需求。将服务要素大量投入产品全生命周期中将使中国高端装备制造业的收入模式由产品主导逐渐向服务主导转变。改变技术模式，以产品创新促进产业模式创新。技术进步是产业模式创新的最主要驱动力，高端装备制造企业在服务化过程中通过整合价值链中的技术、知识等资源进行技术创新，重新构建自身的竞争优势，更好地满足顾客需求。综上所述，中国高端装备制造业服务化促进了相应的高端装备制造产业创新发展。

7.3　全球价值链下中国高端装备制造业服务化的微观效应

从微观角度看，首先，服务化使得高端装备制造企业产品极具模仿难度，构建起核心竞争力，进而提高企业的整体竞争力；其次，服务化通过增加服务收入及降低交易费用提升了企业绩效，为企业创造了新的利润增长点；最后，服务化通过整合价值链中的各类优质资源、消化吸收价值链中外溢技术，不断积累创新资本，提高创新能力，促进企业技术进步。综上，结合国内外学者对服务化微观效应的研究，本节将主要从增强企业竞争力、提升企业绩效及促进企业技术进步三方面对全球价值链下中国高端装备制造业服务化的微观效应展开研究。

7.3.1　增强企业竞争力

中国高端装备制造业服务化对提高企业竞争力主要表现在服务化赋予了产品难以模仿的特性，从而提升其竞争力。高端装备制造企业在向消费者提供服务的过程中，可以获得消费者更多的需求信息。通过与顾客的不断深入交流，可以发现消费者更深层次的需求，并在长期的接触交流过程中获得相关知识的积累，通过对这些知识的充分利用研发出满足顾客深层次需求的新产品和优质服务，并对现有的产品及服务进行完善，使顾客满意度得以提升，进而增强高端装备制造企业的整体竞争力。当同行业中的高端装备制造企业均将服务业务纳入自身的生产经营活动中时，企业之间逐渐由之前的产品竞争转变为服务竞争，因此高端装备制造企业需要根据客户多样化的需求进行产品的设计生产等，服务要素的投入无形的增加了竞争对手的模仿难度，有利于中国高端装备制造企业构建服务差异化优势，同时帮助高端装备制造企业更好的"守护"了客户资源。综上所述，中国高端装备制造业服务化能提高顾客满意度，进而增强企业竞争力。

7.3.2 提升企业绩效

服务要素的嵌入使高端装备制造企业与顾客之间的联系变得更加紧密，通过提供各项服务业务来满足用户的多样化需求，让用户对企业产生一定程度的依赖，使得企业与用户之间的交易不再局限于单一的产品交易，还涉及大量的服务交易，为企业带来可观的服务收入。通过不断的信息交流拉近企业与客户之间的距离，减少信息的不对称，让企业逐渐取得客户的认可和信任，使得客户对企业的忠诚度提高。优质服务的提供促进了高端装备制造企业良好形象的形成，同时消费者的良好口碑也起到了间接营销的作用，这些营销手段比传统的广告营销成本低，却能带来比广告营销更好的效果。高端装备制造企业通过提供服务可以提高顾客忠诚度，忠诚的客户本身就可以作为营销载体，为企业带来更多的消费者，从而降低企业的交易费用。综上，服务化使高端装备制造企业以降低交易费用及增加服务交易的方式来提高企业绩效。

7.3.3 促进企业技术进步

中国高端装备制造业服务化对企业技术进步的促进主要表现为提高企业创新能力。服务化对我国高端装备制造企业技术进步起着至关重要的作用。高端装备制造业服务化在一定程度上体现了高端装备制造业和服务业的融合发展，当生产性服务业中优质的人力、知识等资源渗透到高端装备产品生命周期中，引起价值链各环节的技术外溢时，高端装备制造企业可通过消化吸收外溢技术促进其科技创新。（1）由于现代服务要素具有专业化程度高的特点，对企业的专业技术具有较高要求，所以企业需要进行专业化培训学习以达到现代服务要素的标准。（2）中间服务投入可让高端装备制造企业学习高服务化程度企业的经验知识，不断积累创新人力资本，提高企业的创新能力。(3) 高端装备制造企业服务化的影响体现在产品生产的组织、管理等方面，服务化转型是高端装备制造企业内部决策优化的外部表现，对合理规划企业内部结构及协调各部门生产运作有着较为显著的影响。服务化不仅可以有效减少企业的经营管理成本，而且可以带来"干中学"效应，增强高端装备制造企业的创新能力，从而促进高端装备制造企业技术进步。

7.4　全球价值链下中国高端装备制造业服务化效应的综合评价

7.4.1　服务化效应综合评价方法与模型构建

1. 综合评价方法

全球价值链下中国高端装备制造业服务化效应的评价是涉及就业效应、环境效应、全球价值链攀升效应等宏观效应，产业结构优化效应、产业创新效应等产业效应，以及增强企业竞争力、提升企业绩效、促进企业技术进步等微观效应的综合效应评价，属于多目标、多层次的综合评价。因此，本节选择能够将定性分析与定量分析相结合的多目标决策方法作为全球价值链下中国高端装备制造业服务化效应的综合评价方法。

2. 综合评价模型

全球价值链下中国高端装备制造业服务化效应的评价是一个多目标、多层次的综合评价问题，基于此，建立服务化效应的综合评价模型如式（7-1）所示。

$$S_j = \sum_{i=1}^{n} \beta_{ij} S_{ij} \qquad (7-1)$$

式（7-1）中，S_j 为 j 时段或 j 地区服务化效应，β_{ij} 和 S_{ij} 分别为同时期或者同区域各评价指标的权重和相关数据，其中 $n=8$。对于 β_i（$i=1$，2，…，8），本节采用专家量表的方法予以确定，具体的服务化子效应权重衡量模型如式（7-2）所示。

$$\beta_i = sum_i / \sum_{j=1}^{5} sum_{ij} \ (i=1, 2, \cdots, 8) \qquad (7-2)$$

β_i 为 i 子效应的权重，sum_i 为 i 子效应对应的不同等级分数与该等级分

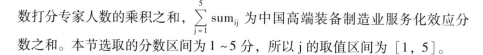

数打分专家人数的乘积之和，$\sum_{j=1}^{5} \mathrm{sum}_{ij}$ 为中国高端装备制造业服务化效应分数之和。本节选取的分数区间为 1～5 分，所以 j 的取值区间为 [1，5]。

7.4.2 指标构建与数据来源

1. 服务化子效应评价指标选取

本节从宏观视角、产业视角、微观视角分别提出了中国高端装备制造业的主要服务化效应，从宏观视角提出了就业效应、环境效应以及全球价值链攀升效应，从产业视角提出了产业结构优化和产业创新效应，从微观视角提出了增强企业竞争力、提升企业绩效以及促进企业技术进步的效应。在阅读大量文献和参考其他学者研究成果的基础上，本节采用高等院校毕业生就业率来作为中国高端装备制造业服务化就业效应的衡量指标；单位 GDP 能耗的倒数作为中国高端装备制造业服务化环境效应的衡量指标，显然，该值越大则说明服务化对环境保护的效果越显著；工业品增加值和新产品产值作为中国高端装备制造业服务化全球价值链攀升效应的衡量指标；产业结构层次指数作为中国高端装备制造业服务化促进产业结构优化的衡量指标；高端装备制造业新产品销售收入作为服务化产业创新效应的衡量指标；高端装备制造企业的市场占有率作为服务化增强高端装备制造企业竞争力的衡量指标；高端装备制造业服务收入与总营业收入的比值作为服务化提升企业绩效的衡量指标；高端装备制造业新产品开发项数作为服务化促进企业技术进步的衡量指标。具体的指标选取与说明如表 7-1 所示。

表 7-1　全球价值链下中国高端装备制造业服务化子效应评价指标体系

目标层	准则层	指标层
服务化综合效应	就业效应	高校毕业生就业率
	环境效应	单位 GDP 能耗倒数
	全球价值链攀升效应	工业增加值和新产品产值
	产业结构优化	产业结构层次指数
	产业创新效应	新产品产值
	增强企业竞争力	市场占有率
	提升企业绩效	服务收入占比
	促进企业技术进步	新产品开发项数

资料来源：笔者自制。

需要说明的是，由于全球价值链下中国高端装备制造业服务化子效应在指标属性、测度量纲和测度结果的数量级等方面均存在巨大差异，在进行服务化效应的综合评价时，需对其进行标准化处理，使服务化的不同子效应具有可比性。基于此，本节建立如式（7-3）所示的标准化处理模型，对各服务化子效应的评价结果进行处理。

$$\varphi_{ij}^{*} = \frac{\varphi_{ij} - \varphi_{jmin}}{\varphi_{jmax} - \varphi_{jmin}} \quad (i = 1, 2, \cdots, 30; j = 1, 2, \cdots, 8) \quad (7-3)$$

式（7-3）中，φ_{ij}^{*}表示 i 地区 j 服务化子效应评价结果的标准化处理结果，φ_{ij}表示 i 地区 j 服务化子效应评价结果，φ_{jmax}表示 30 地区中 j 服务化子效应的最大值，φ_{jmin}表示 30 地区中 j 服务化子效应的最小值。

2. 数据来源与分析

本节运用定性与定量相结合的综合评价方法对服务化效应进行测度，数据收集方式和途径存在一定的差异，具体的评价服务化子效应数据来源和确定服务化子效应权重关系数据来源如下。

（1）服务化子效应评价指标数据来源。中国高端装备制造业服务化子效应测度的数据来源包括《中国统计年鉴 2016》《中国高技术产业统计年鉴 2016》《中国科技统计年鉴 2016》以及各省市 2016 年统计年鉴等官方统计年鉴，同时还包括国家统计局、国家发展和改革委员会以及国家能源局等官方机构公布的统计数据资料。

（2）服务化子效应权重测度数据收集。本节采用问卷调查的方式确定中国高端装备制造业服务化子效应的权重，本次调查问卷的测量题目利用李克特（Likert）5 级量表尺度来打分，题项测量中使用数字"1、2、3、4、5"分别表示"非常不同意、不同意、一般、同意、非常同意"。

本节对高端装备制造业服务化、装备制造业服务化、制造业服务化等研究领域的科研工作者，以及中国高端装备制造企业工作人员进行问卷调查，调查对象涵盖了中航动控（卫星与航空装备制造业）、中国船舶（海洋工程装备制造业）、烽火通信（高端电子设备仪器制造业）、沈阳机床（智能装备制造业）、中国中车（先进轨道交通装备制造业）等多行业多区域的相关专家，以及哈尔滨工业大学、哈尔滨工程大学、湘潭大学、华南理工大学、深圳大学、广东工业大学、广东财经大学等多所高校的相关研究学者，具有不错的代表性。

此次调查总计发放问卷 80 份，回收问卷 73 份，为保证问卷的质量，对问卷进行了筛选，剔除问卷答案不完整、不按要求作答、随意作答以及答题不规范的问卷共5份，得到有效调查问卷68份，有效问卷率约为85%。

（3）信度检验。基于问卷调查收集的数据，运用统计分析软件 SPSS 逐个对各度量指标进行信度分析，得出 Cronbach's α 的值，一般认为整体问卷或量表 Cronbach's α >0.8 则该问卷或量表整体数据具有较好的信度。信度检验结果如表7-2所示。

表7-2　全球价值链下中国高端装备制造业服务化子效应 Cronbach's α 值

子效应	表示字符	删除该指标的 Cronbach's α 值	总量表 Cronbach's α 值
就业效应	A_1	0.935	
环境效应	A_2	0.937	
全球价值链攀升效应	A_3	0.933	
产业结构优化	A_4	0.937	
产业创新效应	A_5	0.936	0.944
提高顾客满意度	A_6	0.941	
提升企业绩效	A_7	0.938	
促进企业技术进步	A_8	0.937	

资料来源：SPSS 统计输出。

从表7-2可以看出，总量表的 Cronbach's α >0.9，通过了信度检验，表明该调查问卷具有较高的信度。

（4）效度检验。同样运用统计分析软件 SPSS 对全球价值链下中国高端装备制造业服务化效应量表进行效度检验，具体结果如表7-3所示。

表7-3　　　　　　　　　KMO 和巴特利特球形检验

KMO 取样适切性量数		0.919
巴特利特球形检验	近似卡方	428.568
	自由度	28
	显著性	0.000

资料来源：SPSS 统计输出。

由表7-3可知，调查数据的 KMO 检验值为0.919，大于0.9，表明不同变量之间具有较强的相关度。同时巴特利特球形检验近似卡方值为428.568，显著性概率 Sig <0.001，说明调查量表具有良好的效度。

7.4.3　服务化效应测度与分析

1. 服务化子效应权重测度分析

基于上述调查问卷收集的数据，构建全球价值链下中国高端装备制造业服务化效应矩阵如表 7 - 4 所示，其中 A_{ij} 表示"对 i 子效应打 j 分值的人数"，因此 sum_i 为 i 效应对应的不同等级分数与该等级分数打分专家人数的乘积之和。通过统计与计算，得到全球价值链下中国高端装备制造业服务化效应的权重关系，如表 7 - 4 中 β 列所示。

表 7 - 4　　　　　　　　服务化子效应权重判定矩阵

A_{ij}	1	2	3	4	5	Sum	β
A_1	2	12	8	31	15	249	0.12691
A_2	4	11	14	22	17	241	0.12283
A_3	6	9	5	32	16	247	0.12589
A_4	6	9	11	20	22	247	0.12589
A_5	4	11	9	27	17	246	0.12538
A_6	5	9	12	22	20	247	0.12589
A_7	3	12	9	31	13	243	0.12385
A_8	4	10	11	30	13	242	0.12334

资料来源：根据调查问卷数据计算。

由表 7 - 4 可知，在全球价值链下中国高端装备制造业服务化效应中，专家最看重中国高端装备制造业服务化的产业效应（产业效应平均权重为 0.125635），认为服务化对促进中国高端装备制造业产业结构优化、产业创新具有重要意义，其中，在中国高端装备制造业服务化产业效应中，专家认为服务化促进产业结构优化的效果比促进产业创新的效果更为显著，该结果与目前人们的普遍认知基本相符，服务化通过改变高端装备制造产业经济增长途径等方式不断改善现有产业结构，促进产业结构优化。

专家其次看重中国高端装备制造业服务化的宏观效应（宏观效应平均权重为 0.12521），认为中国高端装备制造业服务化可以有效改善我国就业结构，减少资源浪费和环境污染，提高中国高端装备制造业的全球价值链地位。其中，专家认为中国高端装备制造业服务化转型促进就业的效果较全球价值链攀升效果相比更为显著，而服务化对全球价值链攀升效果又强于服务化对环境保护的效果，该结果说明我国倡导节能减排、低碳环保的发展理念至少已经融入高端装备制造业发展，同时也说明中国高端装备制造业服务化转型创造了大量新生就业机会，增强了中国高端装备制造业的国际竞争力，使其在世界分工体系中的地位得到不断提升。

中国高端装备制造业服务化微观效应的权重相对较小（平均权重为0.12436），其中专家较为看重的服务化微观效应为提高顾客满意度，认为中国高端装备制造业服务化能够根据顾客需求不断进行产品优化、服务优化，显著增强相关领域的专业性，从而满足多样化的顾客需求，提高顾客满意度。中国高端装备制造业服务化微观效应中，服务化对提高顾客满意度的效果略微强于服务化促进企业绩效的增加，服务化提高企业绩效相对于服务化促进企业技术进步而言效果又较为显著。总体来看，中国高端装备制造业服务化转型对提高顾客满意度、为企业创造新的利润增长点从而促进企业绩效提升、促进企业产品创新和技术进步具有重要意义。

2. 基于区域视角的服务化效应测度分析

基于各统计年鉴及官方统计机构的数据，通过计算、转换和替代等方式获得我国30个省份各服务化子效应测度的原始数据，在此基础上对我国30个省份服务化各子效应进行测度和标准化处理。30个地区8大服务化子效应的测度结果如表7－5所示。

表7－5　　　　　　区域高端装备制造业服务化子效应测度结果

省份	A_1	A_2	A_3	A_4	A_5	A_6	A_7	A_8
北京	1.00000	1.00000	0.11804	1.00000	0.12921	0.36971	0.56250	0.29570
天津	0.83735	0.51773	0.19897	0.45098	0.14130	0.55234	0.43750	0.12726
河北	0.78916	0.16667	0.29922	0.17647	0.02723	0.10913	0.58333	0.09117
山西	0.29518	0.04255	0.09717	0.37255	0.00499	0.13363	0.25000	0.01993
内蒙古	0.25904	0.14184	0.17654	0.25490	0.00300	0.03118	0.00000	0.00609
辽宁	0.81325	0.27660	0.26787	0.19608	0.02968	0.12249	0.43750	0.06277
吉林	0.14458	0.42199	0.14008	0.19608	0.00996	0.27394	0.58333	0.04390
黑龙江	0.00000	0.24823	0.09015	0.09804	0.00573	0.07350	0.16667	0.05972
上海	0.98193	0.59220	0.18639	0.76471	0.08357	0.62138	0.93750	0.23201

续表

省份	A_1	A_2	A_3	A_4	A_5	A_6	A_7	A_8
江苏	0.99398	0.63121	0.84035	0.29412	0.63605	0.88864	0.43750	0.86049
浙江	0.96386	0.58511	0.46395	0.33333	0.21967	0.25612	1.00000	0.62021
安徽	0.52410	0.43972	0.23223	0.21569	0.07021	0.29176	0.62500	0.16308
福建	0.93976	0.56383	0.27789	0.27451	0.10061	0.32294	0.60417	0.14057
江西	0.34337	0.51064	0.16614	0.23529	0.03396	0.42316	0.56250	0.08958
山东	0.71084	0.39716	0.66909	0.21569	0.21785	0.38976	0.50000	0.41435
河南	0.03012	0.37589	0.43527	0.17647	0.23443	0.38307	0.62500	0.10038
湖北	0.95783	0.44681	0.28458	0.11765	0.06576	0.25835	0.64583	0.14189
湖南	0.58434	0.47163	0.27865	0.09804	0.09301	0.23385	0.58333	0.09667
广东	0.87952	0.66667	1.00000	0.35294	1.00000	1.00000	0.79167	1.00000
广西	0.50602	0.41844	0.14484	0.05882	0.00618	0.22049	0.31250	0.02735
海南	0.51807	0.48582	0.00424	0.03922	0.00057	0.07572	0.25000	0.02172
重庆	0.53012	0.43262	0.15493	0.23529	0.10590	0.55234	0.75000	0.10362
四川	0.44578	0.34397	0.27714	0.07843	0.08026	0.36526	0.77083	0.14871
贵州	0.48193	0.18440	0.07325	0.01961	0.00766	0.15367	0.16667	0.05668
云南	0.46386	0.27305	0.08464	0.03922	0.00351	0.04009	0.06250	0.03152
陕西	0.50000	0.35461	0.04299	0.27451	0.02841	0.21826	0.39583	0.07773
甘肃	0.36747	0.12766	0.01091	0.13725	0.00358	0.04009	0.06250	0.01026
青海	0.29518	0.01418	0.00000	0.25490	0.00000	0.07572	0.16667	0.00000
宁夏	0.43976	0.00000	0.00298	0.21569	0.00324	0.06682	0.08333	0.01397
新疆	0.40361	0.02128	0.01573	0.00000	0.00161	0.00000	0.18750	0.00377

资料来源：根据《中国统计年鉴》《中国科技统计年鉴》等相关资料整理。

以表7-5为基础，利用全球价值链下中国高端装备制造业服务化效应综合评价模型对我国30个省份的服务化综合效应进行测度，各省份高端装备制造业服务化效应如表7-6所示。

表 7 – 6　　　　　　　　区域高端装备制造业服务化效应测度结果

省份	服务化效应	省份	服务化效应	省份	服务化效应
北京	0.55937	浙江	0.55469	海南	0.17414
天津	0.40881	安徽	0.31996	重庆	0.35802
河北	0.28115	福建	0.40350	四川	0.31344
山西	0.15269	江西	0.29508	贵州	0.14344
内蒙古	0.10966	山东	0.43979	云南	0.12511
辽宁	0.27666	河南	0.29441	陕西	0.23663
吉林	0.22590	湖北	0.36533	甘肃	0.09547
黑龙江	0.09216	湖南	0.30478	青海	0.10147
上海	0.55052	广东	0.83649	宁夏	0.10420
江苏	0.69843	广西	0.21186	新疆	0.07971
全国最高	0.83649	全国平均	0.30376	全国最低	0.07971

资料来源：笔者自制。

由表 7 – 6 可以看出，全球价值链下中国高端装备制造业服务化效应的区域离散程度较大，服务化效应最突出的是广东省，其服务化效应测度值达到 0.83649，服务化效应最差的区域为新疆，其服务化效应测度值为 0.07971，广东的服务化效应测度值是新疆的 10.5 倍，区域差异显著。从经济发展水平的角度来看，长三角和珠三角地区高端装备制造业的服务化效应均较为突出，显著高于全国平均水平。东北地区的服务化效应水平相对较低，均低于全国平均水平，平均值仅为 0.19824。通过对长三角、珠三角地区和东北地区的对比分析可知，造成区域高端装备制造业服务化效应差异的原因主要有以下几方面：一是长三角、珠三角地区在技术创新能力上显著高于东北地区；二是东北地区的经济发展速度、水平和长三角、珠三角地区存在着较大的差距；三是东北地区在资源获取能力方面显著低于长三角、珠三角地区，其人力、财力、物力等资源获取均存在较大缺口；四是服务化发展的政策制度存在一定的差异，东北老工业基地的政策制度阻碍了服务化的发展。因此制定中国高端装备制造业服务化策略，对促进中国高端装备制造业服务化转型发展显得尤为重要。

中国高端装备制造业虽然在服务化转型发展上起步较晚，但已经取得了显著的效果，这对于中国高端装备制造业打破发达国家技术封锁，提高自己的国际地位至关重要，该结果也与中国高端装备制造业快速发展、国际影响力日益加深的现状相符。

通过对表 7−6 的深入分析发现，区域高端装备制造业服务化效应与区域经济发展水平成正比，为证明该关系的存在，基于区域高端装备制造业服务化效应测度结果，结合区域经济发展水平，构建高端装备制造业服务化效应与区域经济发展水平一致性检验模型，如式（7−4）所示。

$$\lambda = 1 - \frac{\sum_{k=1}^{n} |P_{Ck} - P_{Ek}|}{\sum_{k=1}^{n} P_k} \qquad (7-4)$$

式（7−4）中，P_{Ck} 表示 k 区域的服务化效应在全国范围内的排名，P_{Ek} 表示 k 区域的经济发展水平在全国范围内的排名，$\sum_{k=1}^{n} P_k$ 表示 k 区域服务化效应或经济发展水平总排名之和，n 表示区域数量。λ 为服务化效应和区域经济发展水平的一致性指数，λ 越大，表示高端装备制造业服务化效应与区域经济发展水平的一致性程度越高。

陈桂月等（2012）采用人均国内生产总值（GDP）指标对区域经济发展水平进行测度，在借鉴其研究成果的基础上，结合式（7−4）对中国高端装备制造业服务化效应与区域经济发展水平的一致性进行测度，结果如表 7−7 所示。

表 7−7　　　　　　服务化效应与区域经济发展水平一致性测度结果

省份	$P_{Ci} - P_{Ei}$	$\|P_{Ci} - P_{Ei}\|$	省份	$P_{Ci} - P_{Ei}$	$\|P_{Ci} - P_{Ei}\|$
北京	1	1	河南	−7	7
天津	6	6	湖北	−4	4
河北	−3	3	湖南	−3	3
山西	−5	5	广东	−7	7
内蒙古	19	19	广西	−6	6
辽宁	8	8	海南	3	3
吉林	7	7	重庆	−1	1
黑龙江	8	8	四川	−11	11
上海	2	2	贵州	−5	5
江苏	−2	2	云南	−5	5
浙江	−1	1	陕西	4	4
安徽	−14	14	甘肃	−2	2
福建	1	1	青海	10	10

续表

省份	$P_{Ci} - P_{Ei}$	$\lvert P_{Ci} - P_{Ei} \rvert$	省份	$P_{Ci} - P_{Ei}$	$\lvert P_{Ci} - P_{Ei} \rvert$
江西	-10	10	宁夏	11	11
山东	-4	4	新疆	10	10
$\sum\limits_{i=1}^{30} \lvert P_{Ci} - P_{Ei} \rvert = 180$			$\sum\limits_{i=1}^{30} P_i = 465$		$\lambda = 0.61290$

资料来源：笔者自制。

从表 7-7 可以看出，中国高端装备制造业服务化效应与区域经济发展水平存在一定程度的一致性，一致性指数为 0.61290。该值在一定程度上说明区域经济发展水平越高，其服务化效应就越显著。

本章小结

本章首先从宏观、产业以及微观视角分别分析了全球价值链下中国高端装备制造业服务化的主要效应。在对中国高端装备制造业服务化效应进行分析的基础上，构建了服务化效应的综合评价指标，对我国 30 个省份高端装备制造业服务化效应进行了测度与分析。

第三部分

服务化模式篇

第8章 全球价值链下高端装备制造业服务化模式总体设计

8.1 产业服务化系统演进影响因素分析及序参量识别

对高端装备制造业服务化系统演进的影响因素进行系统分析，从中找出对产业服务化具有重要影响的宏观控制参量。在此基础上，通过对宏观控制参量约减，识别服务化系统的序参量。

8.1.1 服务化影响因素分析

产业服务化领域中的研究范式主要包括两种，一是"理论→实践"范式，二是"实践→理论→实践"范式。高端装备制造业服务化问题是一个实践性很强的研究课题，因此本书采用第二种范式，从产业服务化实践中挖掘中国高端装备制造业服务化系统演进的影响因素。基于此，本书选择"基于实践，适用于缺乏理论解释或现有理论解释力不足问题的扎根理论"作为全球价值链下我国高端装备制造业服务化系统演进影响因素的研究方法。

扎根理论方法作为一种典型的质化研究方法，从原始资料出发，不断地进行收集、整理和编码，形成众多概念类属，最终得出结论，其核心是对原始资料的编码，包括开放式编码、主轴式编码和选择式编码。因此，本书通过对原始资料的开放式编码、主轴式编码及选择式编码来揭示全球价值链下中国高端装备制造业服务化系统演进的影响因素。

1. 原始数据来源

本章基于前文对高端装备制造业服务化机理的研究，重点从产业服务化条件、服务化动因和服务化过程三个方面进行相关原始数据的收集，所收集的原始数据主要源于政府管理部门、行业管理机构、行业从业人员和社会化行业服务机构。根据法辛格和普拉西斯等（Fassinger and Praxis et al.，2005）的研究成果，样本数选取在 20～30 个为宜，因此本章在保证样本理论饱和性的前提下将样本数量确定为 28 个，其中来源于政府管理部门的样本 4 个，来源于行业主管部门的样本 4 个，来源于装备制造业从业人员的样本 16 个，来源于社会性服务化机构从业人员的样本 4 个。原始数据的收集对象均是在各自领域具有丰富从业或管理经验的工作人员。

2. 研究流程设计

（1）通过以下途径进行原始数据的收集：一是一对一深度访谈，主要访谈对象为高端装备制造业从业人员和社会服务化机构从业人员，访谈对象需要满足"所属行业来自高端装备制造业的典型行业""规模为大中型企业""在本行业内有一定的影响力""进行了服务化建设"等遴选条件；访谈的主要问题依据对高端装备制造业服务化机理研究的成果进行设计，主要包括以下问题：高端装备制造业服务化是必然趋势吗？在全球价值链下高端装备制造业服务化受到哪些因素的驱动和限制？用户的需求影响服务化吗？政府在促进高端装备制造业服务化方面应采取哪些措施？等等。每次访谈采取开放式问卷，访谈时间在 60～120 分钟，记录访谈的关键语句。二是二手资料的收集，主要基于政府和行业协会官方网站、新闻报道和第三方资料对政府管理部门和行业主管部门的相关原始数据进行收集。

（2）在对收集资料进行初步整理的基础上进行抽样回访，对所需资料进行进一步补充。

（3）对所得原始样本数据分为编码组和检验组，分组进行编码分析和理论饱和度检验，其中编码组样本数据为 23 份，检验组样本数据 5 份。

（4）对编码组原始样本数据进行开放式编码、主轴式编码和选择式编码分析。在实施过程中严格遵循扎根理论范畴归纳和模型构建步骤以保证研究的信度和效度。在编码过程中，为进一步规避编码者主观意见的负面影响，结合专家意见进行修订，以提高整个编码过程的客观性（徐建中和曲小瑜，2014）。

3. 范畴提炼

（1）开放式编码。开放式编码是将所收集的数据分解为独立的概念类属，对所识别的概念类属进行范畴化，并对所提炼出的范畴进行命名。开放式编码要求研究者应当以数据资料原始状态的呈现作为目标，尽量保留原始话语，不要漏掉任何重要的概念类属，并且初始概念多存在相互交叉的现象，需要不断进行循环比较。通过对深度访谈和收集的二手资料进行挖掘整理，从中形成118条初始概念，对其进一步进行分类、组合，剔除出现频次低于两次的初始概念，进而提炼出12个范畴，如表8-1所示。

表8-1　　　　　　　　　　　开放式编码形成的范畴

范畴	原始资料语句（初始概念）
价值增值能力	我国包括高端装备制造业在内的制造业已成为全球价值链体系中不可分割的一部分（融入全球价值链）
	与国外同类高端装备产品相比，我们产品在赚取利润方面与发达国家同类产品的差距虽在不断缩小，但仍有一定的差距（横向价值增值差异）
	即使是（我国）高端装备制造业，也长期被锁定在全球价值链的低端位置，价值增值能力还有待提升（纵向价值增值差异）
相对竞争优势	近年来，越南、印度等其他发展中国家以更加低廉的劳动力、资源成本抢占中国高端装备制造业的市场（竞争加剧）
	中国高端装备制造业原有的劳动力及原材料等资源禀赋优势逐渐减少（竞争优势弱化）
	高端装备制造企业往往受制于产品开发和产品销售等服务型企业（竞争优势转移）
市场需求结构	仅仅生成和销售高端装备产品容易受到国内外竞争者及供应链参与方等的多方面挤压（市场空间被挤压）
	高端装备制造产品用户对于产品配套服务的需求增强（消费者偏好）
	一揽子解决方案或整体解决方案更受用户青睐（市场需求倾向）
技术与知识能力	全球价值链下我国高端装备制造企业已建立起多元的技术与知识引进体系（技术与知识引进）
	企业在技术与知识消化吸收方面投入了大量资源，促进了技术与知识消化吸收能力的大幅提升（技术与知识消化吸收能力）
	长期的自主研发和模仿创新提升了我国高端装备制造企业的技术创新与知识应用能力（技术创新与知识应用）
服务化平台构建能力	政府及行业主管部门的相关发展规划与举措客观上为高端装备制造业服务化平台的搭建奠定了基础（产业服务化平台构建与运营基础）
	核心高端装备制造企业已在产业服务化平台构建、平台资源整合、信息资源共享等领域进行了有效尝试，初步形成了产业服务化平台构建能力，在其示范和带动效应下，产业服务化平台构建能力形成并不断提升（产业服务化平台构建能力）
	信息互联的深化、平台运行机制的建立和平台规则的确定提升了产业服务化平台的运营能力（服务化平台运营能力）

范畴	原始资料语句（初始概念）
资源配置能力	中国高端装备制造企业在全球价值链体系下进行了多宗企业合作与并购（全球价值链拓展能力）
	中国高端装备制造企业全球资源配置能力显著提升，部分企业已在全球价值链中处于主导地位（全球价值链下资源配置能力）
	部分高端装备制造企业对国内外装备制造资源进行了有机整合，并进行了构建国家价值链的尝试，取得良好的效果（国家价值链下资源配置能力）
政策环境	我国相关政策和法律法规不断健全和完善，为保障高端装备制造业的服务化奠定了政策环境基础（总体政策环境不断改善）
	《中国制造2025》的颁布推动高端装备制造业的服务化发展（产业服务化政策推动）
	高端装备制造业与服务业的行业规制政策不断放松，从而有效降低了服务化业务的进入壁垒（产业政策性壁垒降低）
经济环境	目前全球经济正处于从制造型经济向服务型经济的过渡时期（服务化转型）
	经济增速放缓，从外延式增长向内涵式增长转变已经成当前经济发展的新方向（经济新常态）
	经济全球化和一体化已成必然（经济全球化）
技术环境	技术研发与创新氛围已初步形成，技术环境显著改善（技术环境显著改善）
	基础性和通用型技术研究不断突破，为产业服务化创新奠定了技术基础（基础技术不断完善）
	产业间技术扩散体系持续完善，产业技术壁垒降低（产业技术壁垒降低）
人才资源	高端装备制造业经过多年累积已建立起相对充足的人才储备（人才储备充足）
	高端装备制造业企业对人才吸引力逐渐上升，并加强了人才引进力度（人才引进力度加强）
	高端装备制造业内部价值环节的服务化重构，以及产业服务化趋势的加剧造就并吸引了大量复合型人才（复合型人才增加）

续表

范畴	原始资料语句（初始概念）
资金资源	高端装备制造业产业及企业平均规模较大，资金相对充足（资金相对充足）
	政府、金融机构和互联网金融等多元化融资渠道丰富了产业服务化资金的来源（融资渠道多元化）
	经济新常态以及装备制造业的战略性地位使其获得大量贴息、免息、无息，甚至是无偿资金投入，融资成本较低（融资成本降低）
信息资源	物联网、自媒体等多元化的信息生成与提取平台极大地丰富了相关信息的原始数据库（原始数据极大丰富）
	多元信息平台的互联有效减少了相关信息孤岛的存在，拓展了相关信息资源的来源及其维度（多元信息互联初步完成）
	大数据和云计算等相关技术的发展与运用为信息资源的高效利用提供了更为有力的方法和手段（信息挖掘能力提升）

资料来源：笔者自制。

（2）主轴式编码。主轴式编码是为了在开放式编码所获取的初始概念和范畴的基础上，运用典范模型进一步形成各范畴之间包括因果条件、现象、脉络、中介条件、行动策略和结果 6 个方面的逻辑关联。最终在主轴编码阶段共得到 4 个主范畴：全球价值链价值位势、服务化能力、服务化环境和服务化资源，各范畴及其逻辑关系。具体见表 8 - 2。

表 8 - 2　　　　　　　　　主轴式编码形成的主范畴

编号	主范畴	对应范畴	关系的内涵
1	全球价值链价值位势	价值增值能力	高端装备制造业的价值增值能力体现了其全球价值链价值位势，价值增值能力越弱，则其服务化倾向就越突出
		相对竞争优势	高端装备制造业的竞争优势逐渐由装备制造价值环节向服务价值环节转移，且其非均衡性逐渐加大
		市场需求结构	市场对服务产品的认可使高端装备产品成为服务的载体，从而进一步降低了高端装备制造业的价值位势，加大了服务化系统的非均衡性

编号	主范畴	对应范畴	关系的内涵
2	服务化能力	技术知识能力	技术与知识在高端制造价值环节与服务价值环节之间形成有效的溢出、扩散与吸收，最终导致服务化结果的产生，因此，技术知识吸收能力会影响系统的服务化能力
		服务化平台构建能力	服务化平台的构建可以实现服务化资源的共享及有效配置，最终导致产业服务化
		资源配置能力	高端装备制造业的全球价值链资源配置能力是中国装备制造业在全球价值链范围内对装备制造及服务资源的优化配置
3	服务化环境	政策环境	国家相关政策法规的制定促进了高端装备制造业的服务化发展
		经济环境	经济全球化的发展，促进了高端装备制造业的服务化发展
		技术环境	基础技术及技术壁垒降低改善了高端装备制造业的服务化环境
4	服务化资源	人才资源	企业以积极的态度吸纳、培养服务化人才增加了高端装备制造业服务化的人力资源
		资金资源	政府、金融中介和外商对装备制造业的资金投入，增加了高端装备制造业服务化的资金资源
		信息资源	丰富的原始数据、信息互联及信息挖掘能力的提升增加了高端装备制造业的服务化的信息资源

资料来源：笔者自制。

（3）选择性编码。选择性编码在主轴式编码的基础上进一步提炼出核心范畴，并揭示各主范畴与子范畴之间的逻辑关系，最终基于不同的影响模式关系建立理论模型。将全球价值链下高端装备制造业服务化作为核心范畴，并围绕核心范畴确定了对其有显著影响的4个主范畴：全球价值链价值位势、服务化能力、服务化环境和服务化资源。各主范畴之间的关系表现为两大范式：一是产业的全球价值链价值位势和服务化能力，从服务化意愿和服务化能力两个方面构成了产业服务化的基础和前提，并对产业服务化产生直接的驱动或约束效应；二是服务化环境和服务化资源通过对产业全球价值链价值位势和装备制造业服务化能力的调节作用，可间接对产业服务化产生影响。基于上述分析，建立基于扎根理论的全球价值链下高端装备制造业服务化影响因素作用模型，如图8-1所示。

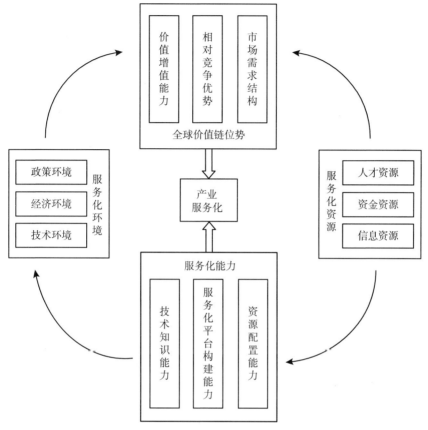

图 8 - 1　基于扎根理论的全球价值链下高端装备制造业服务化影响因素作用模型
资料来源：笔者自制。

（4）理论饱和度检验。对检验组的 5 份样本数据同样进行开放式编码、主轴式编码和选择性编码的检验过程，用以对研究的饱和度进行检验，所得结果均与前文"全球价值链下高端装备制造业服务化影响因素及其典型关系"的研究结论相符，针对校验组样本的分析没有发现新的重要范畴，并且也未能发现主范畴之间形成新的关系。由此可以认为，该研究理论饱和性较好，无须进行进一步的采样和分析。

综上所述，全球价值链下中国高端装备制造业服务化系统的演进主要受全球价值链价值位势、服务化能力、服务化环境和服务化资源四大控制参量的影响。其中，全球价值链价值位势、服务化能力和服务化资源是中国高端装备制造业服务化系统的宏观参量，且均为慢变量，但其状态能否决定服务化系统的状态，即全球价值链价值位势、服务化能力和服务化资源是否为中国高端装备制造业服务化系统的序参量需进一步进行识别。

8.1.2　服务化系统序参量识别

1. 序参量的判定思路及方法

（1）序参量的判定思路。由自组织理论可知，序参量具有如下特征：首先，序参量是产业服务化系统发生突变前后最突出的标志，因此其状态与系统状态具有对应关系；其次，序参量是描述服务化系统整体行为的宏观参量；最后，序参量是服务化系统中慢变量。基于序参量的主要特征，建立服务化系统序参量的判定思路如下：

首先，建立宏观控制参量与系统状态参量间对应关系的知识集；

其次，对知识集进行约减，将非核心控制参量剔除；

最后，对核心控制参量集合进行进一步分析，判定服务化系统的序参量。

（2）序参量的判定方法与步骤。由于粗糙集理论具有"在保持信息系统分类能力不变的前提下对知识集进行属性约减"的突出优点，本章将其作为属性约减和序参量判定的主要方法。

设属性约简集合 $R = \{R : R \in C, \ POS_R(D) = POS_C(D)\}$

则 $POS_R(D) = POS_C(D)$ 为所有步骤的结束条件。

知识集 $R = (U, \ C \cup D, \ V, \ f)$，其中，$C$ 为条件属性，D 为决策属性。

利用差别矩阵计算条件属性 C 相对于决策属性 D 的核 $R = core(C)$。

该算法的具体步骤如下：

第一步：计算属性出现的频率：$f(a) = \lambda_i / D_{ij}$，当 $a \in D_{ij}$，$i, j = 1, 2, \cdots, n$。n 为样本个数；

第二步：对每个属性 $a \in E$，根据步骤一计算其属性重要度 $M(a)$；

第三步：选择 $M(a)$ 值最大的属性，加入至 R 中；

第四步：$R = R + \{a\}$，$E = E - \{a\}$，计算 $POS_R(D)$ 是否等于 $POS_C(D)$，若是则结束，否则，转第二步；

第五步：输出 Core，并在此基础上对高端装备制造业服务化系统的序参量进行判定。

2. 服务化系统序参量的判定与分析

（1）构建控制参量状态与服务化系统状态对应关系知识集。基于高端装备制造业服务化系统的宏观控制参量，以高端装备制造业服务化水平作为系统状态因素，构建服务化系统及其控制参量状态对应关系的知识集。具体过程如下：

首先，设产业服务化系统及其控制参量的状态集 S。由于知识集的构建目的在于通过属性约简确定系统序参量，因此无需对产业服务化系统及其控制参量的状态进行定量化的精确描述，只需确定其状态等级。基于此，建立产业服务化系统及其控制参量的状态集 $S = \{S_1, S_2, S_3, S_4, S_5\}$，其中 S 分别以高低和多少等评价。

对全球价值链价值位势、服务化能力和服务化资源状态进行描述。在此基础上，以高端装备制造业细分行业的服务化为研究对象，就其全球价值链价值位势、服务化能力、服务化资源状况向相关领域的从业者和研究专家进行调研，剔除明显不符合逻辑及无效的调研结果，通过分析整理及信度和效度检验，得到服务化系统控制参量状态与服务化系统状态，即服务化水平对应关系知识集。部分对应关系如表 8-3 所示。

表 8-3　　　　服务化系统及其控制参量状态对应关系的知识集

全球价值链价值位势	服务化能力	服务化资源	服务化水平
高	高	多	高
低	低	中等	低
低	较高	较少	低
低	较低	少	低
中等	较高	较多	中等
低	低	较少	低
较高	中等	多	较高
较高	高	多	较高
较低	较低	多	较低
低	中等	较少	低
较低	中等	多	较低
较低	较低	较多	较低
较低	低	多	较低
中等	高	多	较高
较低	较低	较少	较低

续表

全球价值链价值位势	服务化能力	服务化资源	服务化水平
低	中等	少	低
中等	中等	中等	中等
中等	较低	多	中等
较低	较低	较少	较低
中等	较低	较少	中等
中等	低	中等	中等
较低	较低	少	较低
中等	较高	少	中等
中等	低	少	中等

资料来源：笔者自制。

（2）基于粗糙集的服务化系统序参量的判定。基于调研形成的高端装备制造业服务化系统及其控制参量状态对应关系知识集为基础，运用粗糙集方法，借助 ROSETTA 软件，以 Genetic Algorithm 算法对知识集进行约简。数据完善、算法选择过程分别见图 8-2 和图 8-3。

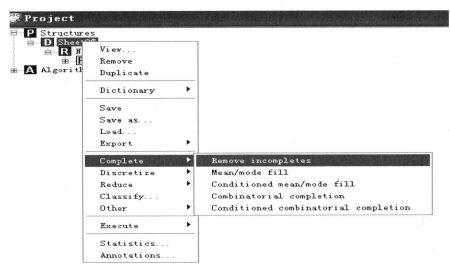

图 8-2　数据完善方法选择

资料来源：ROSETTA 统计输出。

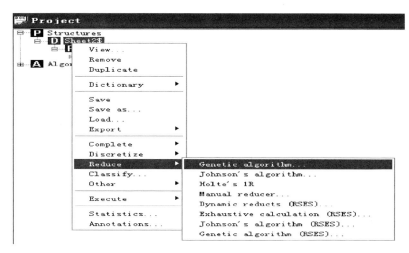

图 8 - 3　算法选择

资料来源：ROSETTA 统计输出。

最终，得到一组控制参量的核集如图 8 - 4 所示。

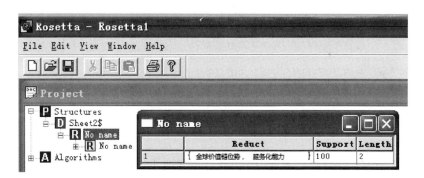

图 8 - 4　服务化系统核心控制参量的核集

资料来源：ROSETTA 统计输出。

可见，全球价值链价值位势与服务化能力的状态共同决定了服务化系统的状态。全球价值链价值位势与服务化能力即为高端装备制造业服务化系统发生突变前后最突出的标志，其状态与服务化系统状态间具有决定性的对应关系。不仅如此，全球价值链价值位势与服务化能力均是描述产业服务化系统整体行为的宏观变量和慢变量。由自组织理论可知，全球价值链价值位势与服务化能力即为全球价值链下中国高端装备制造业服务化系统的序参量。在识别高端装备制造业服务化系统序参量的同时，得到控制参量状态与服务化系统状态的对应规则，部分规则如表 8 - 4 所示。

表 8 - 4   服务化系统控制参量状态与系统状态对应规则

序号	规则
1	全球价值链位势（高）AND 服务化能力（高）⇒服务化水平（高）
2	全球价值链位势（低）AND 服务化能力（低）⇒服务化水平（低）
3	全球价值链位势（低）AND 服务化能力（较高）⇒服务化水平（低）
4	全球价值链位势（低）AND 服务化能力（较低）⇒服务化水平（低）
5	全球价值链位势（中等）AND 服务化能力（较高）⇒服务化水平（中等）
6	全球价值链位势（较高）AND 服务化能力（中等）⇒服务化水平（较高）
7	全球价值链位势（较高）AND 服务化能力（高）⇒服务化水平（较高）
8	全球价值链位势（较低）AND 服务化能力（较低）⇒服务化水平（较低）
9	全球价值链位势（低）AND 服务化能力（中等）⇒服务化水平（低）
10	全球价值链位势（较低）AND 服务化能力（中等）⇒服务化水平（较低）
11	全球价值链位势（较低）AND 服务化能力（低）⇒服务化水平（较低）
12	全球价值链位势（中等）AND 服务化能力（高）⇒服务化水平（较高）
13	全球价值链位势（中等）AND 服务化能力（中等）⇒服务化水平（中等）
14	全球价值链位势（中等）AND 服务化能力（较低）⇒服务化水平（中等）
15	全球价值链位势（中等）AND 服务化能力（低）⇒服务化水平（中等）

资料来源：笔者自制。

综上所述，全球价值链下中国高端装备制造业服务化系统的演进受全球价值链价值位势、服务化能力、服务化环境和服务化资源四个宏观控制参量的显著影响，其中全球价值链价值位势和服务化能力是服务化系统的序参量。

8.2 基于序参量的产业服务化模式总体设计

8.2.1 服务化模式设计原则与思路

1. 服务化模式设计原则

服务化模式设计原则即设计全球价值链下中国高端装备制造业服务化模

式时应该遵循的准则。确定全球价值链下中国高端装备制造业服务化模式的设计原则并加以遵循，对科学合理地设计产业服务化模式具有重要意义。中国高端装备制造业服务化模式的设计应至少遵循以下原则：一是系统性，即所设计的产业服务化模式应构成一个相对完善的模式体系，能涵盖服务化系统演进模式的大多数情形；二是差异性，即所设计的产业服务化模式的内涵与外延不应有较大的重复；三是可行性，即所设计的产业服务化模式应具有可操作性，在现有环境和资源状况下可以实现；四是关联性，即所设计的产业服务化模式间具有一定的逻辑演进关系，可随服务化系统要素的涨落而相互转换；五是适用性，即所设计的产业服务化模式应具有相对固定的适用条件和适用对象。

2. 服务化模式设计思路

由自组织理论可知，全球价值链下中国高端装备制造业服务化系统的演进显著受到系统序参量，即全球价值链价值位势和服务化能力涨落的影响。显然，产业服务化模式总体作为服务化系统演进的重要外在表现，必然受到全球价值链价值位势和服务化能力状态的影响。因此，全球价值链价值位势和服务化能力状态的不同组合，必然对应着不同的装备制造业与生产性服务业的服务化模式。

基于全球价值链下中国高端装备制造业服务化模式的设计原则和自组织理论，本书将全球价值链价值位势和服务化能力不同状态的组合作为设计高端装备制造业服务化模式的依据，对产业的服务化模式体系进行设计。因此，全球价值链价值位势和服务化能力状态等级的确定成为首先要解决的问题。前文在服务化系统序参量识别过程中，为了更加精确地进行属性约减和识别序参量，采用了 5 级制对控制参量的状态进行评价。通过对服务化系统控制参量状态与系统状态对应规则的分析可以发现，不同的控制参量状态组合可形成相同的系统状态，因此服务化系统的演进路径远没有控制参量状态的组合数量多。基于此，本书认为无需对全球价值链价值位势和服务化能力的状态进行多等级的划分。借鉴相关研究成果，本书将全球价值链价值位势和服务化能力的状态数确定为 2，从而形成如图 8 - 5 所示的 4（2×2）种服务化系统的初始状态，并在此基础上设计全球价值链下高端装备制造业的服务化演进模式。

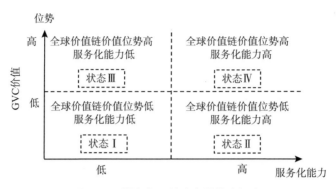

图 8 – 5　服务化系统序参量状态组合

注：因高低是相对的概念，因此用虚线进行状态划分以说明其相对性。
资料来源：笔者自制。

8.2.2　服务化模式总体设计

本书以全球价值链下中国高端装备制造业服务化系统序参量状态的不同组合作为设计服务化系统演进路径，即高端装备制造业服务化模式的主要依据。因此，需先对序参量的组合状态进行详细解析。

状态 I：产业服务化系统内高端装备制造业全球价值链位势较低，且产业服务化能力也较低的状态。全球价值链位势较低，说明该状态下高端装备制造业价值链中装备制造价值环节的增值能力低于服务价值环节的价值增值能力，因此产业服务化意愿必然较强；而较低的服务化能力则说明其无法进行大规模的产业服务化行为，只能从其价值链中既有的个别"结构嵌入型"服务价值环节入手推进服务化进程。在该服务化过程中，高端装备制造业基于其有限的服务化能力和服务化资源，由点到线地将具有一定价值增值能力的结构嵌入型服务价值环节，如能起到支撑、润滑和辅助高端装备制造业产品制造的物流和人力资源管理等服务价值环节嵌入其原有价值环节之中，从而提升自身的价值增值能力。依此循环，高端装备制造业可以将结构嵌入型服务价值环节在多个装备制造价值环节进行多维度嵌入，从而进一步提升其价值增值能力和服务化能力，进而实现高端装备制造业的整体服务化。本书针对状态 I 下的高端装备制造业服务化系统设计了"点式嵌入型服务化模式"。

状态 II：产业服务化系统内高端装备制造业全球价值链位势较低，但产业服务化能力较高的状态。全球价值链位势较低同样说明该状态下高端装备制造业价值链中装备制造价值环节的增值能力低于服务价值环节的价值增值能力，因此产业服务化意愿较强；而较高服务化能力则说明其可以进行大规模的产业服务化行为，基于关系嵌入型服务价值环节推进服务化进程，向价值链的两端延伸。在该服务化过程中，高端装备制造业基于其较高服务化能力和相对充足的服务化资源，将处于全球价值链高端的关系嵌入型服务价值环节，如将研发设计和营销售后等服务环节嵌入自身原有价值链之中，从而在纵向上延伸既有价值链，提升自身的价值增值能力和服务化能力。本书针对状态Ⅱ下的高端装备制造业服务化系统设计了"纵向延伸型服务化模式"。

状态Ⅲ：产业服务化系统内高端装备制造业的全球价值链价值位势较高，但产业服务化能力较低的状态。同理，产业全球价值链价值位势较高说明产业服务化意愿相对较弱，产业服务化乏力；而服务化能力较低则说明其无法进行大规模的产业服务化行为，只能立足于具有较强价值增值能力的高端装备制造价值环节进行服务化。显然，当服务化系统处于状态Ⅲ时，产业服务化系统中高端装备制造业服务化目的并不是延伸其价值链，而是通过其服务化进一步向横向拓展装备制造的业务范围，以提高市场规模、降低装备制造成本，并增加高端装备制造的柔性，突破时空限制而获得更广阔的市场空间。在此过程中，高端装备制造业可充分做强其装备制造价值环节，实现其装备制造价值环节的横向拓展。在"互联网＋"已成为经济发展主流形态的背景下，状态Ⅲ下的高端装备制造业服务化系统可通过云制造实现其横向服务化。本书针对状态Ⅲ下的高端装备制造业设计了"横向拓展型服务化模式"。

状态Ⅳ：产业服务化系统内高端装备制造业全球价值链价值位势较高，且产业服务化能力较高的状态。较高的全球价值链位势说明该状态下高端装备制造业的价值增值能力较强，在全球价值链体系中具有一定的控制力和支配权；而服务化能力较强则说明其具有充足的产业资源和资源优化配置能力。可以推断，状态Ⅳ下服务化系统内的高端装备制造业不仅具有较高的装备制造能力，积累了大量的产业资源，而且具有较高的服务化能力，能同时实现其价值链的横向拓展和纵向延伸。在既有的全球价值链体系中，价值链主导者的治理和控制使中国高端装备制造业不可能实现在全球价值链体系内的自动升级，因此打破既有全球价值链体系，依托我国完善的高端装备制造业体系和服务业体系进行全球价值链体系的重构，成为状态Ⅳ下服务化系统一个可行而有效的选项。本书针对状态Ⅳ下的服务化系统设计了"网式重构型服务化模式"。

综上所述，全球价值链下中国高端装备制造业服务化模式体系如图8-6所示。

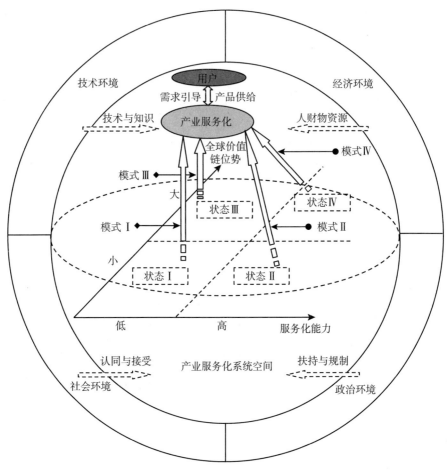

图 8－6　高端装备制造业服务化模式体系

资料来源：笔者自绘。

8.2.3　服务化模式关系分析

通过前文分析及模式设计过程介绍可知，中国高端装备制造业服务化模式间存在一定逻辑关联关系。而服务化模式间的关联关系主要是由服务化系统序参量状态间的演进关系决定。全球价值链价值位势和服务化能力会随着系统要素的涨落发生改变，当其变化累积到一定的程度后，就可以突破阈值到达一个新状态，从而使系统适宜的演进路径即产业服务化模式发生改变。从当前中国高端装备制造业的发展实践来看，全球价值链价值位势呈现逐渐提高的发展态势，但并非不可逆转；中国高端装备制造业的服务化能力也在不断提升。但是，从高端装备制造业具体细分行业的视角来看，其全球价值链价值位势和服务化能力则具有多种演化的可能性，因此中国高端装备制造业服务化模式间可能存在转化关系。综上所述，全球价值链下中国高端装备制造业服务化模式之间的关联关系如图 8 - 7 所示。

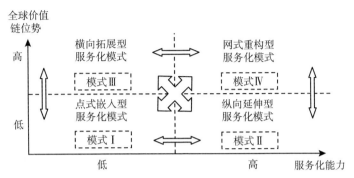

图 8 - 7　高端装备制造业服务化模式之间的关联关系

资料来源：笔者自制。

　　针对上述全球价值链下中国高端装备制造业服务化模式，在此做如下说明：一是上述产业服务化模式是基于特定视角而设计的，该视角并不具有唯一性和排他性，因此高端装备制造业的服务化亦可通过其他模式实现；二是由于产业服务化实践的多样性，本书设计的高端装备制造业服务化模式无法覆盖所有产业服务化实践形态；三是本书基于产业服务化系统序参量状态的四种组合设计了四条对应的产业服务化模式，但两者间并不具备完全的对应关系，产业服务化模式的选择除考虑序参量因素外，还需要综合考虑系统其他参量，因此产业服务化模式的选择体系需进行综合设计。

本章小结

　　本章基于扎根理论和服务化系统演进机理，分析揭示产业服务化的影响因素，进而确定服务化系统的序参量为高端装备制造业的全球价值链价值位势和服务化能力。基于服务化系统序参量不同的状态组合，基于总体视角设计了由点式嵌入型服务化模式、纵向延伸型服务化模式、横向拓展型服务化模式和网式重构型服务化模式构成的高端装备制造业服务化模式体系，并揭示了各服务化模式间的演进关系。

第9章　点式嵌入型服务化模式及其实现策略

9.1　点式嵌入型服务化模式内涵与特征分析

9.1.1　点式嵌入型服务化模式的内涵

点式嵌入型服务化模式是通过结构嵌入型服务价值环节在高端装备制造业价值链中的嵌入而实现的产业服务化模式。要更为准确理解点式嵌入型服务化模式的内涵，应清楚地认识结构嵌入型服务价值环节的内涵。

所谓结构嵌入型服务价值环节，主要是指可作为中间投入直接进入高端装备制造业既有价值链体系之中，作为辅助性服务来润滑和辅助高端装备制造的服务价值环节。对于高端装备制造业而言，与其存在密切经济关联和社会关联的结构嵌入型服务价值环节主要包括制造维修服务、入厂物流和信息服务等。

点式嵌入型服务化模式是指以高端装备制造业既有的装备制造价值链为基础，通过服务化系统内高端装备制造业、结构嵌入型服务价值环节、用户、政府、中介机构等相关主体间经济关系和社会关系的有效运作，以结构嵌入型服务价值环节嵌入高端装备制造业既有价值链为具体表现形式的产业服务化方式。

9.1.2　点式嵌入型服务化模式的特征

1. 结构嵌入型服务价值环节的特征

结构嵌入型服务价值环节一般是作为中间投入直接进入高端装备制造价

值链体系，或作为辅助性服务来润滑或辅助装备制造过程实现的服务价值环节，因此除了具备生产性服务所共有的诸如中间性、关联性和专业性等产业特征外，还具有如下特征。

（1）辅助性。结构嵌入型服务价值环节虽是作为独立产业形态出现在高端装备制造业服务化系统中，但其在服务化系统中主要是为了辅助高端装备制造业进行装备制造活动。因此，结构嵌入型服务价值环节具有显著的辅助性。

（2）润滑性。结构嵌入型服务价值环节可将原本离散的高端装备制造环节进行有机串联，从而形成完整的高端装备制造体系。因此，结构嵌入型服务价值环节具有明显的润滑作用。

（3）嵌入性。结构嵌入型服务价值环节的作用只有嵌入高端装备制造体系之中才能得以体现，无论这种嵌入是基于产业关联还是产业服务化。因此，结构嵌入型服务价值环节具有嵌入性特点。

2. 产业服务化模式的特征

基于高端装备制造业和结构嵌入型服务价值环节的特征可以推断，全球价值链下高端装备制造业的点式嵌入型服务化模式具备如下特征。

在服务化模式适用性方面，点式嵌入型服务化模式适用于中小规模高端装备制造业企业的服务化。其涉及的高端装备制造业的服务化能力相对较弱，且价值增值能力不高，资源相对匮乏且产业能力相对有限。

在服务化模式目标方面，通过点式嵌入型服务化模式所实现的产业服务化，其服务化目标主要表现在对既有高端装备制造环节的改造和升级方面。点式嵌入型服务化通过将结构嵌入型服务价值环节内部化，可降低结构嵌入型服务要素的搜索及获取成本，进而降低高端装备制造成本。此外，产业服务化还可通过减少结构嵌入型服务的搜索及获取时间，提高高端装备制造业的生产效率，从而产生效益和效率两方面的效应。

在服务化模式实现过程方面，点式嵌入型服务化模式的实现是一个由点到线，由个别企业到产业整体，由个别价值环节到价值链整体的过程。个别高端装备制造业企业的偶发性服务化很可能会在高端装备制造行业内部形成示范效应，该示范效应与产业内部知识扩散与学习效应相耦合，则会使产业服务化形成裂变式扩张，从而有效加快点式嵌入型服务化模式的实现。

9.2 点式嵌入型服务化模式详细设计

9.2.1 点式嵌入型服务化模式体系框架设计

1. 服务化模式体系基本构成要素分析

前文已经对包括高端装备制造业、结构嵌入型服务价值环节、政府、行业协会和用户等在内的产业服务化系统要素进行了分析，但在点式嵌入型服务化模式体系下，各要素的内涵及特点又呈现一些新的变化。

（1）中小企业。点式嵌入型服务化模式体系下的高端装备制造业企业主要指新兴的中小高端装备制造企业。该类高端装备制造企业的服务化能力相对较弱，且价值增值能力不强，资源相对匮乏且产业能力相对有限。

（2）结构嵌入型服务价值环节。结构嵌入型服务价值环节是服务业中增值能力相对较低的服务价值环节，其在点式嵌入型服务化模式体系中主要发挥支撑、润滑和辅助高端装备制造业的作用。结构嵌入型服务价值环节在实现自身价值的同时推动高端装备制造业的服务化发展，并在适宜的时候以恰当的方式嵌入高端装备制造业价值链之中，进而实现高端装备制造业的服务化。

（3）政府。政府通过政策引导和资源支持，不仅可以推动特定领域高端装备制造业的发展，为点式嵌入型服务化模式的实现奠定基础；而且可以对高端装备制造业的发展进程以及高端装备制造业的服务化进程进行有效调节。

（4）用户。总体来说用户是高端装备制造业服务化得以发展和实现的动因和归宿，对产业服务化具有重要影响。在点式嵌入型服务化模式体系下，由于产业服务化的直接目标在于提升高端装备制造业的装备制造效率和降低装备制造成本，因此用户要素在该体系中主要起到间接的引导作用。

（5）其他要素。行业协会和中介机构等要素不仅可以在产业进入与退出壁垒、信息和财务等支持性服务方面为高端装备制造业服务化创造有利条件，而且可以对高端装备制造业的服务化进程进行润滑，因此在点式嵌入型服务化模式的实现过程中具有重要性作用。

2. 服务化模式体系结构设计

服务化模式的体系结构强调高端装备制造业服务化系统内各要素之间的

相互作用关系。点式嵌入型服务化模式体系中各要素间均存在相互作用,其中可对产业服务化产生深刻影响的作用关系包括以下几组。

(1) 高端装备制造业与结构嵌入型服务价值环节的相互作用。在点式嵌入型服务化模式体系下,高端装备制造业与结构嵌入型服务价值环节的相互作用关系具体表现在以下两个方面:一方面,高端装备制造业通过供求关系,将结构嵌入型服务价值环节吸引至产业服务化系统之中,不仅通过订单为相关服务业的生存和发展提供空间,还通过需求结构引导服务业供给结构的调整和升级;另一方面,结构嵌入型服务价值环节不仅通过其润滑作用将各个离散的高端装备制造环节联结为一个有机整体,而且可以基于其高效率和专业化的服务提高生产效率。装备制造业与结构嵌入型服务价值环节互为依托、相互促进,通过相互作用推动产业服务化系统的演进。

(2) 高端装备制造业、结构嵌入型服务价值环节与政府的相互作用。在点式嵌入型服务化模式体系下,高端装备制造业、结构嵌入型服务价值环节与政府之间的相互作用主要表现为政府对高端装备制造业、结构嵌入型服务价值环节、产业服务化发展的引导、促进和规制作用。在产业发展以及产业服务化过程中,政府可通过其掌握的政策工具、经济工具等对其进行引导和促进,并在此过程中规制可能出现的不正当市场行为。产业发展和产业服务化则要求政府重新思考自己的角色定位,促使政府专注于消除产业服务化的障碍,维持一个良好的市场环境和产业发展环境。

(3) 高端装备制造业、结构嵌入型服务价值环节与用户的相互作用。用户对高端装备制造业可在高端装备产品的成本、质量和功能等多个维度产生直接而重要的影响。在点式嵌入型服务化模式体系下,由于结构嵌入型服务价值环节的中间性特点,用户与其不会产生直接的相互作用。而对于高端装备制造业的服务化,用户则具有间接的、多维度的引导作用;高端装备制造业的服务化则可以更好地满足用户需求,甚至在一定程度上创造和引领用户需求。

(4) 高端装备制造业、结构嵌入型服务价值环节与其他要素。在点式嵌入型服务化模式体系下,高端装备制造业的服务化发展需求在一定程度上决定了其他要素作用及功能的发挥;而其他要素则对产业服务化具有重要的辅助支撑和润滑作用。

点式嵌入型服务化模式体系下各要素间均存在直接或间接的关系,除上述主要关系外,各要素间还存在其他的作用关系,如政府对行业协会和中介机构的管理。综合各要素间的相互作用关系,可以得到点式嵌入型服务化模式体系框架,如图 9 - 1 所示。

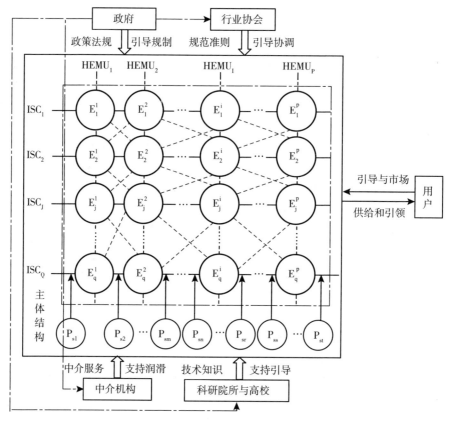

图 9 - 1　点式嵌入型服务化模式体系框架

注：$HEMU_I$ 为第 I 类高端装备制造单元，ISC_J 为第 J 条服务化系统内部供应链，E_J^I 为处于第 J 条内部供应链的第 I 类高端装备制造单元，P_{SS} 为第 S 类结构嵌入型服务价值环节。

资料来源：笔者自绘。

9.2.2　点式嵌入型服务化模式实现机制设计

1. 点式嵌入型服务化模式触发机制

在高端装备制造业服务化的初始阶段，其产业服务化现象属于偶发性事件，是由个别具有创新意识和创新能力的"精英企业"所完成的。触发产业服务化的可能性有很多，如成本触发、市场触发、知识触发和资源触发等，但对于中小高端装备制造业企业而言，其服务化主要发生在高端装备制造业和与其存在密切产业关联的结构嵌入型服务价值环节之间，因此产业服务化主要由成本所触发。高端装备制造业服务化的成本触发机制如下：高端装备制造业获取结构嵌入型服务价值环节的主要途径有两种，一种是通过市场交易，在需要时从产业外部输入结构嵌入型服务价值环节，另一种是将结构嵌入型服务价值环节进行内部化处理，使之成为高端装备制造业的一个内部职能。显然，这两种途径都需要付出相应的成本。从成本的构成来看，除去服务本身所消耗的成本外，交易成本还包括搜寻成本、信息成本、议价成本和决策成本等其他细分成本（Oliver and Williamson，1975）；而内部化成本则包括服务化成本及服务化后的管理成本等。显然，当内部化成本小于交易成本时，产业服务化作为高端装备制造业获取结构嵌入型服务价值环节成本较低的途径就会成为企业的首选，从而引发产业服务化。

2. 点式嵌入型服务化模式实现过程

在成本控制因素触发产业服务化的基础上，个别高端装备制造业企业在降低成本因素的推动下，率先将与其联系紧密且交易成本较高的结构嵌入型服务价值环节进行内部化处理，即实现产业服务化，并在此基础上对服务化后的产业资源进行整合以降低高端装备制造成本并提升企业效率。其中成功进行资源整合的高端装备制造企业必然会取得降低高端装备制造成本、增强装备制造稳定性和提高产业进入壁垒等服务化正向效应。在产业服务化正向的示范效应同产业知识扩散与学习效应的耦合作用下，产业服务化行为大量涌现，服务化范围也从单一的结构嵌入型服务价值环节向结构嵌入型服务价值环节整体转变，从而实现高端装备制造业的全面服务化。在此过程中，随着产业服务化规模的不断扩大，政府、行业协会、中介机构和科研院所等相关主体的作用逐渐突出，它们对产业服务化进程产生引导、规范、协调、润滑和支持等多维度的重要影响。可见，高端装备制造业的服务化是一个由点到线，由特殊到一般，由局部到整体的动态演进过程。在这个过程中，高端装备制造业等相关主体各司其职，并通过其作用的合理发挥推动产业的服务化发展。然而，点式嵌入型服务化模式的实现过程并不是一个单向演进过程。在此过程中，当维持内部化结构嵌入型服务价值环节的综合成本高于其外部交易成本时，高端装备制造企业则有可能将该服务业务外包或分离出去。因此，高端装备制造业的服务化实现机制是一个高端装备制造业、结构嵌入型服务价值环节、政府、行业协会、中介机构和科研院所等相关主体共同参与并发挥作用，由点到线，由特殊到一般，由局部到整体依次服务化，并最终实现动态平衡的产业动态服务化过程。

3. 点式嵌入型服务化模式体系运行机制

当高端装备制造业的服务化与制造化到动态平衡时，产业服务化过程即告完成，产业服务化系统达到新的平衡态。在此平衡态下，点式嵌入型服务化体系的运行机制将主导服务化系统的演进进程。为保障高端装备制造业服务化系统的有序运行与演进，首先应建立由政府和行业协会主导，各相关要素共同参与的点式嵌入型服务化模式体系运行管理机构，并确定其工作领域、权限和责任，从模式体系整体视角保障产业服务化系统的有效运行；其次，在点式嵌入型服务化模式体系中搭建服务化系统要素沟通协调及要素流通平台，保障系统各要素之间人财物、信息和知识等资源的有效流动，从资源视角保障产业服务化系统的有效运行；最后，确定点式嵌入型服务化模式体系各要素的行为准则和规范，并建立相应的考评和奖惩体系，在对体系内各要素的行为进行有效考评的基础上奖优罚劣，从要素视角保障点式嵌入型服务化模式体系的有效运行。

9.2.3　点式嵌入型服务化模式实现要点分析

在实现点式嵌入型服务化模式的过程中，有如下要点需要重点关注：一是要随时对产业的服务化状况和服务化绩效间的关系进行评价，并据此调整点式嵌入型服务化模式的实现过程，因此如何测度点式嵌入型服务化模式下高端装备制造业的服务化水平就显得尤其重要；二是点式嵌入型服务化模式的实现受多重因素共同影响，只有确定了其中的重要或关键因素，才可以更加有效地实现点式嵌入型服务化模式，因此产业服务化关键影响因素的揭示也需要重视。

1. 产业服务化水平的确定

产业服务化水平是衡量产业服务化程度的重要指标。学者们（严伟，2014；侯兵和周晓倩，2015；贺正楚、吴艳和蒋佳林，2013）采用了多种方法对产业服务化水平进行测度，主流方法包括基于综合评价的测度方法、基于耦合度模型的测度方法和基于投入产出模型的测度方法等。由于点式嵌入型服务化模式是通过结构嵌入型服务价值环节嵌入高端装备制造业价值链的方式得以实现的，因此，定量描述高端装备制造业与结构嵌入型服务业间定量关联的投入产出法与产业服务化的内涵更加吻合。基于此，本章采用基于投入产出模型的测度方法对点式嵌入型服务化模式下的产业服务化水平进行测度。

通过对点式嵌入型服务化模式特征的分析可知，该服务化模式下高端装备制造业服务化主要是通过结构嵌入型服务价值环节在高端装备制造业价值链中的嵌入而完成的。因此，可以通过高端装备制造业对结构嵌入型服务价值环节的直接消耗系数对其服务化水平进行评价，其评价模型如式（9-1）所示：

$$ICd = \frac{\sum \sum x_{ij}}{\sum X_j} i = 1, 2, \cdots, n, j = 1, 2, \cdots, m \qquad (9-1)$$

式（9-1）中 ICd 表示高端装备制造业的服务化水平，x_{ij} 表示高端装备制造业第 j 细分行业对结构嵌入型服务价值环节 i，即第 i 细分行业的直接消耗量，X_j 表示高端装备制造业第 j 细分行业总投入。

2. 产业服务化模式关键要素揭示

点式嵌入型服务化模式主要着眼于高端装备制造业生产成本的降低及高端装备制造效率的提升，而成本的降低亦可通过效率来进行衡量。因此，本章基于效率视角揭示点式嵌入型服务化模式的关键要素，并将其作为模式实现的重要依据。

（1）研究方法选择。效率的评价方法主要包括参数评价方法和非参数评价方法。典型的参数方法主要包括因子分析法（Frantzen，1943）、多元线性回归模型（Mike and Hinny，1994）、产品周期模型（Meeusen and Broeck，1995）、绩效评价方法（Catherine J Morrison，2000）和网络分析法（Eve，2004）等。非参数效率评价法则主要包括数据包络分析法（Data Envelopment Analysis，DEA）和随机前沿分析法（Stochastic Frontier Analysis，SFA），两种方法各有其优越性和适用范围。由于点式嵌入型服务化模式的重要目标就是提高高端装备制造业效率，因此本章的研究思路是首先测度评价对象的效率，进而以效率作为因变量，以产业服务化要素为自变量测度各要素对产业服务化效率的影响。因此，SFA 方法所具有的"对效率和要素进行'一步法'评价的突出优势"就无从发挥（綦良群等，2014），而 DEA 方法因无需设定生产函数具体形式，避免了因函数误设而造成的评价结果误差而被更加适用（Guan and Chen，2010）。本章选择 DEA 方法作为测度点式嵌入型服务化模式关键要素的方法。

（2）评价指标体系的构建。如果一个产业服务化活动能以较低的服务化成本获得较高的产业服务化产出，则该产业服务化活动就是高效率的（Elena and Orietta，2011）。因此，高端装备制造业的服务化首先受到人、财、物等投入资源和服务化产出的直接影响。投入方面，人员投入可以从质量和数量两个方面进行衡量，资金方面则可从产业服务化过程中的资金投入量进行衡量。由于缺少针对产业服务化的统计数据，因此分别采用产业从业者中大学以上学历人员数量、产业从业人员总数量和产业资金投入量进行评价。产出方面，可通过高端装备制造业的服务化水平进行评价。

点式嵌入型服务化模式的实现除了受到产业服务化过程中投入因素和产

出因素的影响外，必然还会受到产业规模、产业竞争程度和产业资源总量等产业因素的影响，可分别采用产业总产值、产业内企业数量和产业资产总额进行评价。

综上所述，可以得到点式嵌入型服务化模式的要素评价指标体系，如表 9-1 所示。

表 9-1　　　　　　　　点式嵌入型服务化模式的要素评价指标体系

目标层	准则层	指标层
Input：投入因素	IHu：产业服务化从业人员质量	产业从业者中大学学历人员数量
	IHq：产业服务化从业人员数量	产业从业人员总数量
	IFu：产业服务化资金投入	产业资金投入量
Inf.：影响因素	ICs：产业规模	产业总产值
	ICc：产业竞争程度	产业企业数量
	ICr：产业资源总量	产业资产总额
Output：产出因素	ICd：产业服务化水平	产业服务化水平

资料来源：笔者自绘。

（3）研究模型构建。本章基于 DEA 方法，采用"两步法"对点式嵌入型服务化模式下产业服务化关键要素进行揭示。

首先，构建产业服务化效率的 DEA 模型（孙凯、曹丽艳和毕克新，2012）。由于传统的 C^2R 模型在效率测度过程中会出现多个决策单元（Decision Making Unit，DMU）效率值为 1 而缺乏区分度的问题，本章以传统的 C^2R 模型为基础，引入虚拟 DMU 对其进行改进。具体步骤如下：

第一步：构造虚拟 DMU。

构造虚拟的最优决策单元和最劣决策单元，分别命名为 DMU_{n+1} 和 DMU_{n+2}，其输入向量分别为 $X_{n+1} = (x_{1,n+1}, \cdots, x_{i,n+1}, \cdots, x_{m,n+1})^T$ 和 $X_{n+2} = (x_{1,n+2}, \cdots, x_{i,n+2}, \cdots, x_{m,n+2})^T$，输出向量分别为 $Y_{n+1} = (y_{1,n+1}, \cdots, y_{r,n+1}, \cdots, y_{s,n+1})^T$ 和 $Y_{n+2} = (y_{1,n+2}, \cdots, y_{r,n+2}, \cdots, y_{s,n+2})^T$。其中最优 DMU_{n+1} 以实际全部 DMU 指标中的最小值和最大值分别作为其输入和输出指标值；最劣 DMU_{n+1} 则以实际全部 DMU 指标中的最大值和最小值分别作为其输入和输出指标值，即 $x_{i,n+1} = \min(x_{i1}, \cdots, x_{in})$，$y_{r,n+1} = \max(y_{r1}, \cdots, y_{rn})$；$x_{i,n+2} = \max(x_{i1}, \cdots, x_{in})$，$y_{r,n+2} = \min(y_{r1}, \cdots, y_{rn})$。不难看出，$DMU_{n+1}$ 和 DMU_{n+2} 有可能并不存在于生产可能集内部，其引入只是作为一个参照，为有效区分各 DMU 的效率服务。

第二步：建立最优决策单元 DMU_{n+1} 的效率评价模型。

以 $n+2$ 个决策单元的效率评价值为约束，以最优决策单元 DMU_{n+1} 的效率评价值 V_{n+1}^* 为目标函数建立新的 DEA 模型，如式（9-2）所示：

$$\begin{cases} \max \beta^T Y_{n+1} \\ \alpha^T X_j - \beta^T Y_j \geqslant 0, \ j=1, \cdots, n+2 \\ \alpha^T X_{n+1} = 1 \\ \alpha \geqslant 0, \ \beta \geqslant 0 \end{cases} \quad (9-2)$$

DMU_{n+1} 显然是 DEA 有效的，则有 $V_{n+1}^* \equiv 1$，但式（9-2）有无穷多组最优解 α^* 和 β^*，需对其进行筛选，以确定对所有 DMU 都有符合要求的公共权向量。

第三步：确定公共权向量。

由 $V_{n+1}^* = \dfrac{u^{*T} Y_{n+1}}{v^{*T} X_{n+1}} = \dfrac{\beta^{*T} Y_{n+1}}{\alpha^{*T} X_{n+1}} \equiv 1$ 可知，最优决策单元 DMU_{n+1} 满足 $\beta^{*T} Y_{n+1} - \alpha^{*T} X_{n+1} = 0$。为确定公共权向量，建立模型如式（9-3）所示：

$$\begin{cases} \min \beta^T Y_{n+2} \\ \alpha^T X_j - \beta^T Y_j \geqslant 0, \ j \neq n+1 \\ \alpha^T X_{n+2} = 1 \\ \beta^T Y_{n+1} - \alpha^T X_{n+1} = 0 \\ \alpha \geqslant 0, \ \beta \geqslant 0 \end{cases} \quad (9-3)$$

式（9-3）以最劣决策单元 DMU_{n+2} 的效率评价值最小为目标。相对于式（9-2），其增加了约束条件 $\beta^T Y_{n+1} - \alpha^T X_{n+1} = 0$，以使得 DMU_{n+1} 的效率评价值最大。通过式（9-3）可对最优决策单元的无穷多组权向量进行筛选，得出使最劣决策单元效率值最小的一组权向量。

第四步：求各 DMU 的效率值。

在求解式（9-3）得到最优解 α^{**}、β^{**} 基础上，利用式（9-4）求出各决策单元的效率评价值。

$$V_j^{**} = \frac{\beta^{**T} Y_j}{\alpha^{**T} X_j} \ (j=1, \cdots, n) \quad (9-4)$$

第五步：重复上述过程得到各 DMU 的效率值。

以上一步骤中效率最大单元和最小单元 DMU_α 和 DMU_β 分别代替之前的最优和最劣决策单元，即 DMU_{n+1} 和 DMU_{n+2}，并重复上述步骤，得到实现所有 DMU 的充分有效排序，并获得各 DMU 的效率评价值。

在此基础上，以点式嵌入型服务化模式下高端装备制造业服务化的综合效率（synthetical efficiency，SE）为因变量，以投入因素和影响因素为自变量，建立 Tobit 回归模型如式（9-5）所示：

$$SE = \beta_0 + \beta_1 \times IHu + \beta_2 \times IHq + \beta_3 \times IFu + \beta_4 \times ICs + \beta_5 \times ICc + \beta_6 \times ICr + \varepsilon_i$$

$$(9-5)$$

（4）实证研究与结果分析。首先，进行实证研究对象的选择。在具体研究对象的选择上仅以高端装备制造业较为集中的省市的相关产业和主体作为实证研究对象。在此基础上，通过对官方统计年鉴及网络公开数据的收集和整理，得到 15 组用于实证研究的原始数据，实证对象集合 S_{et} = {江苏，广东，山东，浙江，河南，上海，湖北，辽宁，安徽，四川，陕西，吉林，湖南，北京，重庆}。

其次，利用前文模型依次对实证区域高端装备制造业服务化水平，区域产业服务化效率，以及产业服务化要素进行测度，结果分别如表 9-2、表 9-3 和表 9-4 所示。

表 9-2　　　　　　　　　　实证区域高端装备制造业服务化水平

区域	服务化水平	区域	服务化水平	区域	服务化水平
DMU_1	0.12970	DMU_6	0.10328	DMU_{11}	0.08259
DMU_2	0.11848	DMU_7	0.06957	DMU_{12}	0.07801
DMU_3	0.05393	DMU_8	0.10498	DMU_{13}	0.07982
DMU_4	0.04779	DMU_9	0.09953	DMU_{14}	0.06639
DMU_5	0.07007	DMU_{10}	0.06967	DMU_{15}	0.09516

资料来源：笔者自制。

表 9-3　　　　　　　　　　实证区域高端装备制造业服务化效率

区域	综合效率	技术效率	规模效率	区域	综合效率	技术效率	规模效率
DMU_{n+1}	0.00002	0.00095	0.01805	DMU_9	0.00382	0.01140	0.31825
DMU_1	0.00095	0.01425	0.23940	DMU_{10}	0.00712	0.00855	0.79040
DMU_2	0.00559	0.02660	0.19950	DMU_{11}	0.00745	0.03325	0.21280
DMU_3	0.00242	0.01805	0.12730	DMU_{12}	0.00318	0.01710	0.17670
DMU_4	0.00265	0.06460	0.03895	DMU_{13}	0.00950	0.00950	0.95000
DMU_5	0.02589	0.23750	0.10355	DMU_{14}	0.01104	0.08360	0.12540
DMU_6	0.00162	0.01045	0.14725	DMU_{15}	0.01131	0.05985	0.17955
DMU_7	0.01910	0.02090	0.86830	DMU_{n+2}	1.00000	1.00000	1.00000
DMU_8	0.00790	0.01140	0.65835	均值	0.00797	0.04180	0.34238

资料来源：Frontier 统计输出。

表 9 - 4　　　　　　　　　　　产业服务化要素测度结果

要素	IHu	IHq	IFu	ICs	ICc	ICr
作用强度	1. 28424 **	– 0. 82158 *	– 0. 45729 *	0. 18766 ***	2. 12077 ***	0. 45212 ***

注：* 表示 10% 的显著性水平，** 表示 5% 的显著性水平，*** 表示 1% 的显著性水平。
资料来源：Frontier 统计输出。

通过对表 9 - 2、表 9 - 3 和表 9 - 4 的分析可以得到如下结论。

首先，实证区域高端装备制造业服务化水平之间存在较大的离散性。结合各实证研究区域的经济发展基本面和产业发展现状可以看出，产业服务化水平与区域经济发展水平、产业均衡性之间存在正相关关系，经济发达且高端装备制造业与结构嵌入型服务业均衡发展的地区，产业的服务化水平相对较高。

其次，改进后的 DEA 模型对各 DMU 的效率进行了有效区分，解决了传统 DEA 模型评价结果中多个 DMU 效率值为 1 的问题。从服务化效率的视角来看，由于引入了虚拟最优 DMU，造成了各区域产业服务化效率均较低的问题，但各 DMU 效率的相对差异性至少可以说明如下几点：一是区域高端装备制造业的服务化效率与区域经济发展水平是正相关的；二是排除最优 DMU 的影响，各区域高端装备制造业服务化的综合效率仍然较低，说明其还有较大的提升空间；三是各区域的规模效率高于技术效率，说明目前高端装备制造业服务化领域所投入的资源量更接近于效率前沿面，而包括管理在内的广义技术因素离效率前沿面则相对较远，前者需简单调整而后者则需大力改进。

最后，从产业服务化要素的视角来看，投入因素方面，产业服务化从业人员质量对产业服务化具有正向影响，而从业人员数量和资金投入则具有负向影响。说明从业人员数量和服务化资金的增加会抑制产业服务化的效率，而提高人员质量则有助于提升产业服务化效率。因而产业从业人员和产业投入资金的增加会加大产业发展的惯性，从而影响产业服务化这一新兴产业发展形态的发展。而从逻辑上来看，产业服务化从业人员数量和产业服务化资金投入的增加可促进产业服务化效率的提升。影响因素方面，产业竞争程度对产业服务化效率具有重要的推动作用，竞争的加剧必然促使企业寻求更加高效的发展模式，而产业服务化发展则有助于在降低产业成本的同时提高其效率。产业规模和产业资源总量对产业服务化同样具有正向影响，但是影响相对偏低。综上可知，提高产业服务化从业人员质量，增加产业服务化资金投入量，以及提高产业的开放性和竞争性等策略，有助于点式嵌入型服务化模式的高效实现。

9.3 点式嵌入型服务化模式实现策略研究

9.3.1 构建产业主导的点式嵌入型服务化模式实现组织体系

点式嵌入型服务化模式的实现离不开相应组织机构的实施、管理和支持，一个高效的产业服务化实施组织体系至少应包括产业服务化实施机构、管理机构和支持机构三类组织。

1. 构建点式嵌入型服务化模式的实施机构

构建点式嵌入型服务化模式的实施机构对加快高端装备制造业的服务化进程、提高产业服务化效率具有重要的意义。高端装备制造业的服务化过程是一个典型的自组织过程，因此点式嵌入型服务化模式的实施机构必然以高端装备制造业和结构嵌入型服务价值环节为主体，基于平等和互惠原则而进行构建。点式嵌入型服务化模式的实施机构可全新构建，亦可由服务化主体原有管理部门整合而来，其主要职责是落实高端装备制造业的服务化规划，具体落实产业服务化事宜。在具体的实施过程中，点式嵌入型服务化模式实施机构的具体工作包括制定产业的服务化计划；确定点式嵌入型服务化模式所涉及各主体的责任、义务和权利；落实点式嵌入型服务化模式实施的具体工作，并分配产业服务化资源；对点式嵌入型服务化模式实施过程进行监控、控制和管理，协调可能出现的各种冲突。

为了保障高端装备制造业服务化进程的顺畅实施，点式嵌入型服务化模式实施机构应具有较高的权威性，较为有效的方式就是将相应主体的一把手引入点式嵌入型服务化模式实施机构，并赋予其相应的工作责任和工作任务，在调动其积极性的同时获得其支持和理解，从而保障点式嵌入型服务化模式的实现。

2. 设立点式嵌入型服务化模式的实现管理机构

高端装备制造业的服务化虽然是产业的自组织行为，但必然会受到政府和行业协会等管理机构的管理和规制。且在市场经济体制下，完全的自由经济往往因其盲目性而达不到最优效率。因此，需设立以政府和行业协会为主导的点式嵌入型服务化模式的管理机构，对高端装备制造业的服务化过程进行管理和规制。

服务化管理机构不可对服务化系统内相关主体的产业服务化行为进行直接的行政干涉和政策规制，而是要通过以下措施从管理视角保障点式嵌入型服务化模式的实现。一是制定和实施点式嵌入型服务化模式下的产业服务化规划，并根据点式嵌入型服务化模式的实现进展以及环境变化，及时对规划进行调整，从战略视角保障点式嵌入型服务化模式的实现。二是要通过其职能的发挥降低行业壁垒、完善市场秩序、宣传和鼓励产业服务化正面典型，营造有利于点式嵌入型服务化模式实现的氛围并创造产业服务化条件。三是规范产业服务化过程中各主体的行为，对点式嵌入型服务化模式实现过程中各主体间可能出现的矛盾和冲突进行处理，以保障点式嵌入型服务化模式的实现。

3. 完善点式嵌入型服务化模式的实现支持机构体系

点式嵌入型服务化模式的实现离不开中介等支持性服务机构，其中部分行业本身就属于结构嵌入型服务价值环节。因此，完善产业主导的点式嵌入型服务化模式实现支持机构体系，对促进高端装备制造业的服务化同样具有重要的积极意义。

完善点式嵌入型服务化模式实现支持机构体系应从以下几个方面入手：首先，确定产业内不同细分行业服务化所需的支持性服务机构的类型；其次，分析支持性服务机构的市场状况，多维度确定其所提供的支持性服务的可行性及可得性；再次，对于不具有可行性或难以获取的支持性服务，应尽快建立或引入相应的机构予以补充，从而形成完善的点式嵌入型服务化模式实现支持机构体系；最后，对点式嵌入型服务化模式实现支持机构体系进行动态管理，使其处于保障点式嵌入型服务化模式实现的适宜状态。

9.3.2　完善点式嵌入型服务化模式的实现保障制度体系

保障点式嵌入型服务化模式实现的制度是确保高端装备制造业服务化进程顺利进行的各类制度的总和，主要包括法律制度、管理制度和经济制度。

1. 建立健全点式嵌入型服务化模式实现法律制度

法律制度是保障点式嵌入型服务化模式得以实现的根本性制度。但由于高端装备制造业服务化属于新兴的经济现象，目前我国相关领域的法律制度尚不健全，存在立法层次较低、缺乏针对性等问题，因此需尽快建立健全的产业服务化法律制度体系。

建立健全产业服务化相关法律制度，应做好以下几个方面的工作：一是要加强社会主义法制建设，完善普法教育，形成学法、懂法、用法的良好社会环境；二是要加强立法工作的针对性，针对产业服务化问题进行法律法规体系建设，使产业服务化的实现真正做到有法可依；三是加强相关法律法规的配套，使其成为一个完善的法律制度体系，从多维度为点式嵌入型服务化模式的实现构建法治空间；四是加强执法力度，使点式嵌入型服务化模式的实现处于法律监管之下，做到有法必依。

2. 制定科学的点式嵌入型服务化模式实现管理制度

高端装备制造业服务化管理制度是用以约束产业服务化相关主体行为的规章制度的集合，其作用主要体现为规范产业服务化各主体行为、保障点式嵌入型服务化模式的顺利实现。制定点式嵌入型服务化模式下的产业服务化管理制度，应基于统一化、规范化和常态化的原则，对产业服务化进程中的各要素加以引导和约束，建立系统化的管理制度体系，使点式嵌入型服务化模式的所有活动都处于相应管理制度的约束和引导之下，各环节均有章可循。

3. 完善点式嵌入型服务化模式实现的经济体制

在市场经济体制下，结构嵌入型服务价值环节在市场机制的引导下嵌入装备制造业价值链之中，其嵌入的合理性和有效性在很大程度上取决于市场机制的有效性及其效用的发挥。应从以下几个方面完善点式嵌入型服务化模式实现的市场经济制度：一是放松对各类生产要素的管制，实现产业生产要素的自由流动；二是政府不干预产业内各主体的具体生产经营活动，赋予其自主经营应有的权利；三是通过相应的经济政策在宏观层面调节和规范产业内各主体的经营活动。

本章小结

本章在界定点式嵌入型服务化模式内涵的基础上，对该产业服务化模式在模式适用性、模式目标和模式实现过程方面的特征进行了系统分析，进而从模式体系框架设计、模式实现机制设计和模式实现要点分析三个方面对点式嵌入型服务化模式进行设计。首先，从服务化模式体系基本构成要素和服务化模式体系结构两个方面设计了点式嵌入型服务化模式体系框架；其次，从点式嵌入型服务化模式触发机制、点式嵌入型服务化模式实现机制和点式嵌入型服务化模式体系运行机制三个方面设计了点式嵌入型服务化模式实现机制；最后，对产业服务化水平和产业服务化关键要素等点式嵌入型服务化模式的实现要点进行了分析。在此基础上，从不同角度提出了构建产业主导的点式嵌入型服务化模式实现组织体系和完善点式嵌入型服务化模式的实现保障制度体系等保障点式嵌入型服务化模式实现的策略。

第 10 章　纵向延伸型服务化模式及其实现策略

10.1　纵向延伸型服务化模式内涵及特征分析

10.1.1　纵向延伸型服务化模式的内涵

纵向延伸型服务化模式是指通过关系嵌入型服务价值环节在高端装备制造业既有价值链两端的接入，延伸既有高端装备制造业价值链，实现高端装备制造业服务化的产业服务化模式。纵向延伸型服务化模式的实现既可以通过既有高端装备制造价值链向营销、售后服务等前端（本书认为高端装备制造业应面向市场和消费者，因此界定市场端为前端，而研发设计端为后端）服务价值环节的延伸得以实现，也可以通过向研发、设计等后端服务价值环节的延伸得以实现。

纵向延伸型服务化模式下的关系嵌入型服务价值环节主要是指那些与高端装备产品形成过程有一定的外部相关性且能独立进行市场化经营的服务价值环节。结合高端装备制造业所具有的技术密集、知识密集等产业特点，与其具有显著的外部相关性的服务业价值环节主要包括创意价值环节、研发价值环节、设计价值环节、人力资源价值环节、营销价值环节和售后服务价值环节等，对高端装备产品的全过程具有支撑、润滑和降低交易成本的作用。不仅如此，通过基于微笑曲线的分析可知，关系嵌入型服务价值环节具有相对较高的价值增值能力，体现在全球价值链体系中即为较高的全球价值链价值位势。

综上所述，纵向延伸型服务化模式是指通过关系嵌入型服务价值环节在高端装备制造业既有价值链两端接入，进而实现高端装备制造业服务化的产业服务化模式。

10.1.2　纵向延伸型服务化模式的特征

1. 关系嵌入型服务价值环节特征分析

不同的关系嵌入型服务价值环节细分行业具有不同的产业特点，但作为整体，其仍然呈现出了一些突出的共性特征。

首先，纵向延伸型服务化模式下的关系嵌入型服务价值环节具有较高的价值增值能力。与高端装备制造业价值环节和结构嵌入型服务价值环节相比，关系嵌入型服务价值环节一般具有较高知识和技术密度，且其技术和知识专用性程度较高，不仅难以被"克隆"，而且相关的显性成果一般都处于知识产权的保护之下，因此其资源具有稀缺性，价值增值能力必然要高于其他产业。

其次，关系嵌入型服务价值环节具有较低的边际成本。关系嵌入型服务价值环节以技术和知识作为其最为主要的资源要素，加之技术和知识具有可复制和可传播的突出特点，从而可以极大地降低关系嵌入型服务价值环节的边际成本。

最后，关系嵌入型服务价值环节还具有可多维嵌入的特点。由关系嵌入型服务价值环节的产业职能可知，其可在其他产业中进行多维嵌入。如研发价值环节可在装备制造业价值链中的产品设计、生产制造和物流等多个基本活动中进行多维嵌入。

2. 纵向延伸型服务化模式的特征分析

基于关系嵌入型服务价值环节的特征，以及纵向延伸型服务化模式的设计依据可以推断，纵向延伸型服务化模式至少应具备如下特征。

首先，服务化模式适用性方面，纵向延伸型服务化模式适用于传统装备制造业，特别是被锁定在全球价值链底端的传统装备制造业企业的服务化。从关系嵌入型服务价值环节的特征来看，其具有的高价值增值能力和低边际成本的特征，使其具有提升嵌入对象价值增值能力的巨大作用，而这正符合我国传统装备制造业的发展诉求，两者具有天然的耦合性。从高端装备制造业的视角来看，受制于自身资源和服务化能力的制约，往往无法实现全球价值链的全面重构。因此在产业服务化意愿的推动下，高端装备制造业将基于自身有限的资源和能力通过纵向延伸型服务化模式实现关系嵌入型服务价值环节的内化，即实现高端装备制造业的服务化。

其次，服务化模式目标方面，通过纵向延伸型服务化模式所实现的产业服务化，其服务化的目标主要是利用关系嵌入型服务价值环节的高价值增值能力和低边际成本特点，提高高端装备制造业的价值增值能力，提升其全球价值链价值位势，实现其在全球价值链的攀升和跨越式升级。

最后，在服务化模式实现过程方面，纵向延伸型服务化模式的实现具有分形和渐进两大特征。一方面，无论是产业服务化过程还是服务化结果，关系嵌入型服务价值环节在高端装备制造价值链中的嵌入都呈现出整体与部分、部分与部分间拓扑结构的相似性，因此具有分形结构的特征。另一方面，高端装备制造业的服务化具有显著的渐进性：产业服务化一般首先发生在高端装备制造业与市场营销服务之间，由于营销的重要性，营销环节不仅作为高端装备制造的后续环节而嵌入高端装备制造业价值链之中，而且会逐步嵌入产业研发设计和生产制造等价值环节之中，从而形成其在全价值链的嵌入。之后，高端装备制造业将研究与发展、创意服务等业务嵌入型服务价值环节逐步内化，以渐进式地完成高端装备制造业的服务化。

10.2　纵向延伸型服务化模式的详细设计

10.2.1　纵向延伸型服务化模式体系框架设计

1. 服务化模式体系基本构成要素分析

在纵向延伸型服务化模式体系下，高端装备制造业、关系嵌入型服务价值环节、政府、行业协会和用户等产业服务化系统要素的内涵及特点具有新的变化。

（1）高端装备制造业。在纵向延伸型服务化模式体系下，高端装备制造业内涵强调的是被锁定在全球价值链低端位置的经高端化改造的传统装备制造产业。这类装备制造业与服务价值环节相比具有价值增值能力弱的问题，因此其推动嵌入型服务价值环节服务化的主观意愿就非常突出，是点式嵌入型服务化模式体系的主要推动者和实施者。

（2）关系嵌入型服务价值环节。关系嵌入型服务价值环节具有较高的价值增值能力和全球价值链价值位势，其在纵向延伸型服务化模式体系下不仅起到完善和延伸高端装备制造业既有价值链的作用，而且可以有效提升中国高端装备制造业的价值增值能力及其全球价值链位势。

（3）政府。在纵向延伸型服务化模式体系下，政府在产业服务化中的作用也发生了相应的变化。中国高端装备制造业的发展与转型升级关系到区域经济发展和社会稳定，因此受到了各级政府的关注和重视。纵向延伸型服务化模式以传统高端装备制造业为实现主体，因此政府在纵向延伸型服务化模式体系下的作用必然会更加突出。政府可在以下几个方面发挥其引导和规制作用：一是对传统高端装备制造业产业进行政策扶持，以帮助其克服发展中的困难；二是构建研发平台，甚至是直接为某些高端装备制造领域的研发提供资金扶持，促进创意研发等关系嵌入型服务价值环节的发展；三是完善我国及区域市场经济体制，营造良好产业发展与服务化环境，同时规范营销和售后服务等关系嵌入型服务价值环节的发展。

（4）用户。在纵向延伸型服务化模式体系下，用户仍是高端装备制造业服务化的动因和归宿，但其作用及重要性较点式嵌入型服务化模式体系下有了较大提升。用户不仅可以通过影响高端装备制造业的产品供给来影响产业服务化进程，而且可以通过对市场营销、售后服务和产品研发等关系嵌入型服务价值环节的影响和作用而影响产业服务化进程。

（5）其他要素。在纵向延伸型服务化模式体系下，行业协会和中介机构等要素不仅可在产业壁垒、中介支持性服务、产业技术与知识等方面为高端装备制造业的服务化创造有利条件，而且可以对产业的服务化进程进行有效润滑和促进，因此也是点式嵌入型服务化模式体系中的基本构成要素。

2. 服务化模式体系结构设计

服务化模式的体系结构主要强调各要素之间的相互作用。纵向延伸型服务化模式体系中各要素间均存在相互作用，其中可对产业服务化产生深刻影响的作用关系包括以下几个方面。

（1）高端装备制造业与关系嵌入型服务价值环节的相互作用关系。在纵向延伸型服务化模式体系下，高端装备制造业与关系嵌入型服务价值环节的相互作用关系具体表现在以下几个方面：一是高端装备制造业与关系嵌入型服务价值环节互为补充，形成完整的高端装备制造业价值链条；二是高端装备制造业为关系嵌入型服务价值环节的生存和发展提供市场空间；三是关系嵌入型服务价值环节可在高端装备制造价值环节进行不同形式的多维度嵌入，通过产业服务化实现高端装备制造业价值增值能力和全球价值链位势的提升。

（2）高端装备制造业、关系嵌入型服务价值环节与政府的相互作用。高端装备制造业与政府的相互作用主要表现为政府对高端装备制造业的资金和政策扶持。在现行市场经济体制下，我国对传统高端装备制造业中的过剩产能进行淘汰。因此，纵向延伸型服务化模式体系下政府对高端装备制造业具有支持和规制的双重作用。由于关系嵌入型服务价值环节具有较强的价值增值能力，并可带动其他产业的价值位势提升，因此政府采取了积极措施对关系嵌入型服务价值环节的发展方向进行引导，并最大限度地改善其发展环境，从而对关系嵌入型服务价值环节的发展起到了引导和促进作用。

（3）高端装备制造业、关系嵌入型服务价值环节与用户的相互作用。在纵向延伸型服务化模式体系下，用户不仅可以通过影响高端装备制造业的产品供给来影响产业服务化进程，而且可以通过对市场营销、售后服务和产品研发等关系嵌入型服务价值环节的影响和作用，间接影响其产业服务化进程。而另一方面，高端装备制造业及其服务化、关系嵌入型服务价值环节的发展可在一定程度上引导和塑造用户的需求。

（4）高端装备制造业、关系嵌入型服务价值环节与其他要素。高端装备制造业及其服务化、关系嵌入型服务价值环节的发展均需要发挥中介机构、科研院所等要素的作用及功能。因此，其他要素对高端装备制造业、关系嵌入型服务价值环节的发展及其服务化具有重要的润滑和支持作用。

纵向延伸型服务化模式体系下各要素间的关系错综复杂，除上述主要关系外，各要素间还存在其他的作用关系，如政府与中介机构的关系。综合纵向延伸型服务化模式下各要素间的相互作用关系，可得其体系框架，如图10-1所示。

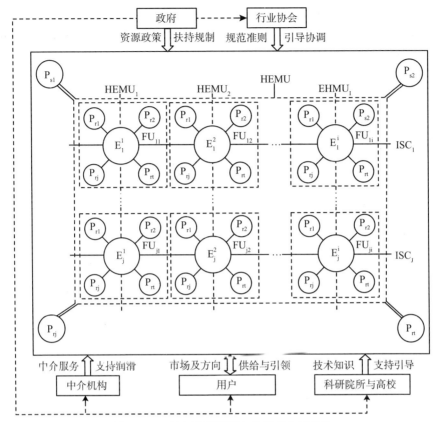

图 10 - 1 纵向延伸型服务化模式体系结构

注：HEM 为高端装备制造价值环节；$HEMU_1$ 为第 I 类高端装备制造单元；ISC_J 为第 J 条产业内部供应链；FU_{ji} 为第 j 条供应链的第 i 个分形单元；E_j^i 为处于第 j 条供应链的第 i 类高端装备制造单位；P_{rs} 为第 s 类关系嵌入型生产性服务价值环节。

资料来源：笔者自制。

10.2.2 纵向延伸型服务化模式实现机制设计

1. 纵向延伸型服务化模式触发机制

纵向延伸型产业服务化一般由技术创新、成本压力、市场竞争和用户需求等因素触发，不同的产业服务化主体和不同的产业服务化形式所对应的触发机制有较大差别。显然，纵向延伸型服务化模式的触发机制与点式嵌入型服务化模式的触发机制具有明显的差异。对纵向延伸型服务化模式而言，主要由市场竞争和用户需求两大因素所触发。

（1）市场竞争对纵向延伸型服务化模式的触发机制。全球价值链体系下中国高端装备制造业不仅要面临发达国家高端装备制造业的挤压，而且会面临第三世界国家以更低成本加入装备制造领域所带来的竞争压力，加之中国高端装备制造业原有资源成本优势的降低和装备产业技术含量不高，使中国高端装备制造业面临着极大的竞争压力。在我国大力实施创新驱动发展战略的宏观环境下，通过研发创新提升中国高端装备制造业的竞争力已经成为促进中国高端装备制造业发展和全球价值链攀升的有效途径。中国高端装备制造业在加大自身研发力度的基础上，还通过包括产业服务化在内的多种途径引进专业化、高质量的研发资源，从而触发高端装备制造业价值链向创意创新和研发设计等关系嵌入型服务价值环节的纵向延伸，触发产业服务化。

（2）用户需求对纵向延伸型服务化模式的触发机制。随着经济发展和社会进步，高端装备制造业的用户需求发生很大变化，服务化、一体化、定制化和多样化的用户需求逐步出现并成为市场需求的主流。在此背景下，中国高端装备制造业必然要通过与市场营销、售后服务、产品创意和设计研发等关系嵌入型服务价值环节的深度合作来适应市场需求。随着高端装备制造业与关系嵌入型服务价值环节合作关系的不断深入，双方的合作与交易行为日趋频繁，从而导致双方交易成本的上升。而当高端装备制造业的交易成本超过将关系嵌入型服务价值环节的内部化成本时，产业服务化就会被触发，成为替代市场交易的一种获取关系嵌入型服务价值环节的方式。

2. 纵向延伸型服务化模式实现机制

在纵向延伸型服务化模式下，高端装备制造业与关系嵌入型服务价值环节在提高市场竞争力和满足用户新需求的双重驱动下开始产业服务化进程，但受限于有限产业资源和较低服务化能力的限制，高端装备制造业并没有足够的产业资源和服务化能力来实现关系嵌入型服务价值环节的全面嵌入。因此，纵向延伸型服务化模式下装备制造业的产业服务化是一个渐进性过程，且其过程和结果都呈现出分形结构的特点。

首先，受限于产业资源和服务化能力的约束，高端装备制造业的产业服务化最初表现为个别关系嵌入型服务价值环节在高端装备制造业价值链的嵌入。通过对关系嵌入型服务价值环节的分析可知，处于价值链前端的营销、售后服务和回收物流等关系嵌入型服务价值环节的技术知识专用性相对较低，且与高端装备制造业现有业务的结合程度更为紧密，因此一般会成为首批嵌入高端装备制造业价值链中的关系嵌入型服务价值环节。

其次，在前端关系嵌入型服务价值环节嵌入高端装备制造业价值链后，价值增值能力和产业竞争力提升、更好地满足用户需求以及降低产品全周期成本等服务化效应不断显现。加之在产业服务化过程中所形成的产业服务化知识积累和产业服务化管理水平提升，可使同一价值环节在其所嵌入的 ISC 中的多个装备制造单元进行分形式的嵌入，从而完善各高端装备制造单元的功能体系。

再次，随着前端关系嵌入型服务价值环节嵌入高端装备制造业价值链进程的不断深化，以及产业服务化效应的进一步显现，高端装备制造业不仅积累了越来越多的产业服务化资源，而且提高了服务化能力。在此基础上，高端装备制造业尝试实现个别处于价值链后端的创意、研发和设计等具有较高技术和知识专用性的关系嵌入型服务价值环节的嵌入，并逐步实现所有后端价值环节在多个高端装备制造单元的分形式嵌入。

最后，当某条 ISC 实现了高端装备制造业的产业服务化后，其产业服务化效应的示范作用就会诱发其他 ISC 遵循同样的纵向延伸型服务化模式实现机制来实现产业服务化，从而实现分形式的高端装备制造业的全面服务化。

需要指出的是，在纵向延伸型服务化模式的实现过程中，产业的分立进程也在不断进行，当产业服务化与产业分立达到一种动态平衡时，纵向延伸型服务化模式即告实现，产业服务化系统进入一个新的平衡态，产业服务化系统的主要功能由纵向延伸型服务化模式的实现转变为纵向延伸型服务化模式的运行。

3. 纵向延伸型服务化模式运行机制

纵向延伸型服务化模式的运行目标就是维持产业服务化系统新平衡态有序演进的机构及其功能的实现。为保障纵向延伸型服务化模式的有序运行，首先应建立由政府主导，高端装备制造业、关系嵌入型服务价值环节和中介机构等相关要素共同参与的纵向延伸型服务化模式运行管理机构，并基于各要素在纵向延伸型服务化模式体系中的作用及特点进行权责划分，重点突出政府和高端装备制造业在该机构中的作用，从组织机构视角保障纵向延伸型服务化模式的运行。其次，由纵向延伸型服务化模式运行管理机构制定纵向延伸型服务化模式体系的运行规则，以及高端装备制造业、关系嵌入型服务价值环节、政府和中介机构等要素的行为规范与准则，协调各要素间的协作关系和利益冲突，从主体要素视角保障纵向延伸型服务化模式的有效运行。最后，纵向延伸型服务化模式下各要素应积极构建人、财、物、信息、知识和技术等产业资源要素流通平台，并保证各要素的开放性和包容性，为资源要素的有效流动提供条件，从资源要素视角保障纵向延伸型服务化模式的有效运行。

10.2.3　纵向延伸型服务化模式的实现要点

1. 产业服务化中分形维数的确定

目前对经济系统分形维数的研究尚处于探讨阶段，有限的研究成果也多集中研究对象的空间布局等有限领域之中（冯晓玉和杨宏伟，2012），尚未形成系统的研究成果。借鉴有限的研究成果（胡珑瑛和蒋樟生，2007），本节对产业服务化中的分形维数问题进行探索性研究。

（1）分形维数。纵向延伸型服务化模式体系下的分形维数是用来描述该体系下产业服务化系统时产生的非整数维。目前常用的维数是拓扑维数和豪斯道夫维数。欧氏几何中的维数通常称为拓扑维数，豪斯多夫维数则可以给包括分形在内的任何一个复杂的点集合赋予维度。拓扑维数和豪斯道夫维数的计算模型分别为式（10-1）和式（10-2）。

$$d = \ln N(r)/\ln(1/r) \tag{10-1}$$

$$D = \lim_{r \to 0} \ln N(r)/\ln(1/r) \tag{10-2}$$

其中 r 为盒子尺度，d 和 D 为对象维数，N(r) 为覆盖其所需盒子数。

（2）分形维数测度模型构建。本节基于豪斯道夫维数构建纵向延伸型服务化模式体系下的分形维数测度模型。设测度系统内有 N 个高端装备制造业企业，利用产业服务化水平 r 作为衡量系统内企业的标准，N(r) 为达到该服务化水平的企业数量。则 N(r) 与 r 存在如式（10-3）所示的关系：

$$N(r) = 1/r^d \tag{10-3}$$

两边取对数可得线性方程，见（10-4）：

$$\ln N(r) = A - D\ln r \tag{10-4}$$

式（10-4）中 A 为待定参数，D 即为分形维数。通过对相关样本的统计分析可获得 r、N(r) 和 N 的数据，进而就可求得分形维数 D。

2. 纵向延伸型服务化模式实现关键要素分析

纵向延伸型服务化模式是在资源约束条件下实现高端装备制造业服务化，提高产业服务化效率是其顺利实现的关键。因此本节利用9.2.3节所构建的要素测度模型，仍然从效率视角揭示纵向延伸型服务化模式实现的关键要素。

（1）评价指标体系的构建。本节构建纵向延伸型服务化模式下高端装备制造业服务化要素评价指标体系。在纵向延伸型服务化模式的投入和产出方面，仍然沿用点式嵌入型服务化模式下投入产出的评价指标。在纵向延伸型服务化模式的要素方面，基于纵向延伸型服务化模式的体系框架和实现机制研究结果可知，纵向延伸型服务化模式的实现不仅受市场竞争和用户需求水平的显著影响，而且还会受到政府政策和区域经济中介体系的影响。虽然在纵向延伸型服务化模式的实现过程中，科研机构和高校等要素也会对其产生影响，但考虑科研机构和高校的服务化参与度较低且影响难以准确衡量，此处暂不考虑其对产业服务化的影响。综上所述，构建纵向延伸型服务化模式下装备制造业服务化要素评价指标体系如表 10 - 1 所示。

表 10 - 1　　　　　　　纵向延伸型服务化模式的要素评价指标体系

目标层	准则层	指标层
Input：投入因素	IHu：产业服务化从业人员质量	产业服务化从业者中大学学历人员数量
	IHq：产业服务化从业人员数量	产业服务化从业人员总数量
	IFu：产业服务化资金投入	产业服务化资金投入量
Inf.：影响因素	IMc：市场竞争	产业内企业数
	IUd：用户需求	市场规模总量
	IGp：政府政策	政府资金投入量
	IIa：中介体系	中介机构数量
Output：产出因素	ICd：产业服务化水平	产业服务化水平

资料来源：笔者自制。

（2）评价方法选择与评价模型构建。不同于点式嵌入型服务化模式以实现高端装备制造业的生产效率为主要目标，纵向延伸型服务化模式主要以提升高端装备制造业的价值增值能力和全球价值链价值位势为目标，考虑到关系嵌入型服务价值环节产业本身具有较高的价值增值能力和全球价值链价值位势，因此产业服务化水平可作为纵向延伸型服务化模式实现效果的评价指标，无须再分两步分别测度纵向延伸型服务化模式实现效率和要素影响水平。基于此，考虑到 SFA 方法可以对效率和要素进行"一步法"的测度，选择 SFA 方法作为纵向延伸型服务化模式实现关键要素的测度方法。基于C-D 生产函数经济含义直观且结果准确的优点（Benedetto，2012），本节以C-D 生产函数为基础，基于效率视角构建不考虑影响因素和考虑影响因素两种情形下纵向延伸型服务化模式影响因素测度模型，分别如式（10 - 5）和式（10 - 6）所示。

$$Ln(ICd_{(i+1)j}) = \lambda_0 + \lambda_1 \times Ln(IHu_{ij}) + \lambda_2 \times Ln(IHq_{ij}) + \lambda_3 \times Ln(IFu_{ij}) + v_{ij} + u_{ij}$$

$$(10-5)$$

$$ICd_{(i+1)j} = \beta_0 + \beta_1 \times IHu_{ij} + \beta_2 \times IHq_{ij} + \beta_3 \times IFu_{ij} + \beta_4 \times IMc_{ij} + \beta_5 \times IUd_{ij}$$
$$+ \beta_6 \times IGp_{ij} + \beta_7 \times IIa_{ij} + T$$

$$(10-6)$$

式（10-5）和式（10-6）中，ICd_{ij}、IHu、IHq、IFu、IMc_{ij}、IUd_{ij}、IGp_{ij}、IIa_{ij} 和 T 分别表示第 i 期 j 区域高端装备制造业服务化服务化水平、产业服务化从业人员质量、产业服务化从业人员数量、产业服务化资金投入、市场竞争压力、用户需求水平、政府政策和中介体系。λ_0 到 λ_3，β_0 到 β_7 为常量及相应系数，v_{ij} 和 u_{ij} 为误差调节项，v_{ij} 为随机误差，u_{ij} 表示管理无效率，T 为技术无效项的时变趋势。为了充分考虑各要素对纵向延伸型服务化模式体系下产业服务化的影响，采取产业服务化水平延迟一期的方式进行处理。为保证构建模型的有效性，利用 MLE 方法对其进行检验，所得结果显示其 γ 值和 LR 统计检验的显著性水平均较高，从而在统计视角保证了模型的有效性。

（3）纵向延伸型服务化模式下产业服务化效率与要素测度及分析。本节以中国高端装备制造业服务化为研究对象，但考虑到数据的可得性和我国各区域高端装备制造业的同质性，以 2016～2018 年我国 30 个省份（除港澳台和西藏地区）高端装备制造业与关系嵌入型服务价值环节相关数据进行实证研究，原始数据部分来源于《中国统计年鉴》和《中国工业经济统计年鉴》等官方统计年鉴，以及国家统计局等统计部门的在线统计资料等。由于不同统计年鉴在统计口径方面存在一定差异，对部分数据采取了替代指标和转换数据等方式进行预处理。通过式（10-5）和式（10-6），分别对不考虑和考虑影响因素两种情形下纵向延伸型服务化模式的服务化效率及其要素进行测度，首先得到纵向延伸型服务化模式下 30 个省份高端装备制造业服务化效率，如表 10-2 所示。

表 10-2　　　　纵向延伸型服务化模式下装备制造业服务化效率

省份	WCS	CS	省份	WCS	CS	省份	WCS	CS
北京	0.80423	0.85535	浙江	0.78497	0.84219	海南	0.74093	0.81268
天津	0.79549	0.84921	安徽	0.76114	0.82615	重庆	0.76843	0.83149
河北	0.75032	0.81894	福建	0.77600	0.83653	四川	0.76872	0.83136
山西	0.75034	0.81942	江西	0.74415	0.81499	贵州	0.75644	0.82301
内蒙古	0.74981	0.81876	山东	0.76266	0.82764	云南	0.77555	0.83624

续表

省份	WCS	CS	省份	WCS	CS	省份	WCS	CS
辽宁	0.76684	0.82995	河南	0.76038	0.82612	陕西	0.76517	0.82900
吉林	0.74750	0.81753	湖北	0.77935	0.83845	甘肃	0.75783	0.82394
我国	0.76197	0.82686	湖南	0.75540	0.82233	青海	0.77239	0.83412
上海	0.78709	0.84392	广东	0.77161	0.83361	宁夏	0.76445	0.82851
江苏	0.78331	0.84142	广西	0.75723	0.82371	新疆	0.76715	0.83016

注：WCS 和 CS 分别代表不考虑和考虑影响因素两种情境（下同）。
资料来源：Frontier 统计输出。

　　总体来看，纵向延伸型服务化模式下我国不同省份高端装备制造业的服务化效率存在一定的差异，其中北京、上海、天津、江苏、浙江和广东等高端装备制造业与关系嵌入型服务价值环节均较为发达的东部省市的产业服务化效率显著高于中西部省市。在考虑影响因素的情境下，中国高端装备制造业的服务化效率出现了一定程度的提升，除了数理因素外，该结果说明目前我国市场竞争压力增大、用户需求增加、政策环境改善、中介体系不断完善四个因素共同作用，可促进产业服务化效率的提升。但各因素对高端装备制造业服务化效率的具体影响还待进一步检验。需要指出的是，纵向延伸型服务化模式下我国区域高端装备制造业的服务化效率较点式嵌入型服务化模式下高，该结果主要是由两者在产业服务化效率测度方法的差异，即虚拟 DMU 的引入所造成，并不能说明两种产业服务化模式下产业服务化效率的真实差异。

　　在测度纵向延伸型服务化模式下产业服务化效率时，得到"不考虑"和"考虑"影响因素两种情境下各要素对中国高端装备制造业服务化的影响强度和影响方向，如表 10 – 3 所示。

表 10 – 3　　纵向延伸型服务化模式下各要素影响强度测度结果

待估项	对产业服务化效率的影响系数（EC）	
	WCS	CS
IHu	0.35214 ***	0.58927 ***
IHq	0.13527 ***	0.18519 ***
IFu	0.49498 ***	0.50892 ***
IMc	—	0.33185 ***
IUd	—	0.81584 **

待估项	对产业服务化效率的影响系数（EC）	
	WCS	CS
IGp	—	− 0.18114 ***
IIa	—	0.29821 ***
T	—	0.22078 *
γ	0.36484 ***	0.31542 ***

注：* 表示 $p < 0.1$，** 表示 $p < 0.05$，*** 表示 $p < 0.01$，—为缺失项。
资料来源：笔者自制。

  从投入因素的视角来看，无论考虑还是不考虑影响因素，投入因素对纵向延伸型服务化模式下中国高端装备制造业的服务化均具有显著的正向影响，其中从业人员质量和资金投入的影响相对较大，而从业人员数量的影响相对较小。该结果不仅与高端装备制造业和关系嵌入型服务价值环节技术与知识密集的产业特征相符；而且符合新兴经济现象更易于为高素质从业者所接受，且需投入大量资金的产业实践相符。

  从影响因素的视角来看，市场竞争、用户需求和中介体系对纵向延伸型服务化模式下中国高端装备制造业的服务化均具有正向影响，其中用户需求的影响相对较大，市场竞争的影响次之，而中介体系的影响则最小。该结果说明中国高端装备制造业的服务化主要受用户需求影响，过多的产业政策也可能抑制产业的服务化进程，通过市场需求拉动中国高端装备制造业的产业服务化可能更为有效。

  综上所述，可以得到纵向延伸型服务化模式下影响中国高端装备制造业服务化的关键要素为从业人员质量、资金投入和用户需求。基于产业服务化关键要素，针对性地制定纵向延伸型服务化模式的实现策略，可以更为高效地保障纵向延伸型服务化模式的实现和运行。

10.3　纵向延伸型服务化模式实现策略研究

  保障纵向延伸型服务化模式的实现，就是要保证关系嵌入型服务价值环节可以在高端装备制造业价值链之中实现渐进式、多维度的分形式嵌入。因此，首要的产业服务化实现策略就是降低关系嵌入型服务价值环节在高端装备制造业价值链中的嵌入壁垒；其次，纵向延伸型服务化模式的实现应有特定的组织机构予以保障；再次，纵向延伸型服务化模式的实现还离不开相应制度体系的保障；最后，纵向延伸型服务化模式下高端装备制造业与关系嵌入型服务价值环节的价值增值能力存在较大差异，使得其服务化必然要投入大量的产业资源，因此还需从资源视角来保障纵向延伸型服务化模式的实现。

10.3.1　适度降低纵向延伸型服务化模式下的产业壁垒

对于纵向延伸型服务化模式的实现而言，高端装备制造业价值链的嵌入壁垒至少包括两个方面，一方面是来自高端装备制造领域的产业壁垒，另一方面是来自服务价值环节方面的产业壁垒。由于纵向延伸型服务化模式的实现主体为高端装备制造业，因此模式实现的壁垒主要来自高端装备制造业。具体来看，高端装备制造业的壁垒主要包括政策性壁垒、技术壁垒和经济壁垒等。

1. 政策性壁垒降低策略

高端装备制造业的政策性壁垒是指政府通过立法的手段，制定高端装备制造业的行业准入制度，以限制部分产业资源进入高端装备制造业领域的法律、法规和政策，是中国高端装备制造业面临的最主要的壁垒。政策性壁垒有其形成的历史原因和必要性，但是随着中国高端装备制造业在全球价值链体系中的深度嵌入以及市场经济体制的不断完善，实现纵向延伸型服务化模式必然要求降低中国高端装备制造业的政策性壁垒，具体应从以下几个方面着手：一是要降低高端装备制造业领域中的政策性垄断，在不影响国家利益的前提下，允许优质资源进入；二是简化进入高端装备制造领域的相关审批程序，提高行业进入审批效率；三是制定并实施合理的知识产权管理政策，强化基础性知识共享。

需要指出的是，对于一些关系国家安全和国民利益的战略性产业，如武器装备制造业等，适度的政策性壁垒是必要且有益的。但对于绝大多数市场化运行的高端装备制造企业而言，其政策性壁垒均需降低。

2. 技术性壁垒降低策略

高端装备制造业与关系嵌入型服务价值环节所具有的知识和技术密集型的产业特点，使得技术性壁垒成为影响纵向延伸型服务化模式实现的重要因素。区域行业技术性壁垒作为技术性壁垒的一个特例，是依托技术要素所形成的一整套行业技术要求，具有其自身特点。行业技术性壁垒有其存在的合理性和必要性，但同时也存在制约特定对象发展等负面效应。显然，在纵向延伸型服务化模式的实现过程中，过高的技术性壁垒必然会阻碍关系嵌入型服务价值环节在高端装备制造业价值链中的嵌入，因此需对当前中国高端装备制造业所面临的技术性壁垒进行适度突破。纵向延伸型服务化模式下突破高端装备制造业的行业壁垒应从以下几个方面着手。

一是通过标准化建设突破技术性壁垒。在 ISO 和 IEC 等国际通用标准体系的基础上，以市场为导向建立中国高端装备制造业的国家标准体系，并尽可能地使其成为相关领域的国际标准。以此基础上，在纵向延伸型服务化模式体系内推行标准化建设，消除产业间的技术性壁垒。

二是加强纵向延伸型服务化模式下高端装备制造业的协同创新和研发，通过共同的产业技术创新、共享技术成果的方式消除产业间的技术性壁垒。

三是要为纵向延伸型服务化模式下中国高端装备制造业建立完善的技术交流和交易平台，促进技术要素在产业间的合理有效流通，从而消除产业间的技术性壁垒。

3. 经济性壁垒降低策略

纵向延伸型服务化模式实现过程中的经济性壁垒是指由经济因素所导致的高端装备制造业无法服务化的经济性障碍。对于纵向延伸型服务化模式体系下的装备制造业和关系嵌入型服务价值环节而言，这具有企业规模大和资源专用性高的特点。因此，降低纵向延伸型服务化模式实现过程中的经济性壁垒至少应做好以下几个方面的工作。

一是要对高端装备制造业的企业规模进行适度的引导和控制，在发挥规模经济效应的同时降低企业规模过大可能带来的效率低下、管理成本增加和官僚主义盛行等负面影响，提高高端装备制造业企业生产经营的灵活性，以及对市场和环境变化响应的灵敏度，并有效降低产业成本。

二是要实现装备制造，以及关系嵌入型服务价值环节服务流程和管理流程的标准化及模块化，降低设备、人才和知识等产业资源的专用性，增强其通用性和流通性，从而在降低产业成本的同时降低高端装备制造业的经济性壁垒。

三是鼓励并引导装备制造业领域的创新创业进程，为中小企业的产生与发展提供政策、场地、资金、信息和公共服务等方面的支持，借助中小企业的成长降低高端装备制造业和关系嵌入型服务价值环节的企业规模和资产专用性，从而降低纵向延伸型服务化模式实现的经济壁垒。

10.3.2　构建产业－政府双主导的纵向延伸型服务化模式实现组织体系

构建纵向延伸型服务化模式实现组织体系，对产业服务化进程进行有效的实施、管理和支持，有助于保障纵向延伸型服务化模式更为顺畅和高效地实现。基于前文分析可知，纵向延伸型服务化模式实现组织体系的构建，不仅要突出高端装备制造业的主体地位，而且要充分发挥政府和行业协会的作用，因此纵向延伸型服务化模式实现组织体系是一个由产业和政府双主体主导的产业服务化实现保障组织，产业与政府在纵向延伸型服务化模式实现的过程中适时地发挥各自作用，通过互补性作用的发挥，从组织视角保障纵向延伸型服务化模式的实现。

1. 成立纵向延伸型服务化模式的实施机构

在纵向延伸型服务化模式下，应成立由高端装备制造业、关系嵌入型服务价值环节、政府和行业协会共同构成的纵向延伸型服务化模式的实施机构，并在模式实施的不同阶段发挥各自的作用。高端装备制造业服务化往往是随机出现的，其随机性体现在服务化价值环节和服务化水平等多个方面，且服务化效应也存在偶然性。不仅如此，该阶段的产业服务化是个别企业或个别价值环节等微观经济体的行为，因此具有一定的盲目性，需要政府和行业协会等主管部门在纵向延伸型服务化模式的实施机构中发挥主导作用，从宏观层面对纵向延伸型服务化模式的实施进行管理，以引导纵向延伸型服务化模式的实施进程。随着纵向延伸型服务化模式实施进程的深入，高端装备制造业不断积累产业服务化的相关经验、知识和资源，其在管理系统中的作用日益突出，并成为点式嵌入型服务化模式实施机构的主导。

2. 构建纵向延伸型服务化模式的实现管理机构

纵向延伸型服务化模式的实现管理机构仍由高端装备制造业、关系嵌入型服务价值环节、政府和行业协会共同构成，其中政府和行业协会侧重于产业层面的管理，高端装备制造业和关系嵌入型服务价值环节侧重于微观层面的管理。纵向延伸型服务化模式的实现管理机构对模式实现的管理作用主要体现在几个方面：一是从战略视角对纵向延伸型服务化模式的实现进行规划，二是为纵向延伸型服务化模式的实现创造有利条件，三是规范纵向延伸型服务化模式实现过程中各主体的行为，四是处理纵向延伸型服务化模式实现过程中可能出现的问题与冲突。

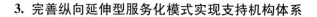

3. 完善纵向延伸型服务化模式实现支持机构体系

纵向延伸型服务化模式实现支持机构体系主要由服务化系统中的中介机构、科研院所和高校等要素有机构成，其中中介机构是纵向延伸型服务化模式实现支持机构的主体要素，通过提供各类中介服务保障纵向延伸型服务化模式的实现；而科研院所和高校则主要通过提供技术、知识和信息等智力支持保障纵向延伸型服务化模式的实现。完善纵向延伸型服务化模式实现支持机构体系应遵循以下步骤：一是确定纵向延伸型服务化模式实现所需的支持性服务的类型；二是分析支持性服务的市场供给状况，多维度审视其可得性及经济性；三是对于不具有可行性或难以获取的支持性服务，应尽快建立或引入相应的服务机构予以补充，从而形成完善的纵向延伸型服务化模式实现支持机构体系；四是对纵向延伸型服务化模式实现支持机构体系进行动态管理，使其处于保障纵向延伸型服务化模式实现的适宜状态。

10.3.3 完善纵向延伸型服务化模式的实现保障制度体系

保障制度体系不仅可以为纵向延伸型服务化模式的实现搭建其所需的制度空间，而且可以有效规范和引导产业服务化系统中各要素的行为，从而保障纵向延伸型服务化模式的实现。从纵向延伸型服务化模式实现所需的保障制度来看，虽然我国目前已有部分制度可在一定程度上保障高端装备制造业的服务化发展，但总体来看相应制度体系仍不完善。因此，进一步完善纵向延伸型服务化模式的实现保障制度体系迫在眉睫。与点式嵌入型服务化模式的实现保障制度体系类似，完善纵向延伸型服务化模式的实现保障制度体系同样应从法律制度、管理制度和经济制度三个方面入手，但在具体制度的完善方式上存在一定差异。

1. 法律制度的完善

完善保障纵向延伸型服务化模式实现的法律制度应做好以下方面的工作：一是要在完善社会主义法制建设的同时，基于传统高端装备制造业和关系嵌入型服务价值环节在国民经济体系中的重要作用，基于产业的产业特征和现实发展困局，以产业服务化为目标，针对性地颁布一些有助于产业发展的法律规则和规章制度，为纵向延伸型服务化模式的实现提供制度保障。二是加强各项法律法规之间的互补与配套，使各项法律法规发挥 $1+1>2$ 的效果。三是加强执法力度，使服务化系统各要素行为以及产业服务化全过程均处于相关法律法规监管之下，做到有法必依。

2. 管理制度的制定

基于管理的基本职能，从计划、组织、控制和反馈等多个维度，针对人力资源、资金、技术和信息等多个对象制定纵向延伸型服务化模式的管理制度，并实现管理制度的统一化和规范化，从而形成完善的纵向延伸型服务化模式管理制度体系，将实现纵向延伸型服务化模式的所有活动纳入相应管理制度的约束和引导之下。在此过程中，应着重注意创新职能相关制度的合理制定，并通过创新制度的有效作用，解决纵向延伸型服务化模式实现过程中可能面临的各类新问题，从而保障纵向延伸型服务化模式的实现。

3. 完善点式嵌入型服务化模式实现的经济制度

市场经济制度作为当前主流的经济制度体系，可以对点式嵌入型服务化模式实现过程中的各类资源进行有效的引导和配置，从而可在一定程度上保障产业服务化进程。但完全的市场经济也具有盲目性和滞后性等诸多不足，并不能有效保障点式嵌入型服务化模式的实现。完善社会主义市场经济体制，将政府的宏观调控和市场的微观调节进行有机结合，才能有效保障点式嵌入型服务化模式的实现。完善社会主义市场经济体制应做好以下几个方面的工作：一是要发挥政府宏观调控的作用，从宏观层面保障点式嵌入型服务化模式实现过程中各类产业资源的有效配置；二是在微观层面放宽对各产业服务化主体的干预和管制，赋予其自主经营应有的各种权利，通过市场机制促进点式嵌入型服务化模式实现所需各要素的自由流动；三是要发挥国有经济成分在点式嵌入型服务化模式实现过程引导和示范作用；四是要实现政府宏观调控和市场机制调节有机结合，使其各自在适宜的时机发挥作用，从而完善点式嵌入型服务化模式实现的经济背景。

10.3.4　建立纵向延伸型服务化模式实现的资源保障体系

通过对纵向延伸型服务化模式实现的关键影响因素的分析可知，人才和资金等要素对纵向延伸型服务化模式实现具有重要影响，因此需建立实现纵向延伸型服务化模式的资源保障体系。基于前文分析可知，实现纵向延伸型服务化模式所需的资源主要包括人力资源、资金资源、信息资源、技术和知识资源。

1. 人力资源的保障策略

产业服务化人力资源的质量对纵向延伸型服务化模式的实现具有重要的

正向影响，而人力资源数量的影响则相对较小，因此人力资源保障策略的重点是提高产业服务化从业人力资源的质量，具体可从以下几个方面着手：一是由相应组织机构进行产业服务化从业人员的在职培训，提高从业人员质量；二是依托高校和科研院所，培养高素质的专业化人才，为纵向延伸型服务化模式的实现提供人才储备；三是通过提高薪酬和福利待遇等方式，吸引更多优秀人才进入高端装备制造业和关系嵌入型服务价值环节。

2. 资金资源的保障策略

产业服务化资金对纵向延伸型服务化模式的实现同样具有重要的正向影响，充足的资金供给是保障纵向延伸型服务化模式实现的重要条件。保障纵向延伸型服务化模式下产业服务化资金的供给，至少应做好以下两个方面的工作：一是拓宽纵向延伸型服务化模式下各要素的服务化渠道，在产业服务化过程中除可通过政府投资、金融机构贷款和债券发行等传统融资渠道获取所需资金外，还可以通过风险投资、众筹、委托贷款和融资租赁等新兴融资渠道获得所需资金。二是要提高纵向延伸型服务化模式下各主体的资金管理能力，提高对自有资金和外融资金的计划、控制、监督、考核、使用和运筹能力。

3. 信息资源的保障策略

纵向延伸型服务化模式的实现依赖于产业服务化系统各要素之间，尤其是高端装备制造业和关系嵌入型服务价值环节之间相关信息的有效传递和利用。可采取以下策略保障纵向延伸型服务化模式实现所需的信息资源：一是构建纵向延伸型服务化模式下由多种信息通信网络有机构成的产业服务化信息传递与共享平台，消灭产业服务化系统中存在的信息孤岛，为保障信息资源的有效供给提供硬件基础；二是要完善纵向延伸型服务化模式下产业服务化系统中信息资源的传递与共享机制，为保障信息资源的有效供给提供软件基础；三是要加强对纵向延伸型服务化模式下各类信息的收集和整理，形成信息资源库，为保障信息资源的有效供给提供资源基础。

4. 技术与知识资源的保障策略

高端装备制造业和关系嵌入型服务价值环节具有技术和知识密集型的特点，技术与知识资源在产业发展和产业服务化过程中具有特殊重要的作用，因此保障技术与知识资源的有效供给对纵向延伸型服务化模式的实现同样具有重要的意义。保障技术与知识资源的有效供给，一是要利用数据挖掘和OLAP 等技术，基于信息平台对服务化系统内的技术和知识资源进行有效的挖掘；二是要加大高端装备制造业、关系嵌入型服务价值环节和产业服务化等领域技术和知识的引进力度；三是要投入必要的资源，加强对引进技术与知识的消耗和吸收，迅速实现技术和知识的内化；四是积极进行技术和知识的再创新，加强技术研发投入和知识创新力度，形成新的技术和知识成果。

本章小结

　　本章在对纵向延伸型服务化模式的内涵进行界定的基础上，分析了纵向延伸型服务化模式在模式适用性、目标和实现过程等方面特征。在此基础上，从服务化模式的体系框架、实现机制和模式实现要点三个方面对纵向延伸型服务化模式进行详细设计。首先，从纵向延伸型服务化模式体系框架的基本构成要素和体系结构两个方面设计纵向延伸型服务化模式的体系框架；其次，从模式触发、实现机制和运行机制三个方面对服务化模式实现机制进行设计；最后，对产业服务化中分形维数的确定和模式实现关键要素分析等纵向延伸型服务化模式实现过程中的要点进行了研究。以此为基础，提出了适度降低纵向延伸型服务化模式下的产业壁垒，构建产业—政府双主导的纵向延伸型服务化模式实现组织体系，完善纵向延伸型服务化模式的实现保障制度体系，建立纵向延伸型服务化模式实现的资源保障体系等。

第 11 章　横向拓展型服务化模式及其实现策略

11.1　横向拓展型服务化模式内涵与特征分析

11.1.1　横向拓展型服务化模式的内涵

横向拓展型服务化模式是指以"云装备制造"和"云服务"等云模式为基础，针对用户需求和环境的动态变化，通过将"高端装备制造云"和"服务云"等多种云体系中的价值片段进行动态整合，进而实现装备制造业价值链完整功能的产业服务化模式。横向拓展型服务化模式可实现对装备制造业产品创意、研发、设计、制造、销售、使用和售后服务等产品全过程资源的有效整合，提供标准化、规范化和可共享的装备制造服务。为了更准确地把握横向拓展型服务化模式的内涵，应对云模式的内涵，尤其是云制造和云服务的内涵进行清楚的认识。

所谓云模式，是指为了避免相应资源的浪费，提高资源利用效率，借用云计算的思想，利用信息技术实现资源高度共享的一种新型组织机制。云模式在数据处理领域、制造领域应用广泛，在服务领域亦可运用其思想进行生产运作。以云制造为例，云制造是先进的信息技术、制造技术以及物联网技术等交叉服务化的产物，是"制造即服务"理念的一种具体体现。云制造模式可以将巨大的社会性制造资源池连接在一起，通过社会制造资源的高度共享和动态组合，一方面降低制造业的生产成本，另一方面满足用户多样化和动态化的需求。

基于上述分析可知，在基于云制造设计的横向拓展型服务化模式下，社会化的高端装备制造资源和服务资源基于现代化的信息技术形成虚拟化和封装化的"高端装备制造云"和"服务云"并上传到云端，在用户需求引导下，并以成本和效率等不同目标为导向构建具备完整功能的高端装备制造业价值链。在此过程中，高端装备制造业与服务价值环节可以根据不同的用户需求和环境特点，以及不同的目标导向进行动态整合，从而完成产业的服务化。

11.1.2　横向拓展型服务化模式的特征

1. 云模式的特征

基于云模式的内涵可知，其具有如下典型特征。

（1）用户参与和多用户支持。云模式强调将资源、能力、知识等要素集中到网络环境之中，因此促使相关主体更加关注用户需求。云模式致力于构建一个各方可以充分沟通的公用环境，在此环境下，用户参与不仅限于传统的需求提出和用户评价，而且渗透到模式实现全生命周期的每一个环节。在云模式下，客户或用户的身份还具有可逆性，即一个用户即是云服务的消费者，也是云服务的提供者或开发者，充分体现了其用户参与性。不仅如此，横向拓展型服务化模式还支持多用户使用传统的网络化模式，一般强调"分散资源的集中使用"，即迪过网络将分散的资源连接起来，从而形成虚拟的集中资源并用以完成复杂任务。而云模式不仅具有"分散资源的集中使用"的特征，还具有"集中资源分散使用"的特征，即云模式可以将空间上分散的资源集中起来形成大型的虚拟化资源池，进而同时为处于不同空间位的多个用户提供资源调用支持。

（2）抽象化和集成化。云模式把资源、能力、知识等尽可能高度抽象和虚拟化为用户可见和容易调用的云服务。用户在调用云服务开展各类活动时，这些服务的调用是透明的，即所有操作细节可以向用户"隐藏"，使用户将云系统看成是一个完整的集成化系统，并通过集成化过程形成完整的高端装备制造功能。

（3）敏捷化和专业化。云模式下各参与主体只需要重点关注本身的核心业务领域，其他相应业务单元及各业务单元间的协调可以由云服务提供方来完成，从而不仅增加了云模式的敏捷性，而且通过资源在云端的不断聚合提高了云模式的专业化水平。

（4）知识性。在云模式的全生命周期中，离不开知识的应用，如资源和能力虚拟化封装和接入，云服务描述与高端装备制造，云构建，云服务搜索、匹配、聚合、组合，高效智能云服务调度与优化配置，容错管理、任务迁移和云主体业务流程管理等生命周期环节。

（5）创新性。在云模式下，任何主体，包括主体（企业和个人）都可以向云平台贡献其资源、能力和知识。而与此同时，任何主体都可以基于这些资源、能力、知识来开展活动，因此云模式体现的是一种基于群体创新的组织模式。

（6）绿色低碳化。云模式的目标之一就是实现资源、能力、知识的全面共享和协同，提高各类资源利用率，实现资源增效。实现云模式，实际上就是在一定程度上实现了绿色和低碳制造。

（7）不确定性。云模式对于用户需求的满足不存在唯一的最优方案，而是基于当前技术水平和资源状况的相对满意解。云模式的不确定性主要是由云模式实现过程中的资源不确定性、用户需求描述不确定性、用户需求与资源匹配不确定性、资源选取不确定性等多个环节的不确定性累加而成的。

2. 横向拓展型服务化模式的特征分析

基于云模式的特征可以推断，横向拓展型服务化模式在适用性、模式目标和实现过程等方面具有如下具体特征。

首先，在服务化模式适用性方面，横向拓展型服务化模式适用于高端装备制造业全球价值链价值位势较高，而服务化能力较低的情形。在该情形下，高端装备制造业具有较高的相对全球价值链价值位势，说明其装备制造价值环节具有较高市场竞争力和价值增值能力，具有进一步拓展其装备制造价值增值能力的诉求，倾向于通过云模式与特定服务价值环节进行动态化整合式服务化。结合云模式的特征可知，横向拓展型服务化模式主要适用于高端装备制造环节价值增值能力突出、高端装备制造模块化程度较高且由用户需求驱动的新兴高端装备制造业。

其次，在服务化模式目标方面，通过横向拓展型服务化模式所实现的产业服务化，其服务化的目标主要是借助云模式所具有的突出优点，实现高端装备制造业的动态服务化，进而打破传统高端装备制造业发展所面临的空间限制、资源限制和能力限制，提升高端装备制造业的敏捷化和专业化，实现高端装备制造价值环节增值能力和产业全球价值链位势的进一步提升。

最后，在服务化过程方面，横向拓展型服务化模式具有其自身突出的特征：一是产业服务化过程一般由用户需求所触发，用户通过云体系寻求高端装备制造领域相应的解决方案，触发了以形成完整产业功能为目标的高端装备制造云与服务云的动态整合，进而形成高端装备制造业的服务化。二是产业服务化过程依托于信息网络而完成，云资源的上传、共享和下载不仅需要一定的硬件基础，而且需要相应的协议和机制作为其实现的软件基础；三是产业服务化过程具有透明化和集成化等云模式的典型特征；四是产业服务化过程的绿色化，横向拓展型服务化模式的产业服务化因需而动，并且可以支持多用户使用，从而不仅消除了高端装备制造的盲目性、避免了资源浪费，并提高了资源的利用效率，从而实现了高端装备制造过程的绿色化。

11.2 横向拓展型服务化模式的详细设计

11.2.1 横向拓展型服务化模式体系框架设计

1. 横向拓展型服务化模式体系基本构成要素分析

在横向拓展型服务化模式下，产业服务化系统仍由高端装备制造业、服务价值环节、用户、政府、行业协会、中介机构、科研院所和高校等要素构成。各要素本体通过抽象和封装形成虚拟化的云资源池，从而使服务化系统变成以云资源池为核心的新型产业服务化系统。高端装备制造业要素通过抽象化主要形成高端装备制造资源池，服务价值环节通过抽象化主要形成服务资源池，政府和行业协会要素通过抽象化主要形成管理资源池，中介机构要素通过抽象化主要形成中介服务池，科研院所和高校要素通过抽象化主要形成知识资源池。显然，横向拓展型服务化模式下服务化系统要素与资源池之间并不是一对一的映射关系，而是一个多对多的映射关系。高端装备制造业要素通过抽象化除了可以形成高端装备制造资源池外，其产业发展过程中所积累的管理要素和知识要素等，可通过抽象化进一步丰富管理资源池和知识资源池，其他要素亦是如此。因此，在横向拓展型服务化模式下，产业服务化系统演变成一个由传统要素和云要素共同构成的新型产业服务化系统。在市场化运作的前提下，云资源池的运行与管理往往由独立的运营主体通过云平台予以实现，因此横向拓展型服务化模式体系的要素还应包括云平台的运营主体。

2. 横向拓展型服务化模式体系结构设计

在横向拓展型服务化模式体系下，高端装备制造业、服务价值环节和中介机构等服务化系统主体，通过抽象化形成相应的云资源池；运营主体通过

云平台对云资源池进行管理；用户通过向云平台输入云服务需求信息而引导
各类云资源进行动态整合，从而获得具有独立功能的高端装备制造服务；政
府和行业协会在此过程中发挥引导和规制作用；中介机构、科研院所和高校
则分别为其提供中介服务支持和智力支持。综上所述，横向拓展型服务化模
式的体系静态结构如图 11 - 1 所示。

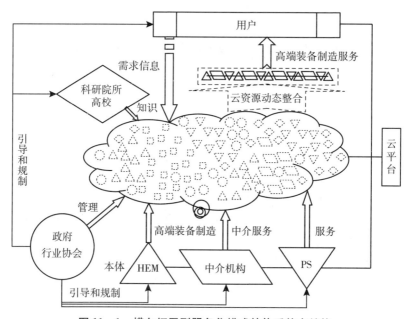

图 11 - 1　横向拓展型服务化模式的体系静态结构

资料来源：笔者自制。

11.2.2　横向拓展型服务化模式实现机制设计

从横向拓展型服务化模式的内涵和特征来看，在通过云资源的动态整
合满足用户需求的过程中，即可实现高端装备制造业的本体服务化。而要
实现用户需求的满足，不仅要进行高端装备制造业和服务价值环节等本体
资源在云服务端的发布，而且要基于用户的需求对各种类型的云资源进行
动态整合以形成相对独立的高端装备制造服务功能，并使用户可以及时获
取。因此，横向拓展型服务化模式的实现机制，应由云资源的识别与封装
机制、虚拟化与发布机制、发现与匹配机制、优化配置机制和获取机制有
机构成。

1. 横向拓展型服务化模式下云资源识别与封装机制

横向拓展型服务化模式下高端装备制造业的服务化依托于该体系下各服务化要素相应资源在云服务端的有效发布，而资源发布的前提是对相应云资源的识别和封装。

横向拓展型服务化模式下的云资源主要来源于高端装备制造资源、服务价值环节资源、中介服务资源、管理资源和知识资源等本体，上述资源的数量、质量、可用性和可得性等方面在不同的高端装备制造业价值链中具有显著的差异性，因此需要设计科学的云资源识别机制。识别云资源，首先要建立职能明确且主体多元的云资源识别组织。根据云服务目标与对象的不同，该组织既可以以第三方云平台运营组织为主体进行构建，也可以以政府、高端装备制造业、服务价值环节等要素为主体进行构建。显然，资源识别组织主体的不同，决定了其资源识别的差异性。以第三方平台运营组织为主体的资源识别组织一般依据用户需求进行资源识别；以政府为主体的资源识别组织一般侧重于对区域产业发展的关键和稀缺资源的识别；以高端装备制造业和服务价值环节为主体的资源识别组织则侧重于从产业自身视角，结合资源的可共享性进行资源识别。在资源识别的过程中，可从价值链的视角对横向拓展型服务化模式下云资源进行识别。通过对高端装备制造业全价值链的分解，将创意、研发、设计、制造、物流、营销、售后和回收等可以产生价值增值的价值链环节拆解出来，从而形成横向拓展型服务化模式下云资源识别维度。

分析并揭示相邻或相近价值环节在实现流程和价值创造过程中的关联性，并根据其关联性和分割性方面的特征对其进行合并，直到所有的价值环节或其组合在实现流程和价值创造过程中具有独立性为止。以此为基础，结合价值环节或其组合的经济性和可共享性，以及价值环节或其组合本体的特征对其进行封装，形成可共享的资源封装单元。此时，以价值链分解所形成的云资源识别维度为依据，即可从人力资源、设备资源、软件资源、管理资源、服务资源、物料资源、计算资源、知识资源、信息资源等多个方面对横向拓展型服务化模式下云资源进行多维度的全面识别，分析揭示不同类型的云资源间的组合配套规律，并形成相应知识。横向拓展型服务化模式下云资源的识别维度和内容如图 11 - 2 所示。

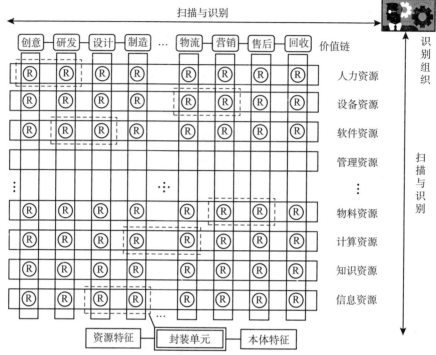

图 11 - 2　横向拓展型服务化模式下云资源的识别维度和内容

资料来源：笔者自制。

2. 云资源的虚拟化与发布机制

在横向拓展型服务化模式下，云资源发布的实质是通过信息网络将云资源接入云服务体系之中，显然云资源本体是无法通过信息网络进行接入的，因此云资源发布的前提是对其进行虚拟化处理（姚锡凡、金鸿、徐川和祝俊，2013）。虚拟化指各种资源由基于物理层的本体向基于虚拟层的信息模型转变，有助于简化管理和优化资源，是实现云资源共享以及实现横向拓展型服务化模式的必要前提。虚拟化的关键是合理抽取云资源的关键属性信息，建立能够直观反映云资源结构层次的信息模型。由于横向拓展型服务化模式下云资源的多样性及其属性的差异性，可对同类云资源的共同属性和本质属性进行抽取，以实现其简化和规范化。基于横向拓展型服务化模式下云资源的特征，借鉴相关研究（张映锋、张耿、杨腾、王军强和孙树栋，2012），本章构建横向拓展型服务化模式下云资源的虚拟化属性描述模型，如图 11 - 3 所示。

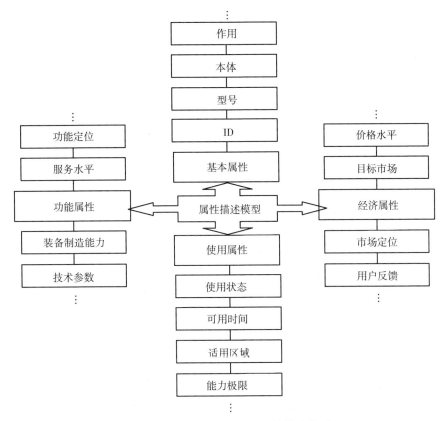

图 11 – 3 云资源的虚拟化属性描述模型

资料来源: 笔者自制。

基于上述分析, 可定义云资源的虚拟化属性描述模型为 Virtual Resources = <Basic Attributes, Function Attributes, Economic Attributes, Use Attributes>。其中, 基本属性 (Basic Attributes) 用于描述云资源最基本的信息, 功能属性 (Function Attributes) 是对主要功能的描述, 经济属性 (Application Attributes) 是对云资源市场特征的描述, 使用属性 (Use Attributes) 是对云资源当前使用状态的描述。

在对云资源进行虚拟化描述的基础上, 可通过连接器将虚拟化的属性信息发布或更新到云平台之上 (朱李楠、赵燕伟和王万良, 2012), 其发布方式如图 11 - 4 所示。

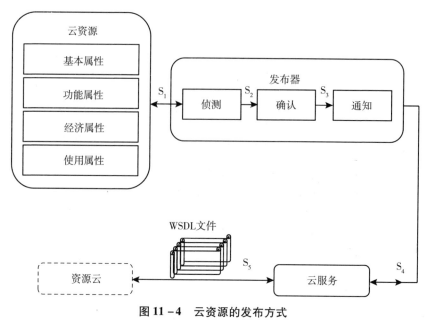

图 11 - 4　云资源的发布方式

注：WSDL 为 web 服务描述语言。
资料来源：笔者自制。

　　云资源的发布以资源发布器为桥梁，其具有侦测、确认和通知三个功能模块。云资源发布的过程包括以下步骤：一是云资源的识别主体根据云资源的具体情况建立或更新资源的属性集，该步骤既可以由新资源的建立而触发，也可以由已有资源的更新而触发；二是发布器模块定期对云资源进行动态检测，及时发现更新信息。由于资源种类及规格的不同，检测内容和方法要根据实际资源进行动态调整；三是发布器将侦测到的任何变更信息传递到确认模块以甄别属性改变的重要程度，从而判断是否要将其发布到 Web 服务；四是根据属性改变的情况选择性地将更新的信息传递给云服务，从而改变云服务中所包含的资源属性。五是对资源属性进行发布，将带有资源属性的 WSDL 文件发送到云端，从而形成资源云池。

3. 云资源的发现与匹配机制

　　由于云资源不仅具有多样性而且数据量巨大，因此用户需要过滤掉大量的无用资源及其无关属性，从而增加了云资源发现的复杂性和工作量。因此，本书认为应该在经典的 RVCS 框架中增加云代理模块，以有利于云服务和云资源的发现（Brock and Goscinski，2009）。在云资源的发现与匹配过程中，用户首先向云代理提交云服务、云资源或其本体相关属性的要求，并可对处理结果做出规范要求；基于用户要求，云代理从数据库中查询所有与用户提交的属性信息相匹配的数据，如果没有发现与用户需求相匹配的数据，则通过云代理间的协作机制，将用户提交的要求转发给其他云代理，依次进行云资源的查找，直至发现与用户需求相匹配的云资源；如果始终未找到或超时，则出现查询错误信息的提示，并说明具体的云资源发现失败原因；如果查询成功，则通过适配模块将匹配结果中与用户要求无关的信息过滤掉，基于用户所提出的规范要求或默认形式，将匹配结果返回给用户。为了提高云资源发现与匹配的效率和准确性，可在云模式框架中引入知识库、方法库和模型库等辅助数据库供云代理调用，从而促进云资源的发现与匹配，如图 11－5 所示。

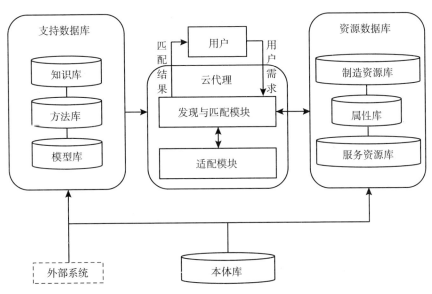

图 11－5　云资源的发现与匹配

资料来源：笔者自制。

4. 云资源的优化配置机制

云资源与用户需求之间的匹配可能会形成一对多的映射关系，即有多种云资源和云服务可以满足同一用户的需求；加之用户需求往往由众多的高端装备制造资源和服务资源相互协同来满足，因此需要对配置结果中的云资源模块进行优化配置，以在时间、成本、质量和可靠性等方面尽可能地满足用户需求。因此，本研究基于市场视角，以时间、成本和质量作为云资源优化配置的目标，其中时间主要包括装备制造资源实现时间及资源间的链接时间；成本主要指高端装备制造与服务的实现成本以及相应的物流成本。在此基础上构建优化配置目标函数，如式（11-1）至式（11-5）所示。

$$\min T(e) = \min \left\{ \sum_{i=1}^{n} \left[\sum_{j=1}^{m_i} \varphi L_{ij} t(ij) \right] + \sum_{i=1}^{n-1} \left[\sum_{j=1}^{m_i} \sum_{q=1}^{m_{i+1}} \varphi L_{ij} \varphi L_{(i+1)q} \right] \right.$$
$$\left. \left[\delta t(ij, (i+1)q) \right] \right\} \qquad (11-1)$$

$$\min C(e) = \min \left\{ \sum_{i=1}^{n} \left[\sum_{j=1}^{m_i} \varphi L_{ij} c(ij) \right] + \sum_{i=1}^{n-1} \left[\sum_{j=1}^{m_i} \sum_{q=1}^{m_{i+1}} \varphi L_{ij} \varphi L_{(i+1)q} \right] \right.$$
$$\left. \left[\delta c(ij, (i+1)q) \right] \right\} \qquad (11-2)$$

$$\min Q(e) = \min \left\{ \sum_{i=1}^{n} \left[\sum_{j=1}^{m_i} \varphi L_{ij} (1 - q_j(i)) \right] \right\} \qquad (11-3)$$

$$\delta = \begin{cases} 1, & v_{ij} \text{ 与 } v_{(i+1)q} \text{ 之间存在物流} \\ 0, & v_{ij} \text{ 与 } v_{(i+1)q} \text{ 之间不存在物流} \end{cases} \qquad (11-4)$$

$$L = \{ER, WR, MC, DR\}, \varphi L_{ij} \in \{0, 1\} \qquad (11-5)$$

上述式中，式（11-1）为总时间目标函数，其中 $\sum_{i=1}^{n} \sum_{j=1}^{m_i} \varphi L_{ij} t(ij)$ 为用户需求 CMT_i 获取资源 L 中云资源 CR_{ij} 所消耗的时间累加；$\sum_{i=1}^{n-1} t[ij, (i+1)q]$ 表示第 j 资源与第 q 资源间的连接时间累加；式（11-2）为总成本目标函数，其中 $\sum_{i=1}^{n} \left[\sum_{j=1}^{m_i} \varphi L_{ij} c(ij) \right]$ 用户需求 CMT_i 获取资源 L 中云资源 CR_{ij} 的成本累加，$\sum_{i=1}^{n-1} c[ij, (i+1)q]$ 表示第 j 资源与第 q 资源间连接的成本累加；式（11-3）为质量目标函数，其中 $q_j(i)$ 为云资源 j 满足用户需求 i 时质量，式（11-5）为决策因子，φL_{ij} 表示用户需求 CMT_i 是否由基于云资源 j 来完成，是则 φL_{ij} 为 1，不是则 φL_{ij} 为 0。

在横向拓展型服务化模式的实现过程中，用户需求可能侧重于时间、成本和质量的不同方面，因此其目标函数间往往是冲突的，在资源约束的前提下，一个目标的实现往往会对另一目标的实现产生负向影响。因此，借鉴相关研究（尹胜、尹超和刘飞等，2010），本节通过对各目标赋予相应权重的方式，将多目标优化问题转换为单目标优化问题，如式（11-6）所示。

$$\min Z = \omega_1 \frac{T(e)}{Tmax} + \omega_2 \frac{C(e)}{Cmax} + \omega_3 \frac{Q(e)}{Qmin} \qquad (11-6)$$

式（11-6）中：ω_1、ω_2 和 ω_3 分别为时间、成本和质量的权重系数，$\omega_1 + \omega_2 + \omega_3 = 1$，$T_{max}$、$C_{max}$ 和 Q_{min} 分别代表用户可以承受的最长时间、支付

的最高成本和要求的最低质量。显然，横向拓展型服务化模式的实现在时间、成本和质量均存在约束条件。

时间约束方面，横向拓展型服务化模式的实现时间不能长于用户可以承受的最长时间，即：

$$T - \Big\{ \sum_{i=1}^{n} \Big[\sum_{j=1}^{m_i} \varphi L_{ij} t(ij) \Big] + \sum_{i=1}^{n-1} \Big[\sum_{j=1}^{m_i} \sum_{q=1}^{m_{i+1}} \varphi L_{ij} \varphi L_{(i+1)q} \Big]$$

$$\delta t \big[ij, (i+1)q \big] \Big\} \geqslant 0 \qquad\qquad (11-7)$$

成本约束方面，横向拓展型服务化模式的实现成本不能高于用户可支付的最高成本，即：

$$C - \Big\{ \sum_{i=1}^{n} \Big[\sum_{j=1}^{m_i} \varphi L_{ij} c(ij) \Big] + \sum_{i=1}^{n-1} \Big[\sum_{j=1}^{m_i} \sum_{q=1}^{m_{i+1}} \varphi L_{ij} \varphi L_{(i+1)q} \Big]$$

$$\delta c \big[ij, (i+1)q \big] \Big\} \geqslant 0 \qquad\qquad (11-8)$$

质量约束方面，横向拓展型服务化模式下云资源 j 的质量合格率 $q_j(i)$ 不应低于用户要求的最低质量合格率，即：

$$\varphi L_{ij} q_j(i) \geqslant Q\min, \ j \in \big[1, m_i \big] \qquad\qquad (11-9)$$

基于上述算式和约束条件，赋予模型相应的输入参数和常量，借助于相关软件即可对横向拓展型服务化模式下云资源的优化配置问题进行求解。

5. 云资源的获取机制

云资源的获取是指在横向拓展型服务化模式下，基于资源发现和资源优化配置的结果，根据所需云资源的属性特征，逆向追踪资源本体，并通过适当的合作方式完成云资源的整合，形成独立且符合用户实际需求的装备制造模块。显然，在横向拓展型服务化模式下，云资源的获取是一个由"云端"回归"地面"的过程。为了提高对本体资源及用户需求进行抽象化处理的效率，降低其相应成本及云端的资源消耗，云资源抽象过程中不可避免地要对资源的部分属性进行约减和屏蔽，使得云端处理的结果只能作为实现横向拓展型服务化模式的重要依据，而不是唯一依据。因此，需要以云端处理结果为参考，通过还原各类云资源及其本体的特征，结合用户需求的特征及环境因素进行具体商业模式的选择，从而完成云资源的获取，进而实现横向拓展型服务化模式。云资源的获取机制如图 11 - 6 所示。

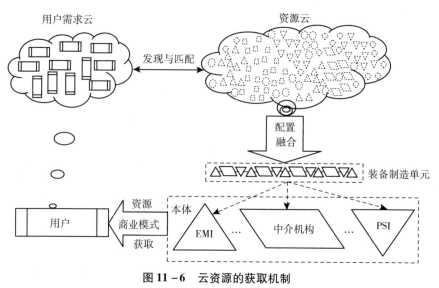

图 11 - 6　云资源的获取机制

资料来源：笔者自制。

11.2.3　横向拓展型服务化模式实现要点分析

横向拓展型服务化模式的实现以云模式为基础，基于云模式的实现要点可以看出，横向拓展型服务化模式的体系架构、相关标准和规范，云端化技术，云服务的综合管理，云安全技术和云服务商业模式就成为决定其能否实现的要点。由于上述横向拓展型服务化模式实现要点多属于计算机领域、信息领域和云模式领域的研究主题，且在其相应领域中已进行了比较充分的研究，其研究结果不仅表明横向拓展型服务化模式具有较高的可行性，而且为横向拓展型服务化模式的实现奠定了必要的理论基础。因此，本节仅基于横向拓展型服务化模式实现的视角对其进行简要分析。

1. 横向拓展型服务化模式体系架构、相关标准和规范

典型云模式的体系架构无法为用户及云平台运营者的资源发布、发现和匹配进行有效的管理和决策支持，用户在面对海量云资源时无法进行有效操作，从而影响了横向拓展型服务化模式的实现效率。基于此，本节一方面在现有横向拓展型服务化模式体系架构中引入了云代理模块，以期通过云代理模块作用的有效发挥辅助用户及云平台运营者进行云资源的发布和发现；另一方面，在横向拓展型服务化模式体系架构中引入由知识库、方法库和模型库，以辅助云资源发现及其与用户需求的匹配。

横向拓展型服务化模式体系架构的有效运行必然要依托相关的标准和规

范，这些标准和规范不仅涉及横向拓展型服务化模式体系下的云模式架构，而且涉及云资源共享过程中的交易、共享、互操作模式。从具体内容来看，相关标准和规范主要包括云服务接入标准、云服务描述规范、云服务访问协议等。

2. 横向拓展型服务化模式下的云端化技术

横向拓展型服务化模式下的云端化技术主要包括以下几个方面：一是云资源和云服务端各类资源的虚拟化、发布、发现、匹配和获取技术，主要用以解决云模式下装备制造业、服务价值环节和中介机构等各类云资源在不同主体间的共享技术问题；二是云模式下物理层的构建技术，以互联网技术和物联网技术等相关技术为基础，主要解决参与和支持云模式的各类底层终端物理设备的接入问题；三是云模式下各类资源的虚拟化、发布、发现、匹配和获取工具的开发技术，用以辅助用户进行人机互动模块和云资源共享模块的开发；四是用户请求端接入和访问云平台的技术，以及支持平台用户使用云服务和云资源的技术。

3. 横向拓展型服务化模式下的云安全

横向拓展型服务化模式的实现以各类互联的通信网络为其载体，接入主体数量庞大，模式实现环境高度复杂且不稳定。加之当前云模式领域缺乏有效的监管和安全规范，使得横向拓展型服务化模式的实现面临着极大的安全因素的影响，因此需要加强其安全建设。实现横向拓展型服务化模式的云安全问题主要包括以下几个方面：一是云模式下各种物流终端及其他硬件的运行及接入安全；二是各终端的可信接入和信息发布安全；三是通信网络安全，主要包括网络的可靠性和极限性能指标可能带来的安全问题；四是关于高端装备制造业与服务价值环节、中介机构本体及其对应云资源的数据安全；五是云模式体系及其服务的可靠性等。

4. 横向拓展型服务化模式下云服务商业模式

横向拓展型服务化模式下云服务商业模式主要解决云模式下具体高端装备制造资源、服务资源、中介服务资源等云资源共享和云服务实现的问题。基于商业模式的营利性特征，笔者认为横向拓展型服务化模式可基于如下四个层面的云服务商业模式得以实现。

（1）基于云平台基础通讯资源的商业模式。基于云平台基础通讯资源的商业模式依托因特网等公共通信网络支撑的云平台，通过与平台提供商合作或独立建设平台即服务（Platform as a Service，PaaS）云服务平台，为装备制造云资源的开发和测试提供平台支撑，并通过 PaaS 带动基础设施即服务（Infrastructure as a Service，IaaS）和软件即服务（Software as a Service，SaaS）的整合，提供端到端的云服务。该模式依托于"IT 支撑云""业务云"和"公众服务云"三朵云的构建，在此基础上构建 IaaS、PaaS 和 SaaS 平台，从而为用户提供其所需的云服务。基于云平台基础通讯资源的商业模式的盈利手段主要是向用户收取服务费用。

（2）基于云平台的商业模式。基于互联网资源的商业模式是指云平台运营主体基于平台的广泛关联性，充分调动云平台参与各方的积极性以提供更多的云服务资源，进而满足用户需求并获得经济回报的经济模式。基于云平台资源的商业模式主要通过云平台相关服务租赁和定制化云服务等方式获得收益。

（3）基于云资源存储的商业模式。基于云资源存储的商业模式是指基于云平台的资源存储能力，通过对用户提供云资源存储服务及管理服务，从而提高云资源存储的安全性和可靠性，并降低云资源管理难度而获得经济回报的经济模式。基于云资源存储的商业模式主要通过向用户提供免费空间加扩容收费服务、云资源数据恢复与备份增值服务等方式获得收益。

（4）基于云资源的商业模式。基于云资源的商业模式是指基于横向拓展型服务化模式下的云资源，通过对云资源的优化整合和适时供给，在更好满足用户需求的同时获取经济回报的经济模式。基于云资源的商业模式是实现横向拓展型服务化最主要的模式。基于云资源的商业模式可以通过云资源封装、云资源虚拟化、云资源发布、云资源匹配和云资源优化配置等多种增值服务获得经济收益。

由商业模式的多样性特征可知，上述四种商业模式仅是实现横向拓展型服务化模式的主要模式，并不具有排他性，其中模式 4 为实现横向拓展型服务化模式的主要商业模式，而模式 1、模式 2、模式 3 则为实现横向拓展型服务化模式过程中的增值性商业模式。可以推断，凡是全球价值链体系中存在价值产生或价值转移的价值环节，都可以成为横向拓展型服务化模式下商业模式设计的基点。因此，随着云模式的不断演进，以及云技术的不断进步，实现横向拓展型服务化模式的商业模式也必然随之出现新的变化。

11.3　横向拓展型服务化模式实现策略研究

11.3.1　技术策略

横向拓展型服务化模式的实现是一个依托云技术、通信技术、网络技术、数据库技术和计算机技术等多种技术而实现高端装备制造业服务化发展的过程，具有技术密集的突出特征。因此，制定适宜而有针对性的技术实现策略是保障横向拓展型服务化模式实现过程中技术有效性的必要条件。可采取如下策略从技术视角保障横向拓展型服务化模式的实现。

1. 合理推进高新技术的引进、消化和吸收

引进、消化和吸收技术成长模式对中国高端装备制造业的技术进步起到了重要的推动作用。通过有针对性的技术引进、消化和吸收，可以在短时间内快速提升中国高端装备制造业的技术能力和技术水平，对横向拓展型服务化模式的实现具有重要的意义。合理推进高新技术的引进、消化和吸收应做好如下几点。

首先，加强对技术引进对象的甄选。对横向拓展型服务化模式实现过程中的技术要素进行细致分析，确定影响横向拓展型服务化模式实现的关键技术环节和瓶颈。以此为基础，根据技术要素的重要性及其引进的紧迫性进行优先级排序，优先引进那些具有重要作用且需求相对紧迫的技术要素。

其次，优化技术引进模式。不用的技术引进模式会带来不同的技术引进效果，并影响其消化吸收进程，因此具有不同的适用领域和适用范围。当前主流的技术引进模式包括成套设备引进、合资与合作生产、专利技术与专有技术的许可或转让，以及技术咨询与技术服务等（韦影和许媛，2009）。在传统技术引进模式效率日趋下降的背景下，设计更为合理和有效的技术引进模式。通过对我国技术引进实践过程的分析可知，影响技术引进效率和效益的关键因素之一是该过程中的隐性知识的传播与利用（范钧、郭立强和聂津君，2014）。因此，通过与发达国家联合技术研发与创新，可利用其合作过程中隐性知识的扩散与学习效应，提升我国技术引进效率和效果，从而提高产业技术水平。

最后，提高对引进技术的消化和吸收能力。技术消化和吸收即对技术引进成果，尤其是物化技术成果和隐性技术创新知识的学习过程。可通过以下策略提高对引进技术的消化和吸收能力：一是通过"逆向工程"将物化与成套装备或复杂装备中的物化知识提取出来，形成抽象化的技术创新知识集；二是探讨将隐性知识转化为显性知识的规则和方法，对隐性知识进行显性化处理，从而进一步丰富技术创新知识集（万涛，2015）；三是基于学习型组织与技术创新之间存在的显著正向关系（吴昊和孙健敏，2014），在横向拓展型服务化模式体系下建立各种学习型组织，通过对所引进技术相关知识的有效创造、获取和传递，实现引进技术的消化和吸收，提升我国高端装备制造技术、云技术、通信技术、网络技术、数据库技术和计算机技术等领域的技术创新能力，进而保障横向拓展型服务化模式的实现。

2. 加强技术自主创新能力建设

随着我国高端装备制造技术、云技术和 IT 技术等与发达国家相关技术差距不断缩小，各国纷纷加强了对我国高新技术的输出管制，导致传统技术引进、消化和吸收模式的效果受到较大的负面影响，甚至影响到了我国技术创新进程。因此，加强相关技术的自主创新成为提升其技术水平的必然选择。加强我国相关技术自主创新能力建设应从以下几个方面着手。

一是积极融入全球价值链体系，充分利用出口（李兵、岳云嵩和陈婷，2016）和 FDI（林进智和郑伟民，2013）等因素与自主创新能力间的正相关关系，通过"本土企业走出去"和"高科技企业请进来"的策略提升我国相关技术领域的自主创新能力。

二是统筹横向拓展型服务化模式下各方技术自主创新能力建设的关系，形成系统部署、共同推进的局面，即形成各方面共同推进自主创新能力建设的合力（任中保和乔黎黎，2013）。首先要夯实自主创新能力建设的"基础层"，提高横向拓展型服务化模式下各主体的自主创新能力；其次要抓住自主创新能力建设的"源头层"，夯实科学技术发展的物质基础；最后要聚焦自主创新能力建设的"目标层"，从产业技术升级和产业服务化等角度出发，建立健全以需求为导向的自主创新发展体系，走创新驱动发展的道路。

3. 强化技术创新成果的知识产权保护

知识产权保护可有效推动技术创新效率的提升（李后建和张宗益，2014），因此，强化技术创新成果的知识产权保护，有利于提升横向拓展型服务化模式下各主体的技术创新效率，从而在技术方面保证横向拓展型服务化模式的实现。强化技术创新成果的知识产权保护应从以下几个方面入手。

一是建立知识产权规则（王成东和徐建中，2019）。利用规则约束各技术创新主体的知识产权相关行为，促进知识产权保护在各主体间的协调，从而在制度层面保障横向拓展型服务化模式下各技术创新主体的知识产权。

二是实施结构化镶嵌的知识产权保护机制。通过结构化镶嵌的知识产权保护机制，可以有效降低部分知识产权成果被模仿而造成的威胁（王建华和卓雅玲，2016）。从而保障了横向拓展型服务化模式下各技术创新主体的知识产权。具体而言，横向拓展型服务化模式下各技术创新主体不仅应充分关注内部技术创新成果的共享和关联，形成主体内不同技术创新成果的结构化镶嵌；而且应通过技术创新成果平台实现对技术创新成果的扩散和再利用。

三是加大对侵犯知识产权行为的打击力度。首先，加大知识产业相关的立法工作力度，不断完善我国知识产业相关法律体系，使打击侵犯知识产权行为有法可依。其次，加大对侵犯知识产权犯罪关键问题，如犯罪数额认定等问题的研究，提升打击侵犯知识产权行为的准确性；最后，完善对侵犯知识产权行为的发现与识别体系，对出现的各类侵犯知识产权的行为要坚决予以打击。

11.3.2　专业人才策略

横向拓展型服务化模式的实现涉及技术、管理和商业模式等多个领域的要素，且各领域均具有较为突出专业性特征。因此，技术人才、管理人才和商业人才等各相关领域专业人才的培养及其作用发挥，成为横向拓展型服务化模式得以实现的重要保障。完善实现横向拓展型服务化模式的专业人才保障，至少应做好以下几个方面的工作。

1. 完善专业人才的培养体系

在保持现有人才规模的基础上，从内外两个方面不断完善技术人才、管理人才和商业人才三类人才的培养体系。

外部培养方面，依托于专业培训机构、高校和科研院所等教育研究机构，通过引导其相关学科方向及专业人才培养规模，为横向拓展型服务化模式的实现提供各层次专业人才保障。

内部培养方面，横向拓展型服务化模式下各装备制造业等主体应加强专业人才的培养力度，通过在职培训、脱产学习等方式在模式体系内部进行专业人才的挖掘和培养。内外培养体系相结合，即可形成各级各类教育机构、科研机构与装备制造企业共同参与、相互支持的立体化专业人才培养体系。

2. 加强专业人才的引进

做好专业人才的引进工作至少应做好以下两点。

首先，完善专业人才引进政策。横向拓展型服务化模式的实现需要多领域、多层次人才的共同作用，因此其所对应的人才引进政策设计就成为一项科学的系统工程。在政策制定的过程中，必须充分考虑不同领域、不同层次人才，以及横向拓展型服务化模式下各主体特殊性，在引进人才质量与主体资源间寻求平衡，并以此作为政策制定的主要依据。

其次，在政策的引导下加大专业人才引进的专项资源投入力度。为保障对优秀专业人才的吸引力，应建立用于专业人才引进的专项资源体系，并保证专项资源的专项使用。通过提供有竞争力的薪酬福利待遇、广阔的发展空间、优良的工作环境和完善的生活配套设施，吸引横向拓展型服务化模式体系外专业人才的加入。

3. 优化专业人才的使用

优化专业人才的使用应做好以下几点。

首先，应在岗位分析与设计的基础上，基于专业人才特长及其个人特点为其安排合适的工作岗位，做到人尽其用。岗位职责适度高于其能力范围是岗位职责最合理的设定。此时，员工既不会因岗位职责远超出其能力范围完成无望而放弃履行岗位职责，亦不会因岗位职责低于其能力范围而不能充分发挥其能力。

其次，专业人才的使用应注意权责对等原则。所谓权责对等原则，是指在专业人才所拥有的权利和所承担的责任相适应。权大于责会使权力失去约束，而责大于权则会影响岗位职责的履行。

最后，建立完善的专业人才使用考评制度，并以此为基础对专业人才进行周期性考评和不定期抽查。基于考评结果对各岗位的专业人才进行适时调整，以实现专业人才的动态使用，保持专业人才使用的高效率。

4. 建立从业人员淘汰机制

人员淘汰具有正向作用，一是可以通过淘汰无法胜任岗位职责的人员，引进更为合适的专业人才，从而完善横向拓展型服务化模式体系的组织氛围，为横向拓展型服务化模式体系带来新气象和新风貌；二是可以在淘汰过程中，通过裁减不胜任人员，节约横向拓展型服务化模式下各主体的人力资源成本；三是可通过淘汰平庸人员，提升横向拓展型服务化模式体系下各主体的绩效水平。因此，应建立相应的从业人员淘汰机制，适时淘汰横向拓展型服务化模式体系下无法胜任其岗位职责的专业从业人员。

建立从业人员淘汰机制，首先要有合理合法的从业人员淘汰依据，以避免和减少人员淘汰过程中劳资纠纷的出现。一般情况下，横向拓展型服务化模式下各主体可将违法、违规、违纪和不胜任作为淘汰其从业人员的依据。其次，在从业人员淘汰过程中，应注意以下问题：一是要给予被淘汰员工必要的培训及教育，并为其安排新的岗位而不是直接进行淘汰；二是要照顾被淘汰从业人员的自尊心，不要对其全盘否定，做到对事不对人；三是不要在淘汰从业人员的过程中掺入管理人员的主观意愿，做到淘汰过程及结果的公平公正。

11.3.3　资金策略

在横向拓展型服务化模式的实现过程中，从模式体系构建到模式实现，从技术创新到人才引进，都离不开资金资源的润滑和中介作用。充足的资金及其合理利用是实现横向拓展型服务化模式的重要保障。完善的资金保证策略不仅包括融资策略，还应包括资金的管理策略。

1. 完善服务化渠道

所谓融资渠道，即资金的来源，主要包括内源融资和外源融资两类。其中内源融资主要是指融资主体的自有资金积累部分；而外源融资即从融资主体外部，通过直接或间接方式获得所需资金。一个完善的融资渠道体系包括内源融资渠道、外源直接融资渠道和外源间接融资渠道。

完善内源融资渠道首先要开辟融资主体内部的资金来源。融资主体内部资金来源主要包括自有资金、应付税利和利息、未使用或未分配的专项基金三个方面。因融资主体性质的不同，其内部资金来源会存在一定的差异性，但对于横向拓展型服务化模式下的大多数融资主体而言，自有资金是其最重要的内源融资渠道。因此，在此基础上各融资主体应加强自有资金的积累，通过控制成本、利润开拓等方式不断扩大自有资金的规模，增强横向拓展型服务化模式下各融资主体的内源融资能力。

其次，横向拓展型服务化模式下各融资主体应积极拓展外源服务化渠道。外源融资渠道是指融资主体外部的资金来源，其主要包括银行信贷资金、非银行金融机构资金、其他企业资金、民间资金和外资等。随着技术、经济和社会的不断发展和进步，一些新的外源性融资渠道开始出现并逐渐成熟。对横向拓展型服务化模式下各融资主体而言，目前还有如下外源性融资渠道可供选择：一是融资租赁，即由融资公司为大型高端装备采购单位预付采购款，采购单位先期购入高端装备并在使用中向融资者支付租金，当租金付完高端装备即转为采购者所有的融资采购方式；二是风险投资，即由专业化人才管理下的风投机构向特别具有潜能的融资主体投入风险资本的过程，是一种利益共享、风险共担投资方式；三是委托贷款，即融资中介根据融资方的委托，联络若干资金持有人，使其相互协商，促成签订资金借用合同将资金借给融资方的融资方式。

在横向拓展型服务化模式的实现过程中，应将内源融资渠道、外源直接融资渠道和外源间接融资渠道进行有机结合，并根据服务化主体的实际情况组合使用。

2. 加强资金管理

加强横向拓展型服务化模式实现过程中的资金管理，应做好以下几个方面的工作。

一是建立由资金管理制度、岗位制度及岗位分工制度所构成的资金管理制度体系，并在此基础上加强对资金管理人员岗位职责的管理和履职能力的考评。

二是构建资金预算管控体系，加强资金预算管理。一方面，横向拓展型服务化模式下各融资主体应制定相应的预算管理制度和预算管控体系，制定统一的预算管理办法和报表；另一方面，各融资主体还要根据其所拥有的资金分布及收支情况，根据其组织架构进行资金分级预算管理，以掌握资金的动态变化情况，明确资金管理责任。

三是实现资金管理的信息化。依托横向拓展型服务化模式下的通信网络和云平台，各融资主体内部以及融资主体之间可以快速建立起资金的信息化管理系统，消灭体系内存在的资金信息孤岛。不仅如此，原有通信网络还可以将横向拓展型服务化模式下各主体与外部银行网络的资金结算平台进行有效连接，从而提高横向拓展型服务化模式下各主体的资金管理效率。

四是建立资金的动态监控系统。作为信息化的延伸，利用现有通信网络对横向拓展型服务化模式下各主体资金使用情况进行动态监控，并根据监控结果做出适当处置，从而保证各项资金支出的安全性和合理性。

五是资金使用的事后监督。资金使用的事后监督是保障资金使用安全的重要措施之一，其主要功能包括如下两个方面：一方面是对资金的实际开支和资金预算进行对比分析，监督两者间是否存在差异，并根据监督结果进行进一步处理；另一方面是对资金管理岗位业务管理、票据管理、印鉴管理、人员素质等各方面进行检查和督促，从而实现安全而高效的资金管理。

六是建立高素质的资金管理人员团队。横向拓展型服务化模式下各主体的资金需要高素质复合型人才的有效支撑，因此应通过各项培训不断提高各主体资金管理人员的基本素质及其对资金管理的认知能力、应用能力和创新能力，从而建立一支高素质的资金管理人员团队。

11.3.4　标准化策略

横向拓展型服务化模式的实现是一个涉及多行业、多主体、多要素的系统工程，而各要素在专业术语、技术指标体系和管理标准等方面的差异性给横向拓展型服务化模式的实现带来显著的不利影响。因此，为了保障横向拓展型服务化模式的实现，应在横向拓展型服务化模式的实现体系内进行标准化建设。进行横向拓展型服务化模式实现体系的标准化建设应做好两个方面的工作。

一是加强横向拓展型服务化模式下各主体对标准化建设的认识。由于横向拓展型服务化模式实现过程具有技术密集的突出特征，资金和人才作为传统资源也深刻影响着横向拓展型服务化模式的实现，因此该模式下各主体关注的焦点往往都集中于技术、资金和人才等方面，从而忽略了标准化建设对于实现横向拓展型服务化模式的重要意义。而事实上，标准化建设不仅是对横向拓展型服务化模式实现过程进行科学管理的基础，而且直接关系横向拓展型服务化模式的实现效率和实现效益。因此，应通过标准化培训等方式，加强横向拓展型服务化模式下各主体对标准化建设重要程度的认识，使其牢固树立标准化管理思想。

二是要进行适度的标准化建设，建立实现横向拓展型服务化模式过程中所涉及的标准体系。在进行横向拓展型服务化模式实现体系标准化建设的过程中，可基于国家标准、国际标准、行业标准的优先级对通用标准进行直接引用。对于缺乏相应标准的标准化对象，则应在横向拓展型服务化模式下由各主体基于标准化的原理和方法，通过协商一致的原则建立标准化建设目标并编写相应标准。在此基础上进行标准的实施，并对实施过程进行实时监督以保证标准化建设目标的实现。

三是建立动态的标准体系完善和修订机制。保障横向拓展型服务化模式实现的标准体系建立后并不是一成不变的，该体系会因横向拓展型服务化模式下各主体要素及其环境要素的发展而失去其实操性和有效性。因此，需要建立动态的标准体系完善和修订机制，通过对标准体系的动态调整提高其实操性和有效性，进而从标准视角保障横向拓展型服务化模式的实现。

11.3.5　安全策略

横向拓展型服务化模式的实现依托于各类通信网络的有效支撑，而包括互联网在内的各类通信网络由于其开源性和匿名性等特征，自身具有较高的安全风险。因此，需针对性地制定保障横向拓展型服务化模式实现过程中软硬件资源安全的策略并予以执行。可采取如下策略为横向拓展型服务化模式的实现提供安全保障。

一是建立横向拓展型服务化模式体系下云平台、云资源池及云资源本体的访问控制机制。通过对特定网段、服务建立的访问控制体系，可将绝大多数攻击阻止在到达攻击目标之前。

二是建立程序化的安全漏洞检查机制。通过对安全漏洞的周期性检查，对发现的安全漏洞及时予以弥补，从而降低横向拓展型服务化模式体系下各要素的安全风险。

三是建立网络攻击监控机制。通过对特定网段、服务建立的攻击监控体系，可实时检测出绝大多数攻击，并采取相应的行动，如断开网络连接、记录攻击行为、跟踪攻击源等予以应对。

四是建立针对横向拓展型服务化模式下云资源等核心要素的加密通信机制。通过主动的加密通信，使攻击者无法对相关敏感信息进行攻击操作。

五是建立完善的认证体系。身份认证是指在横向拓展型服务化模式体系下确认操作者身份的过程。通过认证可以确定某一用户是否具有对横向拓展型服务化模式下云平台和云资源的访问和使用权限，进而使相关要素的访问策略能够更加可靠和有效地执行，防止攻击者假冒合法用户获得资源的访问权限，从而保障系统和合法用户的利益。

六是建立核心云资源的备份和恢复机制。通过冷备份或网络备份等多种方式对横向拓展型服务化模式下各类云资源及相关数据库进行备份，可应对系统操作失误、系统故障、黑客攻击或不可抗力等因素所导致的数据丢失。如果数据备份失败或备份数据毁坏，则可通过技术手段将丢失的电子数据进行抢救和恢复，从而保证横向拓展型服务化模式下各类云资源的安全。

七是建立由专业人才构成的专职化的安全监控中心。通过该中心的有效作用，为横向拓展型服务化模式下云体系的正常运行提供安全体系管理、监控和保护服务。

本章小结

在对横向拓展型服务化模式的内涵进行界定的基础上，结合云模式的特征，分析了横向拓展型服务化模式在模式适用性、目标和实现过程等方面的特征。在此基础上，从横向拓展型服务化模式的体系框架、实现机制和模式实现要点三个方面对其进行详细设计。首先，从横向拓展型服务化模式体系框架的基本构成要素和体系结构两个方面设计横向拓展型服务化模式的体系框架；其次，从云资源识别与封装机制、虚拟化与发布机制、发现与匹配机制、优化配置机制和获取机制有机结合等方面对模式实现机制进行设计；最后，对横向拓展型服务化模式体系架构、相关标准和规范、云端化技术、云安全、云服务商业模式等横向拓展型服务化模式实现的关键问题进行系统研究，并从技术、人才、资金、标准化和安全等方面提出了保障横向拓展型服务化模式实现的策略体系。

第 12 章　网式重构型服务化模式及其实现策略

12.1　网式重构型服务化模式的内涵及特征

12.1.1　网式重构型服务化模式的内涵

网式重构型服务化模式是指高端装备制造业在内外部因素的共同作用下，特别是产业发展诉求的推动下，依据技术及经济的可分性，打破原有全球价值链体系内各价值环节间的链接，形成处于混沌状态的价值片段池。在此基础上，具有充足产业资源和资源优化配置能力的装备制造业企业，以提升价值增值能力和全球价值链位势为目标，对装备制造和服务价值片段进行重构，形成由多条横向相通的全球价值链所构成的新型价值网络体系，从而实现全球价值链下高端装备制造业服务化的产业服务化模式。在此对网式重构型服务化模式的内涵做如下进一步阐释。

第一，由于高端装备制造业的价值链具有相对稳定性，因此网式重构型服务化模式下的产业服务化一般发生在产业体系重建或经济体系"跃迁"过程中，如全球化的产业大转移或经济危机等。因为在产业系统重建或经济体系跃迁过程中，产业系统内的价值片段间的关联较小，更易实现全球价值链的分解；而产业系统重建或越级所带来的各种市场机遇又为各价值片段的重构提供了机遇。因此，网式重构型服务化模式下产业服务化一般发生在产业体系重建或经济体系"跃迁"过程中。

第二，网式重构型服务化模式一般是由处于全球价值链高端，且具有充足产业资源和资源优化配置能力的核心装备制造业企业或企业集团主导而实现的，核心装备制造业企业利用其资源和能力优势，由点及线地打破原有的全球价值链体系并完成对全球价值链的分解和重构。

第三，网式重构型服务化模式下的全球价值链分解的依据是价值环节的技术及经济独立性，只有具有技术和经济独立性的价值环节，才有可能单独存在并被分离出来，形成价值片段池。

第四，网式重构型服务化模式下全球价值链重构是依据价值环节特征和未来市场需求而完成的自组织过程。在重构过程中，首先会形成多条由高端装备制造和服务价值环节纵向相连而构成的平行价值链，并针对不同层次的用户需求提供针对性的产品。平行价值链的形成具有一定的层次性，首先是高端装备制造和服务价值环节通过自组织机制形成高端价值链；之后，价值片段池中中间层次的价值环节构成中端价值链；最后，剩余的低端价值环节构成低端价值链。而在这个过程中，没能进入任何价值链的价值环节将被淘汰。每个层次新价值链的重构都以最优价值环节的嵌入为重构方向，且各新价值链之间是一种动态平衡关系。

第五，在全球价值链重构的过程中，部分竞争力突出的价值环节可能会进入多条重构的全球价值链。不仅如此，由于装备制造和服务价值环节间天然存在的广泛关联性，各平行全球价值链之间必然会形成横向的连接，而这种连接会随着核心价值环节业务的拓展而延伸和增强，从而使平行全球价值链体系逐渐演变成全球化的价值网络，形成基于全球价值链重构的价值网式产业服务化模式。

12.1.2　网式重构型服务化模式的特征

1. 价值网络的特点

网式重构型服务化模式下的价值网络是由高端装备制造价值环节和服务价值环节有机融合而构成的一种新型产业组织形态，具有价值网络的共性特点。

（1）以用户需求为中心。价值网络的形成及演进均以满足用户需求、实现用户价值作为出发点和落脚点。在价值网络的形成过程中，各主体基于用户需求对各价值环节进行有机结合，从而更好地满足用户的定制化和个性化需求。在价值网络的演进过程中，价值网络演进也始终瞄准用户需求，根据用户需求的变化不断调整其演进节奏和演进方向。

（2）价值网络主体间的关系由竞争关系向竞合关系转变。在传统的价值体系下，参与各方大多秉承的是零和的强竞争思维，打垮竞争对手与谋求自身发展同样重要。而在价值网络体系下，传统的竞争理念转变为竞合理念，价值网络主体间的关系也由竞争关系向竞合关系转变。在新型的竞合关系下，价值网络主体谋求的不仅仅是自身的发展，而是其与价值网络其他主体的共同发展，因此其关注的焦点也从自身效率和效益转变成为价值网络的效率和效益。

（3）价值网络主体超越了传统行业的限制。在价值网络体系下，价值网络主体的内涵出现了较大的拓展和延伸，从用户和供应商等传统主体拓展到了竞争对手。通过合作伙伴和战略联盟等方式，价值网络可有效打破传统行业的边界限制，在不同行业、不同区域，甚至在不同国家建立价值网络。

（4）价值网络及其主体一般具有较高的核心竞争力。在价值网络体系中，企业更加注重培养自身核心竞争力的建设，并以此作为其嵌入价值网络并与其他网络要素进行竞合关系构建的基础。价值网络主体各自发挥其核心竞争力，彼此之间通过互补性的业务关系取长补短，从而实现"1＋1＞2"效果和价值网络及其主体核心竞争力的进一步提升。

2. 网式重构型服务化模式的特征分析

基于价值网络的特征以及网式重构型服务化模式的设计依据可以推断，网式重构型服务化模式在其适用性、目标和实现过程方面具有如下特征。

（1）在服务化模式适用性方面，网式重构型服务化模式适用于高端装备制造业全球价值链价值位势较高，且高端装备制造业服务化能力较高的情形。较高的全球价值链位势说明该状态下高端装备制造业的价值增值能力较强，产业在全球价值链体系中具有一定的控制力和支配权；服务化能力较强则说明其具有充足的产业资源和资源优化配置能力。具有全球竞争力的大型核心高端装备制造业企业或企业集团具有上述特征。因此，网式重构型服务化模式主要适用于大型核心高端装备制造业企业或企业集团的服务化。

（2）在服务化模式目标方面，通过网式重构型服务化模式所实现的产业服务化，其服务化的直接目标是满足用户的需求。在用户需求的引导下，通过对全球价值链的分解和重构，构建以我国高端装备制造企业或企业集团为核心，以我国高端装备制造和服务价值环节为主体的全球化的价值网络体系，在实现产业服务化主体多方共赢的基础上实现中国高端装备制造业全球价值链位势攀升，提升其全球价值链治理能力并构建以其为主导的全球价值网络体系。

（3）在服务化模式实现过程方面，网式重构型服务化模式的实现依赖于全球价值链的分解与整合。一方面，在网式重构型服务化模式体系内部或外部动因，如高端装备制造业发展诉求、政府产业政策引导、用户需求突变的作用下，原有全球价值链因无法满足用户需求或竞争力下降而导致其失去生存空间。此时，全球价值链中的价值环节为了生存和发展必然从原有全球价值链体系中分解出来，从而形成价值片段池。另一方面，在用户需求的引导下，价值片段池中的高端装备制造和服务价值片段会依据用户需求、自身条件和环境等要素的具体情况，通过自组织方式进行重构，形成多条平行价值链。由于部分价值环节可能会进入多条重构的全球价值链，以及价值环节的广泛关联性，各平行全球价值链间会形成广泛横向的连接，进而形成全球化的价值网络，完成基于全球价值链重构的价值网式产业服务化。需要指出的是，通过对全球价值链分解与整合实践的分析可以看出，一般情况下全球价值链的分解与整合是同步完成的，即某一价值环节从一条全球价值链中分解出来后会立即嵌入另一条价值链之中，甚至部分价值环节在从全球价值链体系中分解出来之前就已经确定了所要嵌入的价值体系。长期游离于价值体系之外的价值环节是不存在的。

12.2　网式重构型服务化模式的设计

12.2.1　网式重构型服务化模式基本框架设计

1. 网式重构型服务化模式体系基本构成要素分析

网式重构型服务化模式体系的基本构成要素除了包括高端装备制造业、服务价值环节、用户、中介和政府等实体要素外，还包括全球价值链、价值片段、价值片段池和价值网络等抽象要素。由于高端装备制造业、服务价值环节、用户、中介和政府等实体要素在前文已进行了详细分析，本部分主要对网式重构型服务化模式下的全球价值链、价值片段、价值片段池和价值网络等抽象要素进行分析。

网式重构型服务化模式下的全球价值链是在经济全球化背景下，由国内外高端装备制造业、服务价值环节、中介行业等要素共同构成的经济组织体系。高端装备制造业与服务价值环节等实体要素间客观存在着关联性，这种关联性可以从不同的角度进行抽象化解读，从而形成了供应链、信息链、物流链和价值链等不同称谓。本书认为在经济全球化背景下，从价值角度对其进行抽象化解读可更准确地揭示产业服务化的本质特征。基于此，本书将高端装备制造业与服务价值环节等实体要素间的关联关系解读为价值链关联关系，即国内外高端装备制造业、服务价值环节、用户和中介机构等要素共同构成了全球价值链。

网式重构型服务化模式下的价值片段是全球价值链分解的产物。在网式重构型服务化模式下，价值片段的类型主要包括高端装备制造价值片段、服务价值片段、中介服务价值片段等。各类价值片段之间，以及同类价值片段之间，在价值量和价值增值能力、可用性、易用性等方面均存在显著的差异性，因此其在参与全球价值链重构的过程中具有不同的表现。

网式重构型服务化模式下的价值片段池是各类价值片段集聚的结果，虽然在宏观层面上具有相对稳定性，但其内部的价值片段处于持续的动态更新过程之中。

网式重构型服务化模式下的价值网络是由纵向的多条平行全球价值链间的横向关联而形成的，其形成既包括全球价值链各价值环节间广泛的关联性，也包括部分价值片段在多条全球价值链的嵌入。网式重构型服务化模式下的价值网络可以根据用户的需求，打破产业边界，动态地向用户提供高效率和低成本的敏捷"装备＋服务"包，从而实现高端装备制造业服务化。网式重构型服务化模式体系下，价值网络的形成即网式重构型服务化模式的实现。

2. 网式重构型服务化模式体系结构设计

网式重构型服务化模式体系中，高端装备制造业与服务价值环节作为主体构成全球价值链，在用户、政府和产业自身因素的影响和作用下，部分高端装备制造业与服务价值环节所构成的全球价值链进行分解，从而形成离散的价值片段，而价值片段的集聚则会形成价值片段池。在用户、政府和产业自身因素作用下，价值片段池中的价值片段会进行重新组合，形成新的多条平行全球价值链。由于全球价值链各价值环节间广泛的关联性和部分价值片段向多条全球价值链嵌入，会逐渐形成全球化的价值网络。基于上述分析，设计网式重构型服务化模式的基本体系结构，如图 12 - 1 所示。

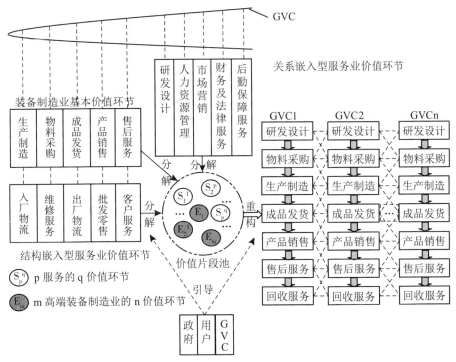

图 12-1　网式重构型服务化模式基本体系结构

资料来源：笔者自制。

12.2.2　网式重构型服务化模式实现机制设计

1. 全球价值链分解与整合机制

网式重构型服务化模式下高端装备制造业的全球价值链分解是基于价值链中各增值环节的独立性和可分离性，在内外部因素的共同作用下将部分价值链环节分离出去的过程；而全球价值链的整合过程则是根据价值增值环节的技术和经济关联性，将离散的价值片段整合为一体化的全球价值链的过程。

（1）高端装备制造业全球价值链的分解。在全球化背景下，产业边界在组织结构上出现萎缩，而同时在地理空间覆盖上呈现出不断的扩张态势（张天顶，2017）。因此，原本一体化的价值链体系开始在空间维度实现了分离，并直接导致了产业全球价值链的分解。高端装备制造业全球价值链的分解由用户需求、产业发展和环境变化等多个因素共同触发。首先，高端装备制造业用户需求的个性化和多样化，使追求规模经济效应的传统装备制造模式失去了市场竞争优势，迫使高端装备制造转向更具灵活性和柔性的新型制造模式，如模块化制造和制造外包等模式，从而促进了价值链的分解；其次，随着产业竞争不断加剧，部分在个别价值链环节上具有相对竞争优势的企业陆续加入市场竞争，从而对部分大而全、小而全的高端装备制造业企业造成极大的竞争压力，迫使其放弃某些价值链环节以提升自身的市场竞争力，从而推动了价值链的分解；最后，环境因素，尤其是技术环境和经济环境的变化，促使高端装备制造业企业打破原本一体化的价值链体系以适应环境的变化，从而促进了高端装备制造业全球价值链的分解。

（2）高端装备制造业全球价值链的整合。高端装备制造业全球价值链的不断分解使市场上出现了众多相对独立且具有一定比较竞争优势的价值片段。显然，高端装备制造业全球价值链分解形成的价值片段不可能长期独立地存在于市场之中而不与其他价值片段产生关联。在自身生存与发展诉求的推动下，各价值片段必然会基于自身价值增值能力、资源状况和所处环境等多重因素，选择与其具有关联性和互补性的价值片段进行整合以实现完整功能并借以满足用户需求，实现自身的跃迁式发展。显然并非所有价值片段都具有主导全球价值链整合的能力与资源。从高端装备制造业全球价值链整合实践的视角来看，此过程的主导者一般是那些具有较强相对竞争优势，且拥有相对充足产业资源，并具有全球化发展意愿与战略的核心价值片段，通常由核心高端装备制造企业或高端装备制造集团所主导。在高端装备制造业全球价值链的整合过程中，核心价值片段首先基于自身相对竞争优势和发展战略与目标，利用其充足的产业资源，对市场上不同类型的价值片段进行全球化的搜寻和挖掘，寻找可能满足其需求的价值片段，并形成备选的价值片段集合。其次，对集合中各备选价值片段的价值增值能力、整合难度、整合成本、整合预期收益等属性进行全方位分析，评价对其进行整合的经济、技术和管理可行性，进而形成可整合的价值片段集合。再次，对可整合的价值片段进行对比性分析，选择最优的整合价值片段，并结合各方面因素制定具体的整合商业模式及其实施方案。最后，基于商业模式及其实施方案，对各种类型的价值片段依次实施整合，从而构建新的全球价值链体系。

综上所述，全球价值链分解与整合如图12-2所示。

2. 平行全球价值链整合机制

平行全球价值链的整合是基于其横向关联性，以一定的优先级顺序，由新的全球价值链中的核心价值片段对整合全球价值链内各种资源进行优化组合和合理利用的过程。

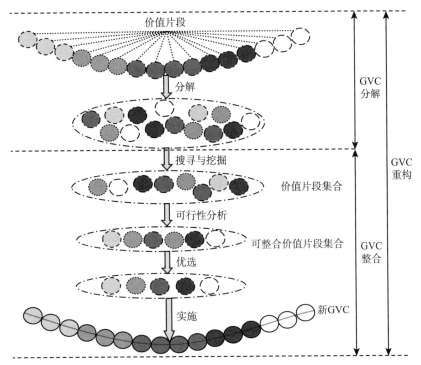

图 12 - 2　网式重构型服务化模式下全球价值链分解与整合

资料来源：笔者自制。

（1）平行全球价值链的关联性分析。网式重构型服务化模式下全球价值链的分解与整合会形成多条平行全球价值链，然而无论是全球价值链网式价值体系的内涵，还是全球价值链整合的实践均表明，平行全球价值链间存在多方面的横向关联性，具体表现在以下几个方面：一是市场关联性，网式重构型服务化模式下整合所形成的全球价值链均指向高端装备制造市场，必然在市场上形成基于市场竞争的关联关系；二是业务关联性，整合形成的全球价值链由相似的价值片段所构成，平行全球价值链间在业务流程和业务范围方面具有较强的相似性，这种相似性虽在很大程度上增强了其竞争强度，但也为其合作提供了合作空间；三是资源关联性，平行全球价值链在资源投入类型、多种资源投入比例，甚至是在资源使用方式等方面均存在相似性，同样可为不同全球价值链间的合作提供合作空间。综上所述，平行全球价值链的关联性主要表现为彼此间的竞合关系。不仅如此，平行全球价值链间的关联性还会因全球价值链整合过程中个别价值片段的多全球价值链嵌入而进一步加强，而平行全球价值链间的多方面横向关联则为其整合提供了必要的空间。

（2）平行全球价值链整合优先级。在平行全球价值链整合过程中，新全球价值链中的核心价值片段利用其资源优势、整合能力优势及其处于全球价值链中心的信息优势，以及平行价值链间横向关联所形成的桥梁，基于市场竞争或合作的需求，与平行全球价值链中的相关价值环节进行整合，从而将平行全球价值链整合成为一个由高端装备制造、服务等多种价值片段构成的纵向相连、横向相通的价值网络体系，并在此过程中实现服务化模式网式重构。由于资源和信息的稀缺性，以及整合能力的局限，某条全球价值链中的核心价值片段在进行整合时，无法同时对多个价值片段进行整合。因此，在具体的平行全球价值链整合过程中，价值片段的整合具有一定的优先级差异。首先，由于网式重构型服务化模式的实现主体主要为传统大型核心高端装备制造业企业或企业集团，高端装备制造能力是其最具相对竞争优势的价值片段，因此网式重构型服务化模式下平行全球价值链的整合一般首先发生在其高端装备制造价值片段之间。其次，从整合效益和整合难度的视角来看，处于全球价值链下游的营销和售后服务价值环节由于与高端装备制造价值环节具有紧密的关联性，且具有整合难度较低而整合效益较高的特点，因此第二批次的整合对象一般是营销和售后服务等全球价值链后端价值片段。最后，随着全球价值链整合效果的显现，以及服务化能力和整合资源的积累，整合对象可向创意、研发和设计的处于全球价值链前端的价值片段拓展，进而完成全球价值链全链的整合。

（3）平行全球价值链的整合。在平行全球价值链的整合具体整合过程中，某条全球价值链中的核心价值片段首先要基于平行全球价值链的关联关系，按照全球价值链整合的优先级顺序对需要整合的价值片段进行识别，从众多的平行全球价值链中识别出可以进行整合的相应价值片段；其次，根据整合的难易程度和经济、技术可行性对可进行整合的价值片段进行评价和对比性分析，选择最优的整合价值片段；再次，根据所要进行整合的价值片段特征针对性的制定整合商业模式及其实施方案，完成基于某一特定价值片段的平行全球价值链的整合。最后，基于全球价值链整合的优先级顺序，依次对全球价值链体系内的价值片段进行整合即可完成高端装备制造业平行全球价值链的整合，从而形成基于全球价值链重构的价值网络。

3. 价值网络运行机制

当基于全球价值链重构的价值网络形成后，价值网络的运行机制成为实现网式重构型服务化模式的核心机制。价值网络运行由处于其中心位置的核心价值片段进行驱动和主导。（1）核心价值片段通过其处于价值网络中心位置以及相对完善的信息管理体系所带来的信息优势，对市场上的用户需求信息进行收集、整理和分析，从中挖掘具有商业价值的市场需求信息。（2）对市场需求信息进行解构，分析用户需求对高端装备制造价值片段和服务价值片段的需求情况。（3）将解构的用户需求与价值网络中的价值片段进行对比性分析，形成满足用户需求的解决方案，并将必要而非核心的用户需求信息及解决方案信息通过预设的信息沟通机制向其他价值片段进行通报，寻求共同满足用户需求的意愿并确定合作方式。（4）对价值网络中可以调动用来满足用户需求的资源进行优化配置，以期用最小的资源消耗最大限度地满足用户的需求。（5）针对不同的用户需求类型建立相应的管理体系及其管理机制，对用户一次性的需求建立基于项目管理的管理体系及机制，而对于用户产期重复性需求则需要建立制度性的管理体系及机制。（6）与用户进行协商与谈判，确定双方的合作方式及落实相应的合作细节，进而调动各种资源进行生产制造并提供相应服务以满足用户需求。（7）在价值网络内部建立基于贡献的价值分配机制，并进行合理的利益分配；在此基础上寻找新的市场机会，并进入价值网络新的运行周期，从而实现其长效运行机制。

12.2.3　网式重构型服务化模式实现要点分析

1. 全球价值链重构中价值片段整合规律分析

价值链分解所形成的价值片段池处于一种混沌状态，因此，如何搜寻和挖掘具有整合价值的价值片段对实现全球价值链重构和网式重构型服务化模式就显得尤为重要。基于混沌理论可知，混沌系统中的能量永远会遵循阻力最小的途径运行，且始终存在着通常不可见的根本结构决定阻力最小的途径，该根本结构不仅可以被发现，而且可以被改变。因此，探寻价值片段池中能量流动阻力最小的模式，即可找到价值片段重构的规律性。

高端装备制造业全球价值链分解所形成的"价值片段池"是典型的经济系统，其能量主要是指推动经济系统发展的人、财、物等经济资源。通过人、财、物等资源的有效流动可以将不同的价值片段串联起来构成新的全球价值链，从而实现网式重构型服务化模式下的产业服务化。然而，人、财、物等资源的流动受到价值规律的引导，当进入某一价值环节带来的收益越大时，其进入阻力将会越小。人、财、物等资源总是沿着收益最大的路径流动，即全球价值链的重构是沿着收益最大化的路径进行，且该规律在价值片段池整合以及平行全球价值链整合过程中均存在。

网式重构型服务化模式下的收益最大化，并非强调收益绝对数量的最大化，而是指在一定投入水平下的收益率的最大化，即具有最优的经济效率。因此，可以通过对价值环节整合效率的评价判定对其整合的合理性、全球价值链重构合理性，以及平行全球价值链整合的合理性并揭示其存在的规律。效率评价方法和模型已在前文中进行了介绍，此处不再赘述。

2. 价值网络资源配置分析

网式重构型服务化模式下的价值网络资源配置是指对价值网络内的稀缺资源的用途做出的安排。一个合理而高效的资源配置应可以实现以最小资源消耗获取最大效益产出的效果。价值网络资源配置的合理性直接决定了其市场竞争力和市场空间。因此，价值网络资源配置的最佳结构，成为实现网式重构型服务化模式的重要前提。

（1）资源配置的最佳结构研究方法选择。资源配置的最佳结构意味着价值网络以较小的资源投入换取最大的效益产出，即价值网络的资源转化效率的最大化。因此，基于效率视角对价值网络的最佳资源配置结构进行研究具有较高的合理性。前文已对效率评价方法进行了详细了论述，基于效率研究方法的适用性和研究对象的特点，本节选择 DEA 方法作为价值网络资源配置最佳结构的研究方法。

（2）资源配置最佳结构测度模型构建。基于经典的 C^2R 模型构建网式重构型服务化模式下价值网络资源配置最佳结构的测度模型。

C^2R 模型由查尼斯和库珀等（Charnes and Cooper et al., 1978）创建，其基本假设条件是规模报酬不变，其核心是以数学规划技术来评估组织的相对效率：

设有 n 个具有可比性决策单元，记为 DMU_{1-n}。每个 DMU 都有 m 种类型输入和 s 种类型的输出。用 $X_j = (x_{1j}, x_{2j}, \cdots, x_{mj})^T$ 和 $Y_j = (y_{1j}, y_{2j}, \cdots, y_{sj})^T$ 分别表示 DMU_j 的输入向量和输出向量，为已知数据（$j = 1, \cdots, n$）；用变量 $v = (v_1, v_2, \cdots, v_m)^T$ 和 $u = (u_1, u_2, \cdots, u_s)^T$ 分别表示 m 种输入和 s 种输出对应的权向量。则第 k 个决策单元 DMU_k 的效率评价值 V_k 表示为式（12-1）：

$$V_k = \frac{u^T Y_k}{v^T X_k} \qquad (12-1)$$

以 DMU_k 的效率评价值 V_k 为目标函数，以所有决策单元的效率评价值为约束，构成分式规划 C^2R 模型为式（12-2）：

$$\begin{cases} \max \dfrac{u^T Y_k}{v^T X_k} \\[2mm] \dfrac{u^T Y_j}{v^T X_j} \leqslant 1, \quad j = 1, \cdots, n \\[2mm] u \geqslant 0, \quad v \geqslant 0 \end{cases} \qquad (12-2)$$

采用 Charnes – Cooper 变换可以将式（12 – 2）化为式（12 – 3）：

$$t = \frac{1}{v^T X_k}, \quad \alpha = tv, \quad \beta = tu \qquad (12-3)$$

式（12 – 3）中，α 和 β 分别是 m 维和 s 维列向量，即有 $\alpha = (tv_1,$ $tv_2, \cdots, tv_m)^T$，$\beta = (tu_1, tu_2, \cdots, tu_s)^T$。

相应地，可将式（12 – 2）化为式（12 – 4）。

$$\begin{cases} \max \beta^T Y_k \\[1mm] \alpha^T X_j - \beta^T Y_j \geqslant 0, \quad j = 1, \cdots, n \\[1mm] \alpha^T X_k = 1 \\[1mm] \alpha \geqslant 0, \quad \beta \geqslant 0 \end{cases} \qquad (12-4)$$

基于上述模型即可对所有 DMU 进行排序，并可得到其各指标的投入冗余（Radial Movement，记为 RM_m）。以所有 DMU 的 RM_m 为基础计算各资源的最佳投入量，即使各指标达到 DEA 有效的理想目标值，记为 PV_i，进而即可求得资源配置最佳结构 U_s，如式（12 – 5）所示：

$$\begin{cases} PV_i = -\sum\limits_{j=1}^{n} RM_{ij} + P_{oi} \\[2mm] U_s = PV_1 : PV_2 : \cdots : PV_m \end{cases} \qquad (12-5)$$

式（12 – 5）中，P_{oi} 为网式重构型服务化模式下价值网络资源配置的原始值。

12.3　网式重构型服务化模式的实现策略

12.3.1　转变全球价值链下装备制造业发展战略

1. 从全球价值链低端嵌入全球价值链重构

实现网式重构型服务化模式的目的在于提高中国高端装备制造业的价值增值能力，实现其全球价值链位势的攀升。因此，实现中国高端装备制造业发展战略由全球价值链低端嵌入全球价值链重构的转变，对于保障网式重构型服务化模式实现过程的预见性和主动性以及克服网式重构型服务化模式实现过程中的短视行为具有重要意义。

由于技术、资金和人才等多方面因素的制约，中国高端装备制造业在很长时期内都采用了全球价值链低端嵌入的发展战略。诚然，全球价值链低端嵌入战略的实施曾对中国高端装备制造业的发展起到了巨大的推动作用，推动中国高端装备制造业前向发展的同时积累了一定数量的资金、技术和人才资源，从而为其更高层次的发展奠定了一定的物质基础。但是，随着中国高端装备制造业发展水平的不断提升，以及经济全球化和一体化进程的不断加深，现行的全球价值链低端嵌入发展战略已经极大地制约了中国高端装备制造业的全球价值链攀升。在中国高端装备制造业具备了大规模国际化条件与能力，且《中国制造2025规划纲要》和党的十七大、十八大均将高端装备制造业作为重点发展领域的时代背景下，转变全球价值链下中国高端装备制造业的发展战略，实现从全球价值链低端嵌入到全球价值链重构的战略转变势在必行。实现网式重构型服务化模式下中国高端装备制造业发展战略由全球价值链低端嵌入向全球价值链重构转变可采取如下策略。

一是为中国高端装备制造业走出国门提供各种政策和资源支持，鼓励我国优秀高端装备制造企业进行全球范围内的联合与并购，以打破既有的全球价值链体系；

二是大力减轻中国高端装备制造业所面临的各种赋税成本及生产经营之外的各类负担。中国高端装备制造业所面临的负担已经严重影响了其发展进程，甚至影响到了部分高端装备制造业企业的生存。因此，减轻高端装备制造业负担，为其产业资源积累创造有利条件，有利于实现中国高端装备制造业发展战略由全球价值链低端嵌入全球价值链重构的转变。

三是消除产业服务化系统外部因素对网式重构型服务化模式的不利影响，充分发挥市场机制和政府调控对高端装备制造业全球价值链分解与整合的引导和调节作用，实现市场机制和宏观调控作用的合理整合，形成两者作用的有机互补，从产业服务化环境层面保障中国高端装备制造业发展战略由全球价值链低端嵌入全球价值链重构的转变。

2. 从全球价值链重构到国家价值链构建

全球价值链重构并不能让中国高端装备制造业的发展完全摆脱国外全球价值链参与者的影响和制约。因此，实现从全球价值链重构到国家价值链构建的战略转变，构建以本土装备制造业和服务业为参与主体，以全球市场为基础的国家价值链价值网络体系和治理结构（赵放和曾国屏，2009），有利于网式重构型服务化模式的实现。实现网式重构型服务化模式下我国装备制造业发展战略从全球价值链重构到国家价值链构建的转变至少可采取如下策略（陈爱贞和陈明森，2009）。

一是我国装备制造业应充分发挥国内资源丰富及装备制造业体系完善、产品配套齐全的优势，通过核心技术创新构建基于本土装备制造业和服务业价值环节的中高端国家价值链，彻底摆脱其在全球价值链体系中的低端定位，并借此改变我国装备制造业在国际市场上的"低端"形象。

二是大力推进"一带一路"倡议和"自贸区"战略。应利用"一带一路"建设的战略机遇，发挥我国装备制造业体系完备等比较优势，延伸其价值链。通过淘汰低端制造环节和落后产能退出低端装备制造领域，加快推进装备制造装配等低附加值环节向低成本国家和地区的转移；打造中高端极致产品，重塑中国制造的品质形象，提升其全球地位和影响力。

三是大力培育我国中高端装备制造市场，支持我国装备制造业国家价值链的构建。在"哑铃型"装备制造市场需求结构体系中是无法培养出具有国际竞争力和国家价值链构建能力的核心价值片段的。更为重要的是，我国有限的高端装备市场主要被全球价值链中来自外国的产品所占据，从而使我国丧失了依托本土中高端装备市场来培育国家价值链中主导型企业的空间。因此，大力培育我国中高端装备制造市场有助于我国装备制造业的国家价值链构建。

四是降低中国高端装备制造业国家价值链构建的制度成本。我国社会信用体系的缺位以及知识产权保护制度或执行机制缺位的制度环境，导致高端装备制造业领域模仿与复制、恶性竞争等不良竞争行为的存在，从而大大增加了中国高端装备制造业由全球价值链向国家价值链转化的制度成本。实现中国高端装备制造业发展战略由全球价值链重构到国家价值链构建的转变，需降低其国家价值链构建制度成本。

五是规范政府竞争行为。唯 GDP 论一方面使部分政府采用行政手段进行地方保护，割裂区域市场间联系的同时形成了较高的区域市场壁垒；另一方面，还会引发地方政府对特定行业的补贴，从而扭曲市场的投入产出关系，给中国高端装备制造业的国家价值链构建带来负面影响。因此，需改变政府政绩考核的标准，引导产业从嵌入和重构全球价值链向构建国家价值链转变。

12.3.2 培育具有全球竞争优势的核心价值环节

网式重构型服务化模式的实现依托于全球价值链和价值网络中具有相对

竞争优势的价值环节作用的有效发挥，因此，培育具有全球竞争优势的核心价值环节对保障网式重构型服务化模式的实现具有重要意义。培育具有全球竞争优势的核心价值环节应从以下几个方面入手。

一是加强高端装备制造业创新，通过全球价值链重构成为全球价值链和价值网络的核心价值片段。具体来看，首先要促进中国高端装备制造业的技术创新，培养一批掌握高端价值链环节、具有国际竞争力本土核心价值片段；其次，鼓励和引导中国高端装备制造业核心企业在全球范围内配置资源；再次，加大国际化人才的培养和引进力度，为成为全球价值链和价值网络的核心价值片段提供智力支持；最后，要加强产业的相关辅导和培训，提升中国高端装备制造业重构国际生产经营网络与全球价值链的能力，打造全球价值链和价值网络的核心价值片段。

二是要培育具有国际竞争力的装备制造业自主国际品牌。通过加快中国高端装备制造业关键核心技术的自主创新能力建设，提高产业研发强度，创新产学研用协同创新模式，摆脱对国外先进技术及核心零部件的依赖，建立具有国际竞争力的装备制造业自主品牌，并以品牌为载体实现自主创新、全球价值链重构和国家价值链构建。完善高端装备制造业自主国际品牌建设不仅要强化品牌意识，而且要推进品牌建设，成为全球价值链的主导者和创建者。

三是要打造具有国际竞争力的本土高端装备制造业核心企业，使其成为网式重构型服务化模式下价值网络的核心价值片段。从全球价值链和价值网络的演进过程来看，核心企业一般均起步于国内市场，之后以母国为基础实施国际化发展战略，通过并购这一快速有效的企业成长模式成为全球价值链和价值网络的核心价值片段。打造中国高端装备制造业核心企业，一方面要通过营造良好的市场竞争环境，完善相应激励机制与政策，推动高端装备制造业产业内部的资产重组，进而培育具有国际竞争力的本土高端装备制造业核心跨国企业或企业集团；另一方面，鼓励中国高端装备制造业企业走出国门，进行优质高端装备制造资源的并购与重组，整合国外优质的技术、人才和市场资源，尽快培育具有国际竞争力的本土高端装备制造业核心企业，并使其成为网式重构型服务化模式下价值网络的核心价值片段，从而推动网式重构型服务化模式的实现。

本章小结

在对网式重构型服务化模式的内涵进行界定的基础上，结合价值网络的特征，分析了网式重构型服务化模式在模式适用性、目标和实现过程等方面的特征。在此基础上，从网式重构型服务化模式的体系框架、实现机制和模式实现要点三个方面对其进行详细设计。首先，从网式重构型服务化模式体系框架的基本构成要素和体系结构两个方面设计网式重构型服务化模式的体系框架；其次，从全球价值链分解与整合机制、平行全球价值链整合机制和价值网络运行机制等方面对模式实现机制进行设计；最后，对网式重构型服务化模式实现过程中的全球价值链重构中价值片段整合规律和价值网络资源配置等关键问题进行了系统研究。

第13章 全球价值链下中国高端装备制造业服务化模式选择体系设计及实证研究

13.1 产业服务化模式选择体系设计

13.1.1 产业服务化模式选择流程设计

全球价值链下中国高端装备制造业服务化模式的选择以产业全球价值链价值位势和装备制造业服务化能力为基本依据，因此，模式选择需先建立产业全球价值链价值位势及服务化能力的评价体系。

理论上，全球价值链价值位势与服务化能力测度结果在一定值域内呈现连续分布特征，而基于全球价值链下中国高端装备制造业服务化模式的设计过程可知，模式的选择依据是对全球价值链价值位势与服务化能力状态的评价结果，是离散型变量。因此，需对中国高端装备制造业的全球价值链价值位势和服务化能力的测度结果进行离散化处理，确定模式选择两大依据所处的状态。

以离散化的全球价值链价值位势和服务化能力评价结果为基础，结合其他模式选择影响因素，如资源因素和环境因素，对全球价值链下中国高端装备制造业服务化模式的选择方法进行分析，并构建产业服务化模式的选择模型。

综上，设计全球价值链下中国高端装备制造业服务化模式选择流程，如图 13 - 1 所示。

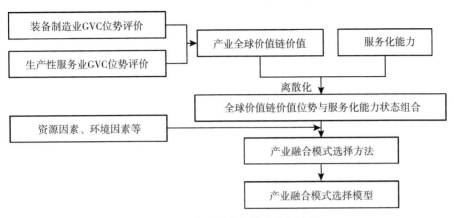

图 13 - 1　产业服务化模式选择流程

资料来源：笔者自制。

13. 1. 2　全球价值链价值位势测度

产业的全球价值链价值位势是指产业在全球价值链增值体系中的相对位置，反映了某产业在全球价值链体系中价值增值能力的高低。产业的全球价值链价值位势可直观体现为价值环节在微笑曲线上的相对高度。全球价值链价值位势的一般形态如图 13 - 2 所示。

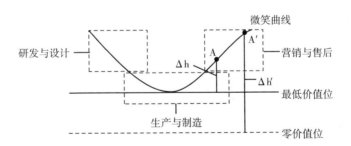

图 13 - 2　全球价值链价值位势

资料来源：笔者自制。

图中 Δh 为价值环节 A 的相对价值位势，$\Delta h'$ 为价值环节 A′的绝对价值位势。笔者认为，在一个成熟的全球价值链体系中，影响各价值环节行为的主要因素是其相对价值位势，该观点与相关学者提出的"中国装备制造业的全球价值链低端锁定"中的"相对低端"内涵相符（刘志彪和张杰，2009）。

本章沿用前文对高端装备制造业全球价值链价值位势的测度方法和模型

对其价值位势进行测度。

13.1.3 高端装备制造业服务化能力评价

1. 高端装备制造业服务化能力评价指标体系的构建

通过对扎根理论编码过程的梳理可以发现：中国高端装备制造业服务化能力主要由技术与知识能力、服务化平台构建能力和服务化资源配置能力三个因素所决定。基于此，构建全球价值链下中国高端装备制造业服务化能力评价指标体系如表 13 - 1 所示。

表 13 - 1 　　　　　　　中国高端装备制造业服务化能力评价指标体系

目标层	准则层	评价指标
服务化能力（O）	技术与知识能力（S_1）	技术与知识引进（I_1）
		技术与知识消化吸收能力（I_2）
		技术创新与知识应用（I_3）
	服务化平台构建能力（S_2）	产业服务化平台构建与运营基础（I_4）
		产业服务化平台构建能力（I_5）
		产业服务化平台运营能力（I_6）
	服务化资源配置能力（S_3）	全球价值链资源拓展能力（I_7）
		全球价值链资源配置能力（I_8）
		国家价值链资源配置能力（I_9）

资料来源：笔者自制。

2. 评价指标权重确定

服务化能力评价体系内存在众多不确定性信息，如评价指标对服务化能力作用机制，准则层潜变量对评价准确性的影响水平等，因此该评价体系具有灰色系统的典型特征。基于此，本研究选择灰色系统分析方法，运用灰色关联度模型对服务化能力的评价指标权重进行确定，即通过测度各评价指标与服务化能力间大小和方向的接近程度来衡量各评价指标的权重。

在此，建立基于灰色关联度的指标权重测度模型：

设 $X_0 = [x_0(1), x_0(2), \cdots, x_0(n)]$ 为系统特征序列，$X_i = [x_i(1), x_i(2), \cdots, x_i(n)]$ 为系统行为序列，分别表示服务化能力及其评价指标；$i = 1, 2, \cdots, m$。

$X_0^0 = [x_0^0(1), x_0^0(2), \cdots, x_0^0(n)]$ 和 $X_i = [x_i^0(1), x_i^0(2), \cdots, x_i^0(n)]$ 分别为 X_0 与 X_i 的原始零化像，其中，$x_i^0(k) = x_i(k) - x_i(1)$，$(i = 1, 2, \cdots, m; k = 1, 2, \cdots, n)$，则有 X_0 与 X_i 的灰色关联度 ξ_{0i}，如式（13 - 1）所示：

$$\xi_{0i} = \frac{1 + |s_0| + |s_i|}{1 + |s_0| + |s_i| + |s_i - s_0|} \quad (i = 1, 2, \cdots, m) \quad (13 - 1)$$

式（13 - 1）中：

$$|s_0| = \left| \sum_{k=2}^{n-1} x_0^0(k) + \frac{1}{2} x_0^0(n) \right| \quad (13 - 2)$$

$$|s_i| = \left| \sum_{k=2}^{n-1} x_i^0(k) + \frac{1}{2} x_i^0(n) \right| \quad (13 - 3)$$

$$|s_i - s_0| = \left| \sum_{k=2}^{n-1} [x_i^0(k) - x_0^0(k)] + \frac{1}{2} [x_i^0(n) - x_0^0(n)] \right| \quad (13 - 4)$$

灰色关联度 ξ_{0i} 即为评价指标 i 的权重，记为 ω_i，显然 $0 \leqslant \omega_i < 1$。为使评价指标权重更为直观，以及后续数据处理更为便捷，需对评价指标权重的测度结果进行归一化处理。

3. 高端装备制造业服务化能力的综合评价

基于评价指标的权重，以及评价指标的评价结果，构建高端装备制造业服务化能力的综合评价模型如式（13 - 5）所示：

$$IC_{emi} = \sum_{i=1}^{9} I_i \cdot \omega_i \quad (13 - 5)$$

式（13 - 5）中，I_i 为评价指标 i 的值，具体数值可通过统计年鉴数据整理或专家评价等方式获取；ω_i 为评价指标 i 的权重，即 ξ_{0i}。

13.1.4　全球价值链价值位势与服务化能力状态确定

本节选择聚类分析方法对高端装备制造业全球价值链价值位势和服务化能力测度结果进行离散化处理。针对传统聚类算法，如 K-means 算法、K-medoids 算法和 Clarans 算法的不足，如对初始参数敏感，最终结果强烈地依赖于初始化参数，难以找到最优聚类，对噪音数据敏感等，本节以 K-means 算法为基础，构建改进的 K-means 算法模型，具体算法如下。

簇的质心由式（13 - 6）求得：

$$Z_j = \frac{1}{N_j} \sum_{x \in W_j} X \quad (13 - 6)$$

式（13 - 6）中，N_j 表示属于 W_j 类的数据点的个数，属于某个簇的所有点的算术平均值即为该簇的质心。

对象到质心的距离一般采用欧氏距离，两个数据点 x_i、x_j 之间的欧氏距离如式（13－7）所示：

$$d(x_i, x_j) = \sqrt{(x_i - x_j)^T (x_i - x_j)} \qquad (13-7)$$

目标函数采用平方误差准则可得函数 E，如式（13－8）所示：

$$E = \sum_{i=1}^{k} \sum_{j=1}^{n_j} |p - m_{ij}|^2 \qquad (13-8)$$

式（13－8）中，E 为数据库中所有对象与相应簇的质心的距离之和，P 代表对象空间中的一个点，m_{ij} 为簇的算术平均值。针对 K-means 算法对初始聚类敏感其聚类结果波动大的问题，此处给出了一种新的寻找初始聚类中心方法，从而在保持聚类结果稳定的基础上提高聚类的准确率。

为了避免取到噪声点，取相互距离最远的 k 个处于高密度区域的点作为初始聚类中心。为了计算数据对象 x_i 所处区域的密度，定义一个密度参数：以 x_i 为中心，包含常数 Minpts 个数据对象的半径称之为对象 x_i 的密度参数，用 ε 表示。ε 越大，说明数据对象所处区域的数据密度越低。反之，ε 越小，说明数据对象所处区域的数据密度越高。通过计算每个数据对象的密度参数，就可以发现处于高密度区域的点，从而得到一个高密度点集合 D。

在这个高密度点集中，采用最大最小距离算法的思想，在 D 中取处于最高密度区域的数据对象作为第一个聚类中心 Z_1；取距离 Z_1 最远的一个高密度点做第二个聚类中心 Z_2；计算 D 中各数据对象 x_i 到 Z_1、Z_2 的距离 $d(x_i, Z_1)$，$d(x_i, Z_2)$，Z_3 是满足 $\max\{\min[d(x_i, Z_1), d(x_i, Z_2)]\}$（$i = 1, 2, \cdots, n$）的数据对象 x_i，Z_m 为满足 $\max\{\min[d(x_i, Z_1), d(x_i, Z_2), \cdots, d(x_i, Z_{m-1})]\}$（$i = 1, 2, \cdots, n$）的数据对象 x_i，$x_i \in D$。依此得到 k 个初始聚类中心。

优化初始聚类中心的 K-means 算法描述如下：

算法输入：聚类个数 k 以及包含 n 个数据对象的数据集。

算法输出：满足目标函数值最小的 k 个聚类.

算法步骤如下：

第一步：计算任意两个数据对象间的距离：$d(x_i, x_j)$；

第二步：计算每个数据对象的密度参数，把处于低密度区域的点删除，得到处于高密度区域的数据对象的集合 D；

第三步：把处于最高密度区域的数据对象作为第一个中心 Z_1；

第四步：把 Z_1 距离最远的数据对象作为第二个初始中心 Z_2，$Z_2 \in D$；

第五步：令 Z_3 为满足 $\max[\min(d(x_i, x_j), d(x_i, Z_2)]$（$i = 1, 2, \cdots, n$）的数据对象 x_i，$Z_3 \in D$；

第六步：令 Z_4 为满足 $\max\{\min[d(x_i, Z_1), d(x_i, Z_2)), d(x_i, Z_3)]\}$ $(i = 1, 2, \cdots, n)$ 的数据对象 x_i，$Z_4 \in D$；

第七步：令 Z_k 为满足 $\max\{\min[d(x_i, Z_j)]\}$ $(i = 1, 2, \cdots, n, j = 1, 2, \cdots, k-1)$ 的 x_i，$Z_k \in D$；

第八步：从这 k 个聚类中心出发，应用 K-means 聚类算法，得到聚类结果。

13.1.5　产业服务化模式选择方法

全球价值链下中国高端装备制造业服务化模式的设计以产业全球价值链价值位势和服务化能力为依据，因此服务化模式的选择也必然以其为基础。需要指出的是，高端装备制造业服务化模式虽本质上由其全球价值链价值位势和服务化能力所决定，但也会受到产业服务化环境和产业服务化资源等多维因素的共同影响，甚至全球价值链价值位势和服务化能力在一定程度上也受到环境因素和资源因素的影响。因此，本节研究基于全球价值链下中国高端装备制造业的全球价值链价值位势与服务化能力的不同状态组合，结合产业服务化环境和服务化资源因素确定产业服务化模式的选择方法。

1. 状态 I 下的服务化模式选择

状态 I，即高端装备制造业全球价值链价值位势较低，且其服务化能力较低的状态组合。此状态下，高端装备制造业服务化意愿突出，但产业服务化资源匮乏且服务化能力不强，该类企业多为新兴的中小高端装备制造企业。因此，在该状态下最适宜的产业服务化模式选择是模式 I，即点式嵌入型服务化模式。

随着新兴中小高端装备制造企业服务化进程的推进，一方面其装备制造能力获得提升，从而使其通过模式 III 实现产业服务化成为可能；另一方面，产业发展及产业服务化使产业拥有更多的用于全球价值链整合的资源，从而使得模式 II 也具有一定的适用性。而由于服务化能力与价值增值能力的提升均需要时间及资源的支撑，因此其实现必然具有先后顺序，不会实现同步提升，因此处于状态 I 的服务化系统很难演进到状态 IV，无法通过模式 IV 实现服务化。基于此，状态 I 下优先选择的产业服务化模式为模式 I，定义其优先级为 1；模式 II 和模式 III 亦在可选择的范围之内，定义其优先级为 2；模式 IV 则不在选择范围之内。

2. 状态 II 下的服务化模式选择

状态 II，即产业服务化系统内高端装备制造业全球价值链位势较低，但产业服务化能力较高的状态。全球价值链位势较低说明该状态下高端装备制造业价值链中装备制造价值环节的增值能力低于服务价值环节的价值增值能力，因此产业服务化意愿较高；而较高服务化能力则说明其可以进行大规模的产业服务化行为，基于关系嵌入型服务价值环节推进服务化进程，向价值链的两端进行延伸。此时，产业服务化模式Ⅱ，即纵向延伸型服务化模式成为其最佳选择。

考虑到产业装备制造能力及资源的不断积累，状态Ⅱ下高端装备制造业的价值增值能力会不断提升，因此可能促进其向模式Ⅳ的方向演进。通过对高端装备制造业发展实践的分析可知，并非所有高端装备制造企业都可以实现持续增长，部分企业也可能因经营不善及环境改变等主客观原因失去原本较高的服务化能力，使状态Ⅱ下的服务化系统向状态Ⅰ演进。从我国高端装备制造企业的发展实践来看，状态Ⅱ下服务化系统向状态Ⅰ方向演进的可能性明显低于向状态Ⅳ方向演进的可能性，模式Ⅰ的可选择性明显低于模式Ⅳ。由于价值增值能力与服务化能力间的正向关联性，一般不会出现价值增值能力上升而服务化能力下降的情形，因此状态Ⅱ向状态Ⅲ直接演进的可能则几乎不存在。基于此，状态Ⅱ下优先选择的产业服务化模式为模式Ⅱ，其优先级为1；模式Ⅳ的优先级为2；而模式Ⅰ的优先级为3；模式Ⅲ则不在选择范围之内。

3. 状态Ⅲ下的服务化模式选择

状态Ⅲ，即产业服务化系统内高端装备制造业的全球价值链价值位势较高，但产业服务化能力较低的状态。产业全球价值链价值位势较高说明产业服务化意愿相对较低，产业服务化乏力；而服务化能力较弱则说明其无法进行大规模的产业服务化行为，只能立足于具有较强价值增值能力的高端装备制造价值环节进行服务化。显然，当服务化系统处于状态Ⅲ时，产业服务化系统中高端装备制造业的服务化目的并不是延伸其价值链，而是进一步向横向拓展装备制造的业务范围，因此服务化模式Ⅲ，即横向拓展型服务化模式成为其首选。

考虑到产业服务化环境不断改善和产业服务化资源不断积累的影响，状态Ⅲ向状态Ⅳ演进的可能性较大；在由于竞争等因素导致高端装备制造业的价值增值能力下降时，状态Ⅲ会向状态Ⅰ演化；同理，由于价值增值能力与服务化能力间的正向关联性，一般不会出现价值增值能力下降而服务化能力提升的情形，因此状态Ⅲ向状态Ⅱ直接演进的可能性几乎不存在。基于此，状态Ⅲ下优先选择的产业服务化模式为模式Ⅲ，其优先级为1；模式Ⅳ的优先级为2；而模式Ⅰ的优先级为3；模式Ⅱ则不在选择范围之内。

4. 状态Ⅳ下的服务化模式选择

状态Ⅳ，即产业服务化系统内高端装备制造业全球价值链价值位势较高，且产业服务化能力较强的状态。如上所述，较高的全球价值链位势说明该状态下高端装备制造业的价值增值能力较强，产业在全球价值链体系中具有一定的控制力和支配权；服务化能力较强则说明其具有充足的产业资源和资源优化配置能力。可以推断，状态Ⅳ下服务化系统内的高端装备制造业不仅具有较高的装备制造能力，积累了大量的产业资源，而且具有较强的服务化能力，实现其价值链横向拓展和纵向延伸。在既有的全球价值链体系下，全球价值链链主的治理和控制使中国高端装备制造业不可能实现全球价值链体系内的自动升级，因此，依托我国完善的高端装备制造业体系和服务业体系进行全球价值链体系的重构，成为状态Ⅳ下服务化系统一个可行而有效的选项，因此服务化模式Ⅳ，即网式重构型服务化模式成为首选。

由于产业价值能力下降及服务化能力下降均是不可完全避免的产业现象，因此，状态Ⅳ存在向状态Ⅱ和状态Ⅲ转变的可能，此时模式Ⅱ和模式Ⅲ成为可能的选项。而从高端装备制造业发展实践来看，一般不会出现价值增值能力和服务化能力同时降低的情况，因此状态Ⅳ向状态Ⅰ演化的可能性相对较小。因此，状态Ⅳ下优先选择的产业服务化模式为模式Ⅳ，其优先级为1；模式Ⅰ和模式Ⅲ的优先级为2；模式Ⅰ则不在选择范围之内。

13.2　产业服务化模式选择实证研究

13.2.1　中国高端装备制造业全球价值链位势测度

前文已对中国高端装备制造业的全球价值链位势进行了测度，运用前文测度结果，选取能得到的最新数据求得2015年中国高端装备制造业全球价值链价值位势测度结果，如表13-2所示。

表13-2　　　　　中国装备制造业全球价值链价值位势

产业	C_1	C_2	C_3	C_4
全球价值链价值位势	0.140	0.136	0.130	0.138

资料来源：OECD-TIVA 数据计算所得。

13.2.2　中国高端装备制造业服务化能力测度

运用前文模型对中国高端装备制造业服务化能力评价指标的权重进行测度，结果如表13-3所示。

表 13-3　　　　　中国高端装备制造业服务化能力评价指标权重

指标	I_1	I_2	I_3	I_4	I_5	I_6	I_7	I_8	I_9
权重	0.8924	0.8851	0.9017	0.9147	0.9672	0.9712	0.8927	0.9627	0.9408

资料来源：笔者自制。

在此基础上，利用专家打分方式对实证对象中的4类高端装备制造业细分行业的服务化能力进行综合评价，并对评价结果进行归一化处理，结果如表13-4所示。

表 13-4　　　　　　　我国装备制造业服务化能力

产业	C_1	C_2	C_3	C_4
服务化能力	0.7518	0.7472	0.8824	0.9284

资料来源：笔者自制。

13.2.3　产业服务化模式的选择

基于前文聚类分析模型，设定聚类数目 k=2，对中国高端装备制造业的全球价值链价值位势和服务化能力进行离散化处理，并将所得结果应用在产业服务化模式体系中。

对于中国高端装备制造业的细分行业而言，通信设备、计算机及其他电子设备制造业和交通运输设备制造业宜采用产业服务化模式Ⅳ，即网式重构型服务化模式来实现其服务化；通用设备制造业、专用设备制造业和电气机械及器材制造业宜采用产业服务化模式Ⅰ，即点式嵌入型服务化模式。

从中国高端装备制造业细分行业的发展实践来看，其通信设备和交通运输设备等产业已经取得了长足进步，并基于我国装备制造业完善的配套体系支撑而获得了全球竞争力，打破了该领域中原有的全球价值链格局，并构建了以中国高端装备制造业企业为核心的价值网络。可以看出，本节的测度结果显示 C_3 和 C_4 两个细分行业落在了状态Ⅳ的范围内，该结果与产业发展实践基本吻合。同理，C_1 和 C_2 的模式选择结果与产业发展实践也具有较高的吻合度。因此可以推断，本书所设计的全球价值链下中国高端装备制造业服务化发展模式具有较高的合理性和突出的适用性，可以为产业的服务化提供模式支持。此外，本书所设计的产业服务化模式选择方法具有较高的合理性和可操作性，能够实现对特定高端装备制造业服务化模式的选择。

需要指出的是，由于研究对象统计口径的差异，以及相关数据的缺失，本书仅从宏观视角对部分高端装备制造业细分行业服务化模式的选择问题进行了实证研究，无法全面而准确地揭示产业服务化模式选择体系的合理性。另外，专家打分法的采用在模式选择体系中增加专家知识的同时也提升了该过程的主观性，可能会对服务化模式的选择结果造成负面影响。

本章小结

基于产业服务化模式选择流程，设计中国高端装备制造业全球价值链价值位势和服务化能力评价方法；从全球价值链价值位势与服务化能力状态的确定，以及产业服务化模式选择方法等入手，对产业服务化模式选择体系进行了详细设计。在此基础上，对中国高端装备制造业服务化模式的选择进行实证研究，验证了本书所设计的产业服务化模式及其选择体系的合理性和可操作性。

第四部分

服务化保障策略篇

第14章 全球价值链下高端装备制造业服务化保障策略体系

14.1 产业服务化运行保障策略

14.1.1 保障服务化系统运行动力

高端装备制造业的服务化受到市场需求、竞争压力和技术创新的共同驱动。保障高端装备制造业服务化系统的运行动力，对推动并实现产业的服务化发展具有重要意义。保障服务化系统运行动力应从创造服务型产品的市场需求、维持产业竞争压力和推动产业科技进步三个方面着眼。

1. 创造服务型产品市场需求

服务型市场需求是拉动高端装备制造业服务化的主要因素之一，创造服务型产品市场需求有助于增强服务化系统的运行动力。创造服务型产品市场需求，即培养市场对"装备＋服务"服务型产品需求的过程。目前，中国高端装备制造业面临的市场竞争日趋激烈，在此背景下主动引导用户的消费倾向，培养其对"装备＋服务"服务型产品的需求，成为促进高端装备制造业服务化的关键。

创造高端装备制造业服务型产品市场需求应从以下几个方面着手：一是要以创新为手段，提供针对不同用户需求的多元化"装备＋服务"服务型产品，以供给带动需求；二是要依据现代营销理论与方法，通过多种市场营销策略开拓服务型市场；三是要加强对服务化市场的保护和监管，在培育市场和创造服务化需求的同时，规范各类市场主体行为，通过知识产业制度建设等举措维护和平衡服务化市场参与各方的利益。

2. 维持产业竞争压力

维持高端装备制造业的产业竞争压力应做好两方面的工作。

一是要降低高端装备制造业的制度性进入和退出壁垒。在具体操作过程中，相关主体一方面要降低产业的进入壁垒，适度放宽相关的行政审批制度和许可证制度，积极推动民间资本及海外资本的进入；另一方面还要完善两大行业的退出机制，降低产业退出时的沉没成本，提高各类资本的进入意愿。

二是要防止装备制造业及其服务化领域垄断现象的发生。具体来说，首先要完善市场退出机制以减少沉淀成本，其次要完善产业治理结构以降低交易成本，最后要规范相关市场竞争秩序（汤吉军和郭砚莉，2012）。

3. 推动产业技术进步

高端装备制造业的服务化受到技术因素的巨大影响，技术进步已经成为产业服务化的主要动因之一。因此，推动技术进步能够有效保障高端装备制造业的服务化动力，进而促进产业的服务化。

推动技术进步应做好以下几点：一是要加强基础性科学研究工作，离开了基础性科学研究成果，科技进步则无从谈起，基于技术进步的产业发展与产业服务化也必然会受到极大影响；二是要加强高端装备制造业的应用型技术创新，推动产业的发展及其服务化的实现；三是要发挥科学技术第一生产力的作用，促进科学技术成果向现实生产力转化，为经济建设和社会发展服务；四是要加强科技进步监测，并根据监测结果进行实时的针对性调整，以修正科技进步方向；五是要践行科技进步举措，培育高端装备制造业的自主创新能力，扩大科技产出规模，优先发展高端装备制造业及服务化系统中的战略性新兴产业成分（如航空航天装备、高端医疗器械和新能源汽车等），抢占高端装备制造业服务化领域的高端市场。

14.1.2 完善产业资源流通渠道

高端装备制造业服务化系统内人、财、物和信息等服务化要素的顺畅流通是服务化系统运行和发展的基础和根本保证，完善各服务化要素的流通渠道对促进高端装备制造业的服务化具有重要意义。完善高端装备制造业服务化系统的要素流通渠道应做好以下几点。

1. 完善中介机构体系

中介机构是高端装备制造业服务化系统内各主体要素间相互沟通的有效

渠道之一，其中介作用的有效发挥可在一定程度上降低产业服务化系统的运行成本，提升服务化系统的运行效率和竞争力（Tschirky and Tokdemir et al.，2000）。完善服务于高端装备制造业服务化的中介机构体系应做好以下几点：一是要转变政府职能，将部分非核心职能转移给专业中介机构，在提高中介服务效率的同时为中介机构的发展创造空间；二是要为各类中介机构的发展营造公平的社会环境，允许民营资本和外资的进入，保证中介机构的中立性；三是要完善中介机构发展的相关法律法规，以保障各类中介机构的生存和发展；四是加大政府对中介机构，尤其是与产业服务化具有直接关系的咨询服务机构、科技企业孵化器、技术交易机构和信息平台等科技中介机构的扶持力度（綦良群、周凌玥和王成东，2020）；五是要加强中介机构从业人员的相关培训，提高中介机构从业人员的素质；六是要推进中介行业协会的建立和发展，逐步建立以行业自律管理为主的行业管理体系。

2. 加强要素流通监管

完善中介机构体系，在充分发挥市场机制对高端装备制造业服务化系统要素配置作用的同时，必须加强对人、财、物和信息等服务化要素流通过程的监管，规范各要素的流通渠道、方式和规模。相关主体应将服务化要素的流动置于产业政策、规章制度和法律法规的监管之下，既要防止要素流动过程中的寻租、恶性竞争和非理性集聚等负面现象的发生，又要实现人、财、物和信息等服务化系统要素的高效配置，实现要素价值的最大化。

3. 建立服务化要素信息共享机制

信息是高端装备制造业服务化的战略性资源，其有效流动是产业服务化的基础和前提，而信息本身在流动中也会获得更多的利用，实现更大的价值。更为重要的是，信息的有效流动可以引导人、财、物等产业资源的流动，促进实现其他服务化要素的价值。因此，建立高端装备制造业服务化系统主体要素间的信息共享机制，创造自由、开放、互利的信息交流氛围，促进产业间信息要素的流动，不仅能够实现服务化系统信息要素价值的最大化，而且可以促进产业发展及其服务化的实现。

14.2　产业服务化组织保障策略

高端装备制造业的服务化离不开相关组织机构的支持，一个合理高效的

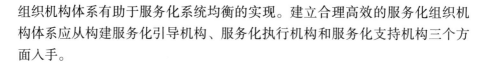

组织机构体系有助于服务化系统均衡的实现。建立合理高效的服务化组织机构体系应从构建服务化引导机构、服务化执行机构和服务化支持机构三个方面入手。

14.2.1 成立服务化引导机构

高端装备制造业的服务化离不开政府和行业协会等外部主体的有效引导，因此成立产业服务化引导机构对促进产业服务化具有重要意义。高端装备制造业的服务化引导机构应由政府牵头成立，由政府规划部门、审批部门、行业协会、高校及科研院所等主体共同参与组建。服务化引导机构的各构成主体应明确自身责任与义务，并建立责任追踪问责机制和奖惩机制。

服务化引导机构的主要职责是维持服务化市场秩序，降低产业进入门槛，协调服务化主体间的利益关系，并对高端装备制造业的服务化进行协调和统筹管理。为保证服务化引导机构的工作质量，完善其引导职能，服务化引导机构应成立由经济学家、科技专家、企业家、政府要员等组成的委员会，负责制定和调整产业服务化引导策略，提高高端装备制造业服务化过程的科学性与合理性。

14.2.2 构建服务化执行机构

构建高效的服务化执行机构对保障和加快高端装备制造业的服务化进程，提高产业的服务化效率具有重要意义。高端装备制造业的服务化是产业在一定经济环境下的自组织行为，因此服务化执行机构必然以产业为主体进行构建。服务化执行机构可以由高端装备制造业的原有管理和执行部门改造而来，也可以进行全新构建。构建服务化执行机构，应注意平衡高端装备制造业等服务化主体的利益，基于平等和互惠互利原则进行构建。

服务化执行机构的主要职责是落实高端装备制造业的服务化战略，实施产业服务化具体事宜，包括：协调高端装备制造业服务化系统内各主体间利益关系；制定详细的产业服务化计划及其实施步骤，并将各步骤的具体工作落实到相应部门；设定产业服务化所涉及的各部门工作职责、义务和权利，以及各部门能够动用的产业服务化资源；统筹产业服务化资源，并对各服务化资源的使用进行详细规划；监督控制产业服务化实施进程，并及时进行反馈控制；妥善解决产业服务化执行过程中出现的问题；协调高端装备制造业服务化系统与服务化环境间的交互作用等。

为保证上述职能的完成，高端装备制造业服务化执行机构应具有较高的管理水平和执行效率，更为重要的是要具有较高权威性。因此，应将高端装备制造业服务化主体的一把手和各职能部门的负责人吸收进入服务化执行机构之中，并赋予一定的工作责任和工作任务，从而调动其工作的责任感和积极性，并以此获得其更大支持和更多理解。

14.2.3　完善服务化支持机构

高端装备制造业的服务化离不开支持性服务机构，完善产业服务化支持机构体系对促进高端装备制造业的服务化同样具有重要的积极意义。

完善高端装备制造业服务化支持机构体系要做到以下几点：首先，分析并确定不同高端装备制造业细分行业服务化所需的支持性服务或产品的种类，并对各支持性服务或产品需求进行必要性和可行性分析；其次，针对产业服务化必需且可行的支持性服务或产品，建立招投标等制度对能够提供同类产品的支持机构进行选择；再次，与选择的服务和产品供给机构签订相关协议或合同，建立基于契约的合作关系；最后，建立行之有效的反馈机制，实时监控服务化支持机构的服务或产品供给状况，并制定奖惩制度以加强对服务化支持机构的控制。

14.3　产业服务化制度保障策略

高端装备制造业服务化的制度保障体系是推动和保证产业服务化的制度总和，包括法律制度、管理制度、服务化监督 – 评价 – 反馈制度等多个方面。高端装备制造业服务化制度保障体系对保持服务化系统的开放性、促进服务化系统内外部要素的流动与"涨落"均具有重要意义。

14.3.1　建立健全法律制度

法律制度是保障高端装备制造业服务化的根本性制度。然而，目前我国关于高端装备制造业服务化的相关法律法规普遍缺少针对性，而且立法层次较低，很大一部分相关法律法规还没有上升到国家法律层面，缺乏宏观性和有序性，立法内容亦不完备，法律体系不健全。因此，我国应尽快建立健全高端装备制造业发展及其服务化领域的相关法律制度，从而加强对产业服务化的法律制度保障。

建立健全高端装备制造业服务化相关法律制度，至少需做好以下两点。

一是要加强社会主义法制建设，完善各类法律法规，尤其是与高端装备制造业发展及其服务化具有密切关联关系的法律法规，如知识产权法等，促进服务化系统内技术等要素的"涨落"。

二是要通过立法进一步改革中国高端装备制造业的产权制度，实现相关服务化主体产权的分散化和多元化，允许多元化资本进入高端装备制造业领域，以增强服务化系统开放性。

14.3.2　制定推行管理制度

高端装备制造业服务化管理制度是服务化主体根据服务化系统目标、服务化要素特征和服务化系统环境等因素，用以约束服务化系统成员行为的各种规章制度的集合。

制定并推行高端装备制造业服务化的管理制度，可以有效保证产业服务化过程中各项管理和组织活动的顺利进行，规范服务化系统中各控制变量的"涨落"情况。

制定高端装备制造业服务化的管理制度应本着统一化、规范化和常态化的原则，对服务化系统中的各要素加以引导和约束，建立系统化的管理制度体系，使服务化系统的所有管理活动都有章可循、有法可依。

14.3.3　构建服务化监督－评价－反馈制度

服务化监督－评价－反馈制度是实现高端装备制造业按既定服务化战略发展的重要保障。构建高端装备制造业服务化监督－评价－反馈制度的重点包括三个方面：一是服务化监督体系的构建，二是服务化评价体系构建，三是服务化监督及评价结果反馈机制的构建。

构建服务化监督－评价－反馈制度应以信息化为基础，以提高其敏捷程度。首先通过对高端装备制造业服务化过程及效应的实时监督和及时评价，准确把握产业的服务化状况；在此基础上，通过服务化系统的信息网络向相关服务化主体及支持性机构及时反馈相关信息及评价结果，并对产业的服务化进程进行调整或修正，以保障产业服务化的顺利进行。

14.4　产业服务化政策保障策略

高端装备制造业的服务化涉及经济体制、科技进步与创新等多个领域，需要资金和人才等多种产业服务化资源的投入。因此，高端装备制造业服务化政策体系应包括经济体制改革政策、科技创新体系建设政策、人才政策和财税政策等多个方面的内容，从人、财、物等多角度加强服务化系统的开放性，通过人、财、物等要素的"涨落"打破服务化系统原有平衡状态。

14.4.1　落实经济体制改革政策

传统计划经济体制的影响制约了高端装备制造业的产业服务化，相关经济体制改革势在必行。着眼于高端装备制造业的产业服务化，制定并推行相关经济体制改革政策应从以下几个方面着眼。一是要加大高端装备制造业企业的产权制度改革力度，为其建立符合时代需求的现代企业产权制度。二是要在产权明晰的基础上，全面建立健全高端装备制造业企业的现代企业制度，做到权责明确、政企分开和管理科学。三是打破地域分割，促进强强联合，组建跨地区、跨行业、跨所有制和跨国经营的大企业集团，以核心企业促进高端装备制造业的服务化。四是要通过市场机制促进高端装备制造业服务化系统内生产要素的优化配置，增强产业企业间的竞争合作，促进具有市场竞争优势的服务型企业的形成。

14.4.2　完善科技政策体系

科技发展是高端装备制造业服务化的重要动因之一，其对产业服务化的驱动主要体现在科技进步和科技创新两个层面。

从科技进步角度来看，科学技术作为生产力第一要素，与经济系统存在紧密的关系，对推动经济发展和促进社会进步具有重要意义。作为经济系统的一个重要组成部分，高端装备制造业的服务化必然受到科技进步的巨大影响，科技进步可有效推动高端装备制造业的服务化。推动科技进步需做好以下几个方面的工作：一是要加强基础性科学研究；二是要注重应用性技术创新；三是要利用《科技进步法》等法律或法规有效指导和推动我国科技事业的发展；四是要加强科技进步监测，准确掌握我国各区域的科技进步现状及问题，并提出相应对策；五是要加大科技投入，扩大科技产出规模，着力改善科技进步环境，优先发展高端装备制造业及服务化体系中的战略性新兴产业成分，抢占服务化领域的高端市场。

从科技创新角度来看，建立完善的科技创新体系对保障高端装备制造业的服务化同样具有重要意义。完善高端装备制造业与服务业科技创新体系应从以下几个方面着手：首先，加快科技创新平台建设，完善科技与经济结合机制，推动高端装备制造业合作建设包含"研究中心、开发中心和工艺技术中心"三个层次的科技创新体系，并对服务化系统内的科技创新资源进行全面整合，形成以企业为主体、大学和科研院所为支撑的科技创新平台。其次，加强对重点领域服务型科技创新项目的支持力度，利用科技创新平台协调科技创新资源，组织产学研共同攻关，在重点领域研发具有自主知识产权的"装备＋服务"服务型产品。最后，推进科技创新体系的信息化建设，建立服务于创新体系的信息系统，并基于信息系统加强高端装备制造业间科技创新协作，以创新成果促进高端装备制造业的服务化。

14.4.3　健全人才政策体系

人才是实现高端装备制造业服务化的根本性资源。培养或吸引高素质人才进入高端装备制造业服务化系统，有利于打破服务化系统原有平衡态，促进其向服务化方向演进。基于高端装备制造业服务化视角，健全的人才政策体系应至少应包含人才培养政策、人才使用政策、人才吸引政策和人才激励政策四个方面。因此，健全产业服务化的人才政策应从以下四个方面入手。

首先，地方政府及高端装备制造业行业组织应制定强制性的人才培养政策，鼓励相关企业提高现有的人才培养投入水平。

其次，高端装备制造业应制定合理的人才使用政策，用好服务化系统既有的人才资源，做到人尽其用，用尽其才。

再次，地方政府及高端装备制造业相关企业应制定人才吸引政策，广纳国内外优秀人才，尤其是产业服务化所需的各类高端人才。

最后，地方政府及高端装备制造业应以制度形式建立健全人才激励机制，赏罚褒贬有法可依。

14.4.4　实施财税优惠政策

基于高端装备制造业服务化视角的财税优惠政策主要包括以下三个方面。

一是财政引导政策，通过国家及区域专项资金的适度倾斜，支持和引导高端装备制造业的服务化。

二是投融资支持政策，通过增加财政投资、鼓励多渠道投资和融资方式创新等方式为高端装备制造业服务化系统提供充足资金，以资金支持促进高端装备制造业的服务化。

三是税收优惠政策，通过在增值税、营业税、关税和所得税等方面给予服务化相关主体相应的减、抵、免政策，减轻各服务化主体的税负压力，进而促进高端装备制造业的产业服务化。

参 考 文 献

[1] 陈爱贞，陈明森．中国装备制造业加入全球竞争的传统模式与突破路径 [J]．亚太经济，2009，26（5）：80 – 84．

[2] 陈桂月，李海涛，梁涛等．内蒙古环境污染水平与经济增长的库兹涅茨关系分析 [J]．中国农学通报，2012，28（17）：284 – 291．

[3] 陈丽娴，沈鸿．制造业服务化如何影响企业绩效和要素结构——基于上市公司数据的 PSM-DID 实证分析 [J]．经济学动态，2017（5）：66 – 79．

[4] 陈漫，张新国．经济周期下的中国制造企业服务转型：嵌入还是混入 [J]．中国工业经济，2016（8）：93 – 109．

[5] 陈雯，李碧珍．福建省制造业上市公司服务化水平及影响因素研究 [J]．福建论坛（人文社会科学版），2018（5）：168 – 176．

[6] 陈秀英．制造业投入服务化对制造业价值链攀升影响的实证研究 [J]．经济问题探索，2016，27（7）：112 – 118．

[7] 戴翔，李洲，张雨．服务投入来源差异、制造业服务化与价值链攀升 [J]．财经研究，2019，45（5）：30 – 43．

[8] 刁莉，朱琦．生产性服务进口贸易对中国制造业服务化的影响 [J]．中国软科学，2018（8）：49 – 57．

[9] 杜新建．制造业服务化对全球价值链升级的影响 [J]．中国科技论坛，2019（12）：75 – 82，90．

[10] 范钧，郭立强，聂津君．网络能力、组织隐性知识获取与突破性创新绩效 [J]．科研管理，2014（1）：16 – 24．

[11] 冯晓玉，杨宏伟．环准噶尔旅游产业带景区系统空间结构的分形研究 [J]．经济地理，2012，32（11）：171 – 176．

[12] 高运胜，郑乐凯，惠丽霞．融资约束与制造业 GVC 地位提升 [J]．统计研究，2018，35（8）：11 – 22．

[13] 韩霞，吴玥乐．价值链重构视角下航空制造业服务化发展模式分析 [J]．中国软科学，2018（3）：166 – 173．

[14] 郝凤霞，黄舍．投入服务化对制造业全球价值链参与程度及分工

地位的影响 [J]．产经评论，2019，10（6）：58 - 69．

[15] 贺正楚，吴艳，蒋佳林等．生产服务业与战略性新兴产业互动与融合关系的推演、评价及测度 [J]．中国软科学，2013，28（5）：129 - 143．

[16] 侯兵，周晓倩．长三角地区文化产业与旅游产业融合态势测度与评价 [J]．经济地理，2015，35（11）：211 - 217．

[17] 胡查平，汪涛，王辉．制造业企业服务化绩效——战略一致性和社会技术能力的调节效应研究 [J]．科学学研究，2014，32（1）：84 - 91．

[18] 胡查平，汪涛．制造业服务化战略转型升级：演进路径的理论模型——基于 3 家本土制造企业的案例研究 [J]．科研管理，2016，37（11）：119 - 126．

[19] 胡珑瑛，蒋樟生．产业集聚的分形研究 [J]．管理世界，2007（3）：166 - 167．

[20] 胡昭玲，夏秋，孙广宇．制造业服务化、技术创新与产业结构转型升级——基于 WIoD 跨国面板数据的实证研究 [J]．国际经贸探索，2017，33（12）：4 - 21．

[21] 黄鲁成，张二涛，杨早立．基于 MDM - SIM 模型的高端制造业创新指数构建与测度 [J]．中国软科学，2016（12）：144 - 153．

[22] 黄群慧，霍景东．全球制造业服务化水平及其影响因素——基于国际投入产出数据的实证分析 [J]．经济管理，2014，36（1）：1 - 11．

[23] 黄玉霞，谢建国．全球价值链下投入服务化与制造业增值能力——基于世界投入产出数据库的实证分析 [J]．国际商务（对外经济贸易大学学报），2020（1）：10 - 26．

[24] 黄玉霞，谢建国．制造业投入服务化与碳排放强度——基于 WIoD 跨国面板的实证分析 [J]．财贸经济，2019，4（8）：100 - 115．

[25] 简兆权，伍卓深．制造业服务化的路径选择研究——基于微笑曲线理论的观点 [J]．科学学与科学技术管理，2011，32（12）：137 - 143．

[26] 蒋茂荣，孔亦舒，夏炎等．中美贸易摩擦对中国短期综合影响：基于投入占用产出局部闭模型的研究 [J]．中国管理科学，2020，28（2）：58 - 68．

[27] 蒋雪梅，刘轶芳．全球价值链视角下的中、美高新技术产业出口效益及环境效应分析 [J]．管理评论，2018，30（5）：58 - 63．

[28] 李兵，岳云嵩，陈婷．出口与企业自主技术创新：来自企业专利数据的经验研究 [J]．世界经济，2016（12）：72 - 94．

［29］李后建，张宗益．金融发展、知识产权保护与技术创新效率——金融市场化的作用［J］．科研管理，2014（12）：160－167.

［30］李靖华，林莉，闫威涛．制造业服务化的价值共创机制：基于价值网络的探索性案例研究［J］．科学学与科学技术管理，2017，38（5）：85－100.

［31］李靖华，马亚亚，黄秋波．我国制造企业"服务化困境"的实证分析［J］．科学学与科学技术管理，2015，36（6）：36－45.

［32］李静．初始人力资本匹配、垂直专业化与产业 GVC 跃迁［J］．世界经济研究，2015，34（1）：65－73，128.

［33］李强，原毅君，孙佳．制造企业服务化的驱动因素［J］．经济与管理研究，2017，38（12）：55－62.

［34］李随成，姜银浩．装备制造企业自主创新能力探索性因素分析及其实证研究［J］．科学学研究，2009（8）：37－43.

［35］李天柱，刘小琴，李潇潇．对当前"制造业服务化"研究的若干理论辨析［J］．中国科技论坛，2018（6）：75－82.

［36］李焱，吕品，黄庆波．中国汽车产业在全球价值链中的地位——基于 Koopman 的地位指数和 Fally 的长度指数分析［J］．国际贸易问题，2018，44（4）：24－35.

［37］林进智，郑伟民．FDI 促进内资技术创新产生溢出效应的实证研究［J］．科研管理，2013（11）：27－35.

［38］蔺雷，吴贵生．我国制造企业服务增强差异化机制的实证研究［J］．管理世界，2007（6）：103－113.

［39］凌永辉，张月友，沈凯玲．生产性服务业发展、先进制造业效率提升与产业互动——基于面板联立方程模型的实证研究［J］．当代经济科学，2017，39（2）：62－71.

［40］令狐克睿，简兆权．制造业服务化升级路径研究——基于服务生态系统的视角［J］．科技管理研究，2018，38（9）：104－109.

［41］刘斌，魏倩，吕越等．制造业服务化与价值链升级［J］．经济研究，2016，51（3）：151－162.

［42］刘佳，代明，易顺．先进制造业与现代服务业融合：实现机理及路径选择［J］．学习与实践，2014（6）：23－34.

［43］刘胜，顾乃华，陈秀英．全球价值链嵌入、要素禀赋结构与劳动收入占比——基于跨国数据的实证研究［J］．经济学家，2016，28（3）：96－104.

［44］刘玉荣，刘芳．制造业服务化与全球价值链提升的交互效应——基于中国制造业面板联立方程模型的实证研究［J］．现代经济探讨，2018（9）：46-55．

［45］刘志彪，张杰．从融入全球价值链到构建国家价值链：中国产业升级的战略思考［J］．学术月刊，2009，41（9）：59-68．

［46］刘志彪，张少军．中国地区差距及其纠偏：全球价值链和国内价值链的视角［J］．学术月刊，2008（5）：49-55．

［47］刘卓聪，刘蕲冈．先进制造业与现代服务业融合发展研究——以湖北为例［J］．科技进步与对策，2012，29（10）：52-54．

［48］罗建强，赵艳萍，程发新．我国制造业转型方向及其实现模式研究——延迟策略实施的视角［J］．科学学与科学技术管理，2013，34（9）：55-62．

［49］罗军．生产性服务进口与制造业全球价值链升级模式——影响机制与调节效应［J］．国际贸易问题，2019，45（8）：65-79．

［50］吕越，陈帅，盛斌．嵌入全球价值链会导致中国制造的"低端锁定"吗？［J］．管理世界，2018，34（8）：11-29．

［51］彭支伟，张伯伟．中国国际分工收益的演变及其决定因素分解［J］．中国工业经济，2018，36（6）：62-80．

［52］綦良群，蔡渊渊，王成东．全球价值链的价值位势、嵌入强度与中国装备制造业研发效率——基于SFA和研发两阶段视角的实证研究［J］．研究与发展管理，2017，29（6）：26-37，90．

［53］綦良群，王成东，蔡渊渊．中国装备制造业R&D效率评价及其影响因素研究［J］．研究与发展管理，2014，26（1）：111-118．

［54］綦良群，周凌玥，王成东．三方协同视角下的装备制造企业服务创新行为决策机理［J］．计算机集成制造系统，2020，26（5）：1314-1325．

［55］綦良群，周凌玥．基于服务化的装备制造业价值链整合过程及仿真分析［J］．中国科技论坛，2018，34（12）：60-69，95．

［56］任中保，乔黎黎．国家自主创新能力内涵与建设思路［J］．科研管理，2013，34（9）：19-26．

［57］苏向坤．"中国制造2025"背景下老工业基地制造业转型升级的路径选择［J］．经济纵横，2017（11）：78-83．

［58］孙凯，曹丽艳，毕克新．基于改进DEA模型的企业孵化器孵化效率评价［J］．管理现代化，2013，33（2）：50-52．

［59］孙灵希，曹琳琳．中国装备制造业价值链地位的影响因素研究

[J]. 宏观经济研究, 2016, 38 (11): 59 -71, 166.

[60] 孙天阳, 肖皓, 孟渤, 等. 制造业全球价值链网络的拓扑特征及影响因素——基于 WWZ 方法和社会网络的研究 [J]. 管理评论, 2018, 30 (9): 49 -60.

[61] 孙学敏, 王杰. 全球价值链嵌入的"生产率效应"——基于中国微观企业数据的实证研究 [J]. 国际贸易问题, 2016, 42 (3): 3 -14.

[62] 汤吉军, 郭砚莉. 沉淀成本、交易成本与政府管制方式——兼论我国自然垄断行业改革的新方向 [J]. 中国工业经济, 2012, 29 (12): 31 -43.

[63] 万涛. 隐性知识转化为显性知识的评价判断规则研究 [J]. 管理评论, 2015 (7): 66 -75.

[64] 汪芳, 潘毛毛. 产业融合、绩效提升与制造业成长——基于 1998 - 2011 年面板数据的实证 [J]. 科学学研究, 2015, 33 (4): 530 -538, 548.

[65] 王成东, 蔡渊渊. 全球价值链下产业研发三阶段效率研究: 以中国装备制造业为例 [J]. 中国软科学, 2020 (3): 46 -56.

[66] 王成东, 綦良群, 蔡渊渊. 研发效率导向下的产业研发投入结构 [J]. 中国科技论坛, 2015 (4): 11 -16, 29.

[67] 王成东, 綦良群. 装备制造业与生产性服务业融合影响因素研究 [J]. 工业技术经济, 2015, 35 (2): 134 -142.

[68] 王成东, 徐建中. GVC 嵌入、无形资产要素与装备制造企业价值创造效率 [J]. 科技进步与对策, 2019, 36 (11): 92 -99.

[69] 王成东, 朱显宇, 蔡渊渊等. GVC 嵌入、产业 R&D 效率与提升策略研究 [J]. 科学学研究, 2020, 38 (9): 1597 -1607, 1728.

[70] 王成东. 区域产业融合与产业研发效率提升——基于 SFA 和中国 30 省市的实证研究 [J]. 中国软科学, 2017 (10): 94 -103.

[71] 王成东. 装备制造业与生产性服务业融合动因驱动强度测度研究——基于效率视角的实证分析 [J]. 科技进步与对策, 2015, 32 (3): 60 -64.

[72] 王丹, 郭美娜. 上海制造业服务化的类型、特征及绩效的实证研究 [J]. 上海经济研究, 2016 (5): 94 -104.

[73] 王建华, 卓雅玲. 全球研发网络、结构化镶嵌与跨国公司知识产权保护策略 [J]. 科学学研究, 2016, 34 (7): 1017 -1026.

[74] 王娟, 蓝海林. 优势制造企业服务化战略如何影响技术进步?——基于开放情境下不同服务化战略的比较研究 [J]. 外国经济与管

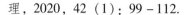

理，2020，42（1）：99 - 112.

[75] 王如忠，郭澄澄. 全球价值链上先进制造业与生产性服务业协同发展机制：以上海市为例 [J]. 产经评论，2018，9（5）：32 - 45.

[76] 王玉燕，林汉川，吕臣. 全球价值链嵌入的技术进步效应——来自中国工业面板数据的经验研究 [J]. 中国工业经济，2014，31（9）：65 - 77.

[77] 韦影，许媛. 技术引进模式的有效性研究：基于浙江企业的实证分析 [J]. 科技进步与对策，2009（3）：85 - 87.

[78] 吴昊，孙健敏. 学习型组织与组织创新关系的实证研究 [J]. 研究与发展管理，2014（2）：1 - 8.

[79] 吴永亮，王恕立. 增加值视角下的中国制造业服务化再测算：兼论参与 GVC 的影响 [J]. 世界经济研究，2018（11）：101 - 117，136，139.

[80] 肖挺，刘华，叶芃. 制造业企业服务创新的影响因素研究 [J]. 管理学报，2014，11（4）：591 - 598.

[81] 肖挺. 组织生态视角下制造企业服务化影响因素分析 [J]. 科研管理，2019，40（6）：153 - 163.

[82] 谢会强，黄凌云，刘冬冬. 全球价值链嵌入提高了中国制造业碳生产率吗 [J]. 国际贸易问题，2018，44（12）：109 - 121.

[83] 熊彬，范亚亚. 东亚区域价值链背景下中国制造业分工地位及提升路径研究 [J]. 软科学，2020，34（2）：80 - 85.

[84] 徐建中，曲小瑜. 基于扎根理论的装备制造企业环境技术创新行为驱动因素的质化研究 [J]. 管理评论，2014，26（10）：90 - 101.

[85] 徐振鑫，莫长炜，陈其林. 制造业服务化：我国制造业升级的一个现实性选择 [J]. 经济学家，2016（9）：59 - 67.

[86] 严伟. 基于 AHP - 模糊综合评价法的旅游产业融合度实证研究 [J]. 生态经济，2014，30（11）：96 - 102.

[87] 杨蕙馨，高新焱. 中国制造业融入垂直专业化分工全球价值链研究述评 [J]. 经济与管理评论，2019，35（1）：34 - 44.

[88] 杨蕙馨，孙孟子，杨振一. 中国制造业服务化转型升级路径研究与展望 [J]. 经济与管理评论，2020（1）：58 - 68.

[89] 杨玲. 生产性服务进口贸易促进制造业服务化效应研究 [J]. 数量经济技术经济研究，2015，32（5）：37 - 53.

[90] 杨水利，梁永康. 制造企业服务化转型影响因素扎根研究 [J]. 科技进步与对策，2016，33（8）：101 - 105.

[91] 杨勇. 全球价值链要素收入与中国制造业竞争力研究 [J]. 统计研究, 2019, 36 (12): 5-14.

[92] 姚锡凡, 金鸿, 徐川等. 云制造资源的虚拟化与服务化 [J]. 华南理工大学学报 (自然科学版), 2013, 41 (3): 1-7.

[93] 尹胜, 尹超, 刘飞等. 多任务外协加工资源优化配置模型及遗传算法求解 [J]. 重庆大学学报, 2010, 33 (3): 49-55.

[94] 余东华, 水冰. 信息技术驱动下的价值链嵌入与制造业转型升级研究 [J]. 财贸研究, 2017, 28 (8): 53-62.

[95] 原毅军, 于长宏. 研发效率、创新条件与企业R&D结构 [J]. 科研管理, 2019, 40 (8): 135-144.

[96] 张会清, 翟孝强. 中国参与全球价值链的特征与启示——基于生产分解模型的研究 [J]. 数量经济技术经济研究, 2018, 35 (1): 3-22.

[97] 张辽, 王俊杰. 我国制造业"四链"协同升级的一个现实途径: 服务化转型 [J]. 经济社会体制比较, 2018 (5): 60-69.

[98] 张少军, 刘志彪. 国内价值链是否对接了全球价值链——基于联立方程模型的经验分析 [J]. 国际贸易问题, 2013, 39 (2): 14-27.

[99] 张天顶. 全球价值链整合视角下中国企业国际化的影响因素 [J]. 统计研究, 2017, 34 (1): 33-43.

[100] 张映锋, 张耿, 杨腾等. 云制造加工设备服务化封装与云端化接入方法 [J]. 计算机集成制造系统, 2014, 20 (8): 2029-2037.

[101] 张志醒, 刘东升. 生产服务化与制造业转型升级 [J]. 现代经济探讨, 2018 (1): 59-68.

[102] 赵放, 曾国屏. 全球价值链与国内价值链并行条件下产业升级的联动效应——以深圳产业升级为案例 [J]. 中国软科学, 2014 (11): 50-58.

[103] 赵艳萍, 潘蓉蓉, 罗建强等. 制造企业服务化悖论研究述评 [J]. 管理学报, 2020, 17 (3): 467-474.

[104] 周大鹏. 制造业服务化对产业转型升级的影响 [J]. 世界经济研究, 2013 (9): 17-22.

[105] 周升起, 兰珍先, 付华. 中国制造业在GVC国际分工地位再考察——基于Koopman等的"GVC地位指数" [J]. 国际贸易问题, 2014, 40 (2): 3-12.

[106] 周振华. 产业融合: 产业发展及经济增长的新动力 [J]. 中国工业经济, 2003 (4): 46-52.

［107］朱李楠，赵燕伟，王万良．基于 RVCS 的云制造资源封装、发布和发现模型［J］.计算机集成制造系统，2012，18（8）：1829 - 1838.

［108］Andy N. Exploring the financial consequences of the servitization of manufacturing［J］. Operations Management Research，2008，1（2）：103 - 118.

［109］Baldwin R，okubo T. GVC journeys：Industrialisation and deindustrialisation in the age of the second unbundling［J］. Journal of the Japanese and International Economies，2019，52（2）：53 - 67.

［110］Benedetto J. Implications and interpretations of value-added trade balances［J］. Journal of International Commerce and Economics，2012，4（2）：39 - 55.

［111］Brax，Saara A，Visintin F. Meta-model of servitization：The integrative profiling approach［J］. Industrial Marketing Management，2017，60（1）：17 - 32.

［112］Brock M，Goscinski A. Dynamic WSDL for supporting autonomic computing［M］. Berlin：Springer-Verlag，2009：105 - 130.

［113］Bustinza O F，Bigdeli A Z，Baines T et al. Servitization and competitive advantage：The importance of organizational structure and value chain position［J］. Research Technology Management，2015，58（5）：53 - 60.

［114］Carroll G R，Harrison J R. On the historical efficiency of competition between organization populations［J］. American Journal of Sociology，1994，100（3）：720 - 749.

［115］Catherine J M. Industrial market structure and economic performance［M］. Boston：Houghton Mifflin，2000，102 - 108.

［116］Charnes A，Cooper W W，Rhodes E. Measuring the efficiency of decision-making units［J］. European Journal of Operations Research，1978（2）：429 - 444.

［117］Chen Jiexiong. An empirical test of the effect of manufacturing service-orientation on corporate performance：A comparison between Chinese and American enterprises［J］. Journal of Business Economics，2010，1（4）：33 - 41.

［118］Choi N. Global value chains and East Asian trade in value-added［J］. Asian Economic Papers，2015，14（3）：129 - 144.

［119］Christian H，Wayne D H，Martin F. Service orientation of a retailer's business strategy：Dimensions，antecedents，and performance outcomes［J］. Journal of Marketing，2002，66（4）：86 - 101.

[120] Chuanwang S, Zhi Li, Tiemeng M et al. Carbon efficiency and international specialization position: Evidence from global value chain position index of manufacture [J]. Energy Policy, 2019, 128 (5): 235 – 242.

[121] Dedrick J, Kraemer K, Linden G. Who profits from innovation in global value chains? A study of the Ipod and Notebook PCS [J]. Industrial and Corporate Change, 2010, 19 (1): 81 – 116.

[122] Dermawan A, Hospes O. When the state brings itself back into GVC: The case of the indonesian palm oil pledge [J]. Global Policy, 2018 (9): 21 – 28.

[123] Elena C, Orietta M. Exit Decisions of entrepreneurial firms in hightech and low-tech industries [J]. Journal of Evolutionary Economics, 2011, 21 (3): 473 – 498.

[124] Eloranta V, Turunen T. Seeking competitive advantage with service infusion: A systematic literature review [J]. Journal of Service Management, 2015, 26 (3): 394 – 425.

[125] Esther A B, Andreas M, Karen H U M. R&D, international sourcing, and the joint impact on firm performance [J]. The American Economist Review, 2015, 105 (12): 3704 – 3739.

[126] Eve. Towards a theory of competitive progression: Evidence from hightech manufacturing [J]. Production and Operations Management Society, 2004, 13 (4): 354 – 368.

[127] Fang E, Palmatier, Robert W et al. Effect of service transition strategies on firm value [J]. Journal of Marketing, 2008, 72 (5): 1 – 14.

[128] Fanny F, Simon R S, Ahmed H et al. Leaders or laggards? The evolution of electric utilities' business portfolios during the energy transition [J]. Energy Policy, 2018, 120 (9): 655 – 665.

[129] Fassinger R E P, Praxis. Problems and promise: Grounded theory in counseling psychology research [J]. Journal of Counseling Psychology, 2005, 52 (2): 156 – 166.

[130] Frantzen. The causality between R&D and productivity in manufacturing: An interactional disaggregate panel data study [J]. Interactional Review of Applied Economics, 2003, 17 (2): 108 – 134.

[131] Fulvio, Castellacci, Technological P. Regimes and trajectories: Manufacturing and service industries in a new taxonomy of sectoral patterns of inno-

vation [J]. Research Policy, 2007, 37 (6): 978 – 994.

[132] Ge Jiali, Fu Yang, Xie Rui et al. The effect of GVC embeddedness on productivity improvement: From the perspective of R&D and government subsidy [J]. Technological Forecasting and Social Change, 2018, 135 (7): 22 – 31.

[133] Gibbon P, Ponte S. Global value chains: From governance to governmentality [J]. Economy and Society, 2008, 37 (3): 365 – 392.

[134] Guan J, Chen K. Modeling macro-R&D production frontier performance: An application to Chinese province-Level R&D [J]. Scientometrics, 2010, 82 (1): 165 – 173.

[135] Gurmu S, Perez S F P. R&D and Lag Effects: Evidence from flexible methods for count panel data on manufacturing firms [J]. Empirical Economics, 2008, 35 (3): 507 – 526.

[136] Hakanen T, Helander N, Valkokari K. Servitization in global business-to-business distribution: The central activities of manufacturers [J]. Industrial Marketing Management, 2017, 63 (5): 167 – 178.

[137] Havice E, Campling L. Where chain governance and environmental governance meet: Interfirm strategies in the canned tuna global value chain? [J]. Economic Geography, 2017, 93 (3): 292 – 313.

[138] Heiko G, Elgar F, Thomas F. Overcoming the service paradox in manufacturing companies [J]. European Management Journal, 2005, 23 (1): 14 – 26.

[139] Hiau L K, Heiwai T. Domestic value added in exports: Theory and firm evidence from China [J]. The American Economic Review, 2016, 106 (6): 1402 – 1436.

[140] Hummels D, Ishii J, Yi K. The Nature and growth of vertical specialization in world trade [J]. Journal of International Economics, 2001, 54 (1): 75 – 96.

[141] Ines K Š. The drivers of Global Value Chain (GVC) participation in Eu member states [J]. Economic Research-Ekonomska Istrazivanja, 2019, 32 (1): 1204 – 1218.

[142] Ivanka V, Bartvan L. Servitization: Disentangling the impact of service business model innovation on manufacturing firm performance [J]. Journal of operation Management, 2013, 31 (4): 169 – 180.

[143] Jennifer B, Florence P. CSR beyond the corporation: Contested gov-

ernance in global value chains [J]. Global Networks, 2015, 15 (1): 1 – 19.

[144] Johnstone S, Wilkinson A, Dainty A. Reconceptualizing the service paradox in engineering companies: Is Hr a missing link? [J]. IEEE Transactions on Engineering Management, 2014, 61 (2): 275 – 284.

[145] Klpper S, Simons K L. Technological extinctions of industrial firms: An inquiry into their nature and causes [J]. Industrial & Corporate Change, 1997, 6 (2): 379 – 460.

[146] Koopman R W, Powers, Z Wang et al. Give credit to where credit is due: Tracing value added in global production [Z]. NBER Working Paper, 2010, No. 16426.

[147] Kreye M E, Newnes L B, Goh Y M. Uncertainty in competitive bidding framework for product-service systems [J]. Production Planning, 2014, 25 (6): 462 – 477.

[148] Kuboniwa M. Russia's global value chain using modified world input-output data [J]. Eastern European Economics, 2015, 53 (4): 277 – 308.

[149] Lanz R, Maurer A. Services and global value chains: Servicification of manufacturing and services networks [J]. Journal of International Commerce, 2015, 6 (3): 1 – 18.

[150] Lee E, Hur J. Complementarity between GVC participation and R&D investment: Evidence from Korean firm-level data [J]. Korea and the World Economy, 2019, 20 (2): 157 – 191.

[151] Lexutt E. Different roads to servitization success a configurational analysis of financial and non-financial service performance [J]. Industrial Marketing Management, 2020, 84 (1): 105 – 125.

[152] Li Jing Hua, Lin Li, Chen De Ping et al. An empirical study of servitization paradox in China [J]. Journal of High Technology Management Research, 2015, 26 (1): 66 – 76.

[153] Lianxing Min, Jianqiong Wang, Qian Luo. Does the servitization strategy improve the performance of manufacturing enterprises in China? [J]. American Journal of Industrial and Business Management, 2015, 5 (5): 281 – 287.

[154] Liena K. Global value chain governance: A relational perspective [J]. Journal of International Business Studies, 2018, 49 (3): 1 – 22.

[155] Light F H W, Baines T, Smart P. Examining the information and

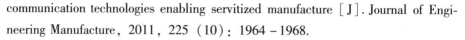
communication technologies enabling servitized manufacture [J]. Journal of Engineering Manufacture, 2011, 225 (10): 1964 – 1968.

[156] Lin F J, Lin Y H. The determinants of successful R&D consortia: Government strategy for the servitization of manufacturing [J]. Service Business, 2015, 6 (4): 489 – 502.

[157] Liu, Hongxun L et al. Promoting energy and environmental efficiency within a positive feedback loop: Insights from global value chain [J]. Energy Policy, 2018, 121 (10): 175 – 184.

[158] Lodefalk M. The role of services for manufacturing firm exports [J]. Review of World Economics, 2014, 150 (1): 59 – 82.

[159] Meeusen, Broeck. Efficiency estimation from cobb-douglas production functions with composed error [J]. Interactional Economic Review, 1977 (18): 64 – 78.

[160] Michael E P. Competitive advantage [M]. New York: Simon & Schuster, Inc, 2004: 65 – 70.

[161] Mike A, Hinny R. Innovation, networking and proximity: Lessons from small high technology firms in the UK [J]. Regional Studies Volume, 1994, 36 (1): 81 – 86.

[162] Moon H C. Determinants of GVC integrated solution implementation strategy and export performance in Korean exporting firms [J]. The E-Business Studies, 2019, 20 (1): 147 – 163.

[163] Murphree M, Anderson J. Countering overseas power in global value chains: Information asymmetries and subcontracting in the plastics industry [J]. Journal of Internal Management, 2018, 24 (2): 123 – 136.

[164] Natasha H H, Christina S. Upgrading and exploitation in the fishing industry: Contributions of value chain analysis [J]. Marine Policy, 2016, 63 (1): 166 – 171.

[165] Nullmeier F, Wynstra F, Van R E M. Outcome attributability in performance-based contracting: Roles and activities of the buying organization [J]. Industrial Marketing Management, 2016, 59 (11): 25 – 36.

[166] Oecd W. Trade in value added: Concepts, methodologies and challenges [R]. Mimeo, 2012.

[167] Oliver E, Williamson. Markets and hierarchies, analysis and antitrust implications: A study in the economics of internal organization [M]. Free Press,

1975: 1 – 47.

[168] Oscar F B, Ali Z B, Tim B et al. Servitization and competitive advantage: The importance of organizational structure and value chain position [J]. Research-Technology Management, 2015, 58 (5): 53 – 60.

[169] Pessoa L. To what extent are emotional visual stimuli processed without attention and awareness [J]. Current Opinion in Neurobiology, 2005, 15 (2): 188 – 196.

[170] Poter M E, Stern S. Measuring the "ideas" production function: Evidence from international patent output [Z]. NBER Working Papers, 2000.

[171] Rawling M. Legislative regulation of global value chains to protect workers: A preliminary assessment [J]. Economic and Labor Relations Review, 2015, 26 (4): 660 – 677.

[172] Rawlins J M, De L W J, Fraser G C G. An ecosystem service value chain analysis framework: A conceptual paper [J]. Ecological Economics, 2018, 147 (5): 84 – 95.

[173] Reiskin E, White A, Johnson J et al. Servicizing the chemical supply chain [J]. Journal of Industrial Ecology, 2000, 3 (2 – 3): 19 – 31.

[174] Richard B, Rikard F, Tadashi I. Unveiling the evolving sources of value added in exports [J]. Joint Research Program Series, 2015, 161 (2): 2304 – 2309.

[175] Sabine K, Monika S, Barbara G et al. Sectoral heterogeneity in new service development: An exploratory study of service types and success factors [J]. Journal of Product Innovation Management, 2013, 30 (3): 533 – 544.

[176] Sandra V, Juan R. Servitization of business: Adding value by adding services [J]. European Management Journal, 1988, 6 (4): 314 – 324.

[177] Sébastien M, Charles C. Services in global value chains: From inputs to value-creating activities [R]. OECD Trade Policy Papers, 2017 (197): 238 – 243.

[178] T. S. Baines, H. W. Lightfoot, O. Benedettini. The servitization of manufacturing: A review of literature and reflection on future challenges [J]. Journal of Manufacturing Technology Management, 2008, 20 (5): 547 – 567.

[179] Taija T, Max F. The organizational environment's impact on the servitization of manufacturers [J]. European Management Journal, 2014, 32 (4): 603 – 615.

［180］Thangavelu S M, Wang Wenxiao, Oum Sothea. Servicification in global value chains: Comparative analysis of selected Asian countries with OECD ［J］. Social Science Electronic Publishing, 2018, 41 (11): 3045 – 3070.

［181］Timmer M. Slicing up global value chains ［J］. Journal of Economic Perspectives, 2014, 28 (2): 99 – 118.

［182］Tomas V J, Sharma S, Sudhir K J. Using patents and publications to assess R&D efficiency in the States of the USA ［J］. World Patent Information, 2011, 33 (1): 4 – 10.

［183］Tschirky H, Tokdemir D, Belz C. Technology marketing: A New core competence of technology-intensive enterprises ［J］. International Journal of Technology Management, 2000, 20 (3 – 4): 459 – 474.

［184］Tushman M L, Anderson P. Technological discontinuities and organizational environments ［J］. Administrative Science Quarterly, 1986, 31 (3): 439 – 465.

［185］Unctad. World investment report overview-global value chains: Investment and trade for development ［R］. New York: United Nations, 2013.

［186］Vendrell-Herrero F, Gomes E, Bustinza O F. uncovering the role of cross-border strategic alliances and expertise decision centralization in enhancing product-service innovation in Mmnes ［J］. International Business Review, 2018, 27 (4): 814 – 825.

［187］Visnjic I, Neely A D, Wiengarten F. Another performance paradox? A refined view on the performance impact of servitization ［J］. SSRN Electronic Journal, 2012 (7).

［188］Wim G B, Abbie G, Rudy K M. New service development: How the field developed, its current status and recommendations for moving the field forward ［J］. Journal of Product Innovation Management, 2016, 33 (4): 382 – 397.

［189］Wolfgang U, Ajay K K. The role of a solutions salesperson: Reducing uncertainty and fostering adaptiveness ［J］. Industrial Marketing Management, 2017, 69 (Si): 161 – 168.

［190］Yijun Xing, Yipeng Liu, Shlomo T et al. Servitization in mergers and acquisitions: Manufacturing firms venturing from emerging markets into advanced economies ［J］. International Journal of Production Economics, 2016 (192): 9 – 18.